疯狂阅读 CRAZY READING 非凡视界

—— 珍藏版 ——

哲思卷

杜志建/主编

阳光好的院子里，
麻雀扑腾细微而金黄的响声，
枯萎的月季花叶子也是好的。
时光有序。
而生活总是把好的一面给人看，
另外的一面，是要爱的。
——余秀华

汕頭大學出版社

目录

CONTENTS

小宇宙

世界很小，请带着你的梦想一起奔跑

想见你

只要有想见的人，就不是孤身一人

灯下尘

千灯万盏，我只有一轮月亮

刚刚好

用自己喜欢的方式过一生

非常人

只身前行，却仿佛带着一万雄兵

是风动

我们是芦苇，命运是风

散步去

原来自己转动，才能够找到光

巨流河

没有哪一种胭脂，能涂抹时间

每个故事都住进可爱岁月

巫小诗

高考结束的那个暑假，我刚成年不久，骨子里迫切想要做一些事情证明自己已是大人。要知道，一个人在刚要拥抱世界的时候，总会有轰轰烈烈干一番大事的期待，于是，我有了人生的第一份兼职，也经历了状况百出又充满能量的一天。

我在一家小旅行社当助理导游，所谓助理导游，说白了，就是为游客服务的后勤人员。我所在的县城太小，没有直接全程的导游服务，需要助理导游把游客护送到旅行的城市再交接给当地的旅行社。这项工作没有太大的技术要求，认真仔细就好。暑期旅游热，旅行社人手不够用，虽然我年纪小又没经验，但也勉强被收下了。

我前两次的跟团工作，去的是本省的庐山、井冈山之类的景点。游客都是退休人员，很好说话，整个过程非常顺利。数数人头、收发证件、看看风景、侃侃大山，好不清闲自在，我一度觉得自己的第一份工作太顺利了，简直是开门红。可在我第三次跟团的时候，发生了旅行社创办以来最大的事故。

那一天，我带领一行 19 人的旅游团赴西安，这是我第一次带出省的长途旅游团，我需要带领全团游客先坐汽车去武汉，再坐火车去西安，这是最经济的组合线路。我们只需要准点到达火车站，在一个龚姓先生手上拿我们全团的火车票即可。

可谁也没想到，非节假日的高速公路，那一天堵得“地老天荒”，时间我原本计算得很宽裕，可眼看着就完全没有了赶上火车的可能。在得知必将误点的时候，旅客们开始牢骚满腹，原本亲切的叔叔阿姨，开始围着我喋喋不休：“你们旅行社干什么吃的？”“我们不去了！双倍退钱！”甚至有人爆了粗口。

我慌乱了，这种情况还是第一次遇到。没有人告诉我接下来应该怎么做，甚至没有一个人把我当小孩，哪怕一点体谅我都感受不到。

我问司机师傅应该怎么做，他却尴尬地说，他只负责开车，高速堵车是他左右不了的，这种情况，他也是第一次遇到。我泪水在眼眶打转，强撑住没有流下来，只是在心里告诉自己：不能哭，哭了会很丢脸，我是他们的服务人员，我哭了解决不了任何问题还让人笑话，也让旅行社丢脸。我拼命让自己冷静，想着怎样安抚大家的情绪和如何将旅行社的损失降到最低。

虽然注定赶不上火车，但火车那时还没有开。我打电话给已在车站等候的龚先生，让他看能否改签合适的车票，改签不了就只能退票，不然火车开出后损失会更大。可是，暑期车票紧俏，别说改签当天20张卧铺票，就是20张坐票都是不可能的事情。滞留武汉？不，一群人的住宿费用将是一笔巨大支出；原路返回？当然更不行，旅行社将面临投诉以及经营诚信等问题，在小小的县城里，旅行社可能会因为这事砸了招牌。无路可退了，当晚必须走，我只能退了火车票再想别的法子。

旅客们情绪依然很激动，我鼓起勇气，擅自做主，以旅行社的名义掏钱请大家吃晚饭以表歉意。大巴开到高速公路边的一家不错的餐厅，旅客们进去用餐的时候，我开始疯狂地打电话。我决定当晚让旅客坐汽车走，联系了几家客运公司，要么没有合适规格的车，要么价钱太贵。终于，一连串的电话打下来，老天都被我打动了，我联系到一辆中型长途客运巴士，价钱也可以接受，能连夜将旅客送至西安，也是卧铺，旅客不会劳累。

但是，这辆巴士只有19个位置，而旅行团加上我一共有20人，高速严格限制不许超载。怎么办呢？我决定自己不去了，少我一个的话位置会刚刚好，毕竟对游客而言，我是个没有存在感的路人，谁跟团都一样。我通过旅行社联系到了一名西安当地的导游，她会在车站接应他们。谢天谢地，一切妥当了，我绷紧的神经瞬间松弛，整个人简直要瘫软在地上。

送旅客们上车时，一个阿姨问我："姑娘，你真的刚刚高中毕业吗？"

"是啊。"我不知道她为什么突然问我这个问题。

"我的女儿跟你差不多大，她如果碰到今天这样的情况，绝对会吓傻的，你干得好呀！"

"谢谢！"我笑了笑。

车开远了，我还在原地愣着，其实，我早就被吓傻了，还没缓过神来。

送游客来的那辆大巴，晚饭前就赶紧走了。误点对司机而言，也有经济损失，他没有义务陪我一起想办法。当时已经是晚上十点，没有回家的车了，我要在武汉滞留一晚吗？掏了两桌饭钱，我身上的钱不多了，住了旅馆就买不起车票，而我也不想独自在这个刚发生不愉快事情的城市住一晚。我放眼看了看，我站的地方似乎离高速公路不远，于是，我向高速路口走去。是的，我决定搭车。从来没有搭过车的我，不知道搭车会不会像旅游书上写的那样简单，也许胜算不大，只有硬着头皮试一试了。我知道，货车司机大致有两种组合，要么是两人轮班开夜车，要么是一个人开整个晚上，一个人的话，副驾驶是空的，我可以坐。

高速路口堵车，我一路走过去，找我家乡的车牌号：赣G。是的，就是这辆。我太累了，不想把很长的故事复述一遍，我大声朝驾驶座上的师傅说："我通宵跟您说话，防止您瞌睡，您让我搭车回家好不好？我走不动了，也没有钱。"很幸运，他爽快地答应了，挥手示意我上车，这一切顺利得跟电影情节一样。然后，我拖着疲惫的身子，几乎整宿都没合眼，跟一位不相识的货车师傅唠了一宿的嗑，从他小孩的成绩，聊到了国家大事。凌晨两点，他还请我吃了碗泡面，那面汤夹杂着泪水，有点咸。

凌晨五点我到了家，旅客们也几乎同时抵达西安。我如释重负，瘫倒在床上，一觉睡到傍晚。回想着前一天发生的一幕幕，我感到不可思议：天哪，那是我吗？我居然独自摆平了那么大的烂摊子，居然敢在高速路口搭车，居然跟一个陌生的货车司机聊了一个通宵？一切想都不敢想的事情发生了，而我挺了过来，我简直要被自己感动了。

凯鲁亚克说："人在一生当中，应该走进荒野，体验一次健康而又不无难耐的绝对孤独，从而发现只能依赖绝对孤身一人的自己，进而知晓自身潜在的真实能量。"这句话，放在那天的我身上，该是多么贴切。18岁那年，是我年纪上的成年，而这一天，是我心智上的成年。

关于思明和他的日记

✽语笑嫣然

那个沉默寡言的男孩顾思明有写日记的习惯，是他的同桌最先发现的。

顾思明和他的同桌关系并不好。最初是因为同桌总喜欢懒洋洋地趴在桌子上写作业，把自己面前的空间占了不说，还会占顾思明的，顾思明就会提醒他越界了。一来二去，同桌觉得顾思明小气，顾思明觉得同桌不可理喻。

日记本掉在桌脚的那天，教室里有7个人在大扫除，包括我和顾思明。随着顾思明同桌的一声吆喝："哟，这不是顾思明的日记本吗？"消息就不胫而走了。

有人在暗地里笑话顾思明，说写日记是女生的行为，男生还写日记，太不大丈夫。最重要的是，日记里充满了一个代号——C。

"C今天剪了齐肩的短发，看上去更俏皮干练了。"

"C在校门口捡了一只流浪猫，她真善良。"

"C参加了学校的合唱团，虽然她个子太高，只能站在第二排，但是前排没有一个人能掩盖她的光芒。"

从字里行间，大家都不难猜到，C就是我们班里和顾思明关系最好的那个女生，程兰兰。而顾思明暗恋程兰兰这个八卦，充斥了我们的整个夏天。

消息传开以后，我们班和隔壁班正好有一场篮球赛，顾思明也参加了。赛后男生们大汗淋漓地从球场出来，程兰兰远远望见顾思明，就跑过去递给他一瓶冰镇的可乐。顾思明接过，说："谢谢。"礼貌但疏远。

"喂，晚上要一起吃饭吗？"她问，"庆祝咱们班篮球队比赛获胜。"

顾思明不好意思地说："我答应了家里人，晚上要回家吃饭，以后有机会再说吧。"说完他就钻进男生堆里，留程兰兰一个人站在烈日底下，被晒得像一朵枯萎的花儿。

后来，我见到了顾思明和程兰兰之间最激烈的一次争吵。程兰兰想约顾思明去欢乐谷，但被顾思明拒绝了。她大声问他："你不是喜欢我吗？为什么我这么努力地靠近你，你却拒我于千里之外？"顾思明抿着嘴，良久之后低声说："对不起。"

"对不起什么？你喜欢的人难道不是我？"

顾思明没说是，也没说不是，低着头走开了。

程兰兰一个人站在原地许久，最后抬手擦了擦眼泪，转身走了。从那以后，她再也没和顾思明说过半句话。

顾思明喜欢一个人泡在图书馆里，喜欢在安静无人的球场上一个人投篮，喜欢吃饭的时候戴着耳机听歌。他是一个性格有点孤僻的人。而我为什么知道这么多有关顾思明的小细节呢？因为我喜欢他。就像他在日记里写满了程兰兰一样，我也在日记里写满了他。只是，我们的喜欢都与对方无关。

我曾经问过顾思明："你喜欢程兰兰吗？"顾思明点了点头，说："喜欢。可是这种喜欢放在日记里就好，再绵密的心事，我也没想过和她分享。我是个怪人吧？你是不会懂的。"我也点了点头，说："是啊，感情的事，大概旁人都不会懂。"可是我没有告诉他，顾思明呀，其实我懂，我也有喜欢的人，但不知道为什么，我似乎也觉得没必要让他知道。

我不知道有没有人和那年的我与顾思明一样，明明在醒时惦记着，在梦里勾勒着，但就像惦记一颗遥远的星，勾勒一朵飘浮的云，从来不伸手触及。只要在穿过一条走廊，看见空气里跳舞的灰尘与迎面而来沐浴着阳光的他，四目相对的瞬间，心如鹿撞，就已经十分满足。这大概是一种奇怪的爱情吧。可是，谁说奇怪的爱情就不是爱情呢？

或许，这世上也有一种爱情，是即便我走了千万里，也甘于一人独行。不求你在身边，单放你在心底。

别跟我们不擅长的事较劲

✻风为裳

有句话这么说："你不逼自己一把，不知道自己有多强大。你真的逼了自己一把之后，发现自己其实挺弱的。"我不应该把这句话"推销"给你们。我应该告诉你们：凡事都应该努力，努力必有回报。可是，参照我的人生经历，这真的是美丽的谎言。在错误的道路上你跑得越快，其结果会是离终点越远。

在上高中之前，我的成绩一直很好。但进了高中，迎头遇上的拦路虎就是立体几何。老师开始讲什么平行、相交、相离，我还能听懂，还能脑补出原来这世界上人与人的关系也不过是这样。有些人认识了，那是相交；有些人遇到却谁都不知道谁的名字，生活无联系，那是平行；更多的人，生活在不同的时间空间里，那就是相离。

老师是个很好的老师，风趣幽默，讲几条线的关系时，让我们看墙角。那一阵，我总是抬头看教室的墙角。然而，这也并没什么用，考试时，立体几何占的分数并不多，大概二十分，这二十分，我基本就是全扔。

心里那个好强的我接受不了这样的现实，我还就不信了，不就是个立体几何吗？多做题还能拿不下吗？我狠狠地逼自己，上课认真听讲，下课好好做题，可多数时候，拿到答案看着都懂，离开答案一头雾水。那段时间，我满脑子都是立体几何，人生灰暗得如同北京的雾霾天。我甚至开始怀疑自己笨，把做不出题上升到前路茫茫人生失败的新高度。

忧愁让我变成"文艺少女"，别人不知道的是这个少女的烦恼不过是那几条直线到底什么关系的问题。终于还是熬到了高二。我们那个时候，文理是要分科的。分科，也还是要考数学的，当然立体几何也是抛不掉的。不过，就在考虑分文理科时，我仿佛被点醒了一样。

我就是在那个闹哄哄的课堂上看着某一道几何题时想开的。如果我的人生没有立体几何会怎样？我会走路撞墙吗？我会沿着墙走到天花板的墙角上去吗？难道我看 3D 电影会不用那个眼镜直接看到纵深的画面吗？从那一刻起，我再没看立体几何一眼，真的，除了交作业以外。

我选择了文科。好好学习我爱学的语文，感兴趣的历史，有天赋的英语。虽然有那么拖后腿的一科数学，但我是开心的，更直接的后果是我对自己重新有了信心。

后来，我开始写东西，给杂志投稿，那时还是业余的。然后我把自己变成了专业的作者。再后来，我开始写剧本，由一名作者转变成编剧。

我给杂志写稿时，几乎没有发不掉的稿子。写出来，只是发这家发那家的区别而已。我写的第一部长篇小说就卖了影视版权，接着由我自己改编成电视剧，算是顺风顺水。我这样讲，很多人都不太相信。怎么可能？其实我想说的是，写作这件事是我唯一擅长的事。

说来惭愧，说到我人生的短板，我发现还不止立体几何这一块。我不会画画。从小到大，我没画过一幅完整的画。我离画画最近的一次就是那个给画上色的《秘密花园》，那时我很狂热，但也只是涂了颜色而已。我不会唱歌，虽然我一直很爱听歌。在 KTV，我一直都是那个壁花小姐。

讲到这里，也许会有同学问："照你这样说，我们做不好的事就可以不做了，是吗？"当然不是这样。这个世界还没宽容到我们可以任性的地步。很多我们做不好的事，还是要努力做。只是，你要承认这件事你不擅长，不跟自己较劲。不得不做时，努力尽本分就好了。别急着否定自己，别愁眉苦脸。

现在，我的世界不需要立体几何，也不需要画画。除了在 K 歌时做观众有点无聊之外，我挺自在的。

希望你也是。

我和我的牙齿

✿花　凉

对一个女孩来说，十二三岁应该是“美”这个意识的萌芽期。那时候我上初中，却一直不敢开口大笑，因为我的牙齿。

我的两颗门牙之间，有一条过于宽大的缝隙。上初中的时候，这件事情几乎成为我的一个心病，每天晚上睡觉前我都期盼着——希望第二天早上起来这个缝隙可以消失。

我的父母对“美”这件事情毫不在意，当我尝试去倾诉这件事情带给我的痛苦时，他们却觉得可笑，觉得我在小题大做:“不就是一条缝吗？没关系的。”“你把它当成你的特色就可以了。”“只要学习好，谁会在意你牙齿之间的缝隙？”

我上初三的时候，生平第一次对一个男生有了朦朦胧胧的好感，于是自卑的感觉更加明显。对着别人开口说话的时候，如果对方看向我，我就会想他是不是注意到了我丑陋的牙齿。

反正那个年纪,也确实是想得多的年纪。走在街上，看到一些饭店贴出来的招聘广告里写着“五官端正”时，我便会在心里懊恼一番，觉得自己长大以后去找工作，连最基本的招聘要求都达不到——牙齿算不算五官？好像不算，又好像算。

其实，我到现在也不是非常理解，为什么成年人会喜欢歌颂青春，影视作品也会拍“我的中学时代”，好像很多人都觉得那个时期是无忧无虑的，有着玫瑰一样的色彩。我却不是这样认为的。

牙齿间的缝隙是我最大的心病。但除了它，我的生活中还有很多别的“大怪兽”。

比如每一次的数学考试。我的数学成绩总是很差，学校门口的打印店里，可以打印每一次月考的成绩，五毛钱一张。除了希望我的牙齿变得整齐的愿望之外，我那时候还有一个阴暗的心愿，希望那家打印店能够倒闭，或者干脆失火，这样就没有人会看到我惨不忍睹的数学成绩了。

还有我额头上忽然冒出来的痘痘，我的又粗又硬还是自然卷的头发，而且我 12 岁的时候身高就长到了 171 厘米。天啊，那个时候真是让我绝望。

中考我考得还不错，进了县里最好的高中，但和那个我有好感的男生，不在一个学校。

那个我有好感的男生，肯定是不会喜欢我的，什么人才会喜欢我呢？我想象不出来。我上初中时也有几个关系不错的女生朋友，我觉得她们都很好看——娇小的身躯，柔顺的长发，每个人的牙齿都是整整齐齐的。我在她们中扮演的经常是一个“傻大姐”的角色。

不在一个学校之后，我给那个男生写过几次信，还去他所在的学校给他送过几次早餐——我看偶像剧里都是这么演的，女主角最终用这种笨拙的方法打动了男主角。

但最终我做的这些努力都石沉大海了，我想想，也对，哪有男生会喜欢一个门牙之间有一条宽缝的女生呢？

中考结束后的那个暑假，我躲在家中，为了排解心中的苦闷，每天一本接一本地读小说，从琼瑶读到勃朗特三姐妹。唉，多让人伤心，小说里面竟然没有一个牙齿有缺陷的女主角。

高中时期,我过得开心了一些。因为在新的班级里，我交到了一个很好的朋友。

弯弯在很多地方都和我很像，她也有着 170 厘米的身高，说不上胖，但在那个年纪，女孩子看起来好像都是胖胖的，因此，我和她都显得高高大大的。她也长青春痘，也有不那么好的数学成绩。

但和我不一样的是，弯弯比我开心很多。

她好像总有一些稀奇古怪的想法，总能想到一些搞笑的事情，每一次班里换座位的时候，我都期盼着能够和她坐在一起。我们俩坐在一起，经常能笑趴在桌子上。

渐渐地，我也变得开朗了一些。

当然，我也会向弯弯吐苦水，向她倾诉生活中的种种烦恼。因为自尊心作祟，“觉得自己很丑”这句话当然是说不出来的，但我会和她抱怨自己那失败的喜欢和父母不够理解自己的苦闷。我们读高中的时候，正是郭敬明、安妮宝贝、落落等青春文学作家风靡校园的时候，我读他们写的句子，读得心有戚戚，觉得每一句讲青春的忧愁都是在说我自己。

弯弯总是笑我太敏感、想太多。

上高二的时候，不知道是不是爸妈觉得我是个大姑娘了，该注意形象了。一天放学回到家，他们主动问我，要不要去矫正牙齿。

还是刚刚进入 21 世纪的那几年，互联网在偏僻小县城还没有普及，因此，我之前从未想过不整齐的牙齿是可以矫正的。去医院的前一晚，我失眠了。在我的想象中，我跳过了自己戴着牙套的情节，直接想象的，是拆掉牙套之后自己的样子。多好啊，我在心里雀跃、欢呼，我的牙齿马上就能像其他女孩子的一样了。

现在想想，我对那一年的“牙套生涯”已经没有什么太深的印象了，可能也是因为到了高三，不管平日里多么吊儿郎当的人，都开始变得努力和认真起来了。我第一天戴着牙套去教室的时候很紧张，生怕自己会成为大家瞩目的对象，可一天下来，发现根本没有几个人注意到我的牙套，即便注意到了的人，也完全没有在意。

我放下心来。

有一次，弯弯回老家，从老家带来一些麦芽糖之类的小吃。课间，她把小吃分给我，我刚吃了几口，惨剧便发生了——麦芽糖粘住了我嘴里的钢丝牙套，我的牙套硬生生被扯了下来。

当时的我又尴尬又窘迫，弯弯却在一旁笑得特别开心，把我气坏了。没等放学，我就溜到医院里找医生给我重新装好牙套。

那是我最后一次吃麦芽糖。

我戴着那副金属牙套度过了我的高三。那时因为有了一个简单的目标，所以多愁善感的情绪少了很多，那个我暗自喜欢的男生，听说在高二时就退学参军了。在我们那样的县城里，退学参军并不是一件多么了不得的事情。但我听到这个消息的时候，还是觉得很伤心，再想想自己的人生，顿觉一片灰暗，找不到一点光亮。

那天晚上放学之后，我和弯弯坐在学校的操场上，我絮絮叨叨地对她说着自己的心事，也畅想着高考之后的生活。我说等高考结束，我爸会带我去北京玩，那时候我的牙套应该就可以摘掉了，我要拍一些好看的照片。

牙套可以摘掉和高考结束一样，好像都是能够带给我新生活的事情。

那个晚上，坐在我身旁的弯弯突然哭了起来，不是那种低声抽泣，而是放声痛哭。

那是我第一次看到弯弯哭，在我眼中，她永远都是开开心心的，似乎从来没有什么烦恼。

那也是我生平第一次听到与我的烦恼截然不同的烦恼，带给我的震撼非常大。弯弯家在农村，家里的经济条件很差，有一个正在读大学的哥哥，还有一个姐姐，是聋哑人。她妈妈的身体一直都不太好，她的爸爸在她 13 岁那年就去世了，当时她爸爸在上海的建筑工地上打工，是从脚手架上摔下来意外离世的。

那是弯弯第一次坐火车，第一次去上海，以前上海在她的想象中，是那么繁华、那么遥远的一个城市。可没想到第一次去，就是去处理至亲的后事。啊，我的十三四岁，人生中最大的烦恼，居然是两颗牙齿中间的缝隙——只是一条缝隙而已。

我的牙齿后来又出过其他的问题，比如虽然取掉了牙套，但效果并不是很理想。牙套摘下来之后，通常还需要戴一段时间保持器，但我去读大学的时候，不小心将保持器弄丢了，一周之后才有空回家去补，影响了矫正效果，缝隙又宽了一些。

后来为了对付那两颗门牙，我索性去安了两颗烤瓷牙。烤瓷牙戴了几年，和牙龈的连接处有些发黑了，我又去医院，换成了两颗全瓷牙。

其实这也不是多么难的事情，总能想办法解决的——门牙之间有缝隙，真的是件小事情，戴个牙套就能够矫正过来。如果觉得金属牙套很难适应，现在还可以戴隐形牙套。

弯弯大学毕业后坚持留在省会城市。她靠借钱度过了刚毕业没有收入的那几个月，后来工作慢慢进入正轨，虽然也常昼夜颠倒，加班出差，但总归是有了安全感。

昨天凌晨收到她发给我的消息，说她刚拍完婚纱照，准备明年结婚。

十三四岁的我为了牙齿间的缝隙而发愁到失眠的时候，总觉得未来是很遥远的事情，没想到这么快就到来了。

那一刻，我的叛逆期结束了

✽妖孽的二狗子

高二的时候年少无知，为了所谓兄弟义气，做了一些错事，被送进了派出所。

被铐着录完口供后，警察打电话叫我爸来领人。

当时我还在叛逆期，觉得自己义薄云天，特有面子，为兄弟两肋插刀，特别爷们儿。我打定主意，一会儿我爸来了啥都不说，他爱怎么样就怎么样。

我爸呢，就是个出租车司机，当时车上还拉着客人，接到电话扔下客人不管不顾地来了。

来到派出所后，老实巴交的他见我不搭理他，站也不是坐也不是，来回走着和办公室的警察套近乎。有个警察看不下去了，说："这种小孩就是不懂事，关他几天就老实了。"

另外一个老警察拉着我爸去找审我的那个警察了。而我只是冷笑，一副什么都不在乎的样子。见我爸出了门，我就开始四处张望（手被铐在凳子上）。不经意间，我从监控器里瞥见院子里我爸的身影。

他不停地向那个审问我的警察鞠躬点头。低一点，再低一点，直到腰再也弯不下去。

那个警察拿着几张纸，一下一下地拍着我爸的头，嘴里不知道在说些什么。

我爸继续点着头，本来就佝偻的身子显得越发矮小。

突然，那个警察不知道为什么发了火，把手中的几张纸一扔，转身坐在了旁边的长椅上，抽起了烟。

我爸，一个四十多岁的男人，一次一次地蹲下去，单膝跪地把那些纸一张一张捡回来，拿手掸了掸灰尘，又慢慢地走过去递给那个警察。

我这才注意到，原来我爸的头发已经白了大半。我突然很难过。我想起小时候对我说"男人腰杆不能弯"的那个他，如今却为了一个不争气的儿子，把腰弯到快要折断。

我当时没有哭，但我知道从那时起，我的叛逆期结束了。

后来，警察答应，交 1 万块的赔偿费当天晚上下班前放人。

那天下午，我爸一直在四处奔走，取钱，打电话给亲戚朋友，只要用得上的关系，他都联系了。可毕竟他只是一个普通的出租车司机，能结识什么样的大人物呢？他做这一切，不过是不想我在档案上留下一个污点。

到了傍晚，他来接我，带了一套新衣服，手里拿着一瓶营养快线和一包方便面。

跟他一起上了车，他没有骂我，只是让我先把东西吃了，我一天没吃饭了。他告诉我一切都搞定了，叫我不要担心。又似乎不经意地说："人生的路还长，不要因为这件事想不开，你爸爸我很能的，这点事还摆不平？"

我低头咬着嘴唇，血一点点渗透到嘴里。

我扭过头不敢看他，一整天没和他说话的我，小声地说："爸，这些年辛苦你了。"

他仿佛没有听到，转过头，摇下了车窗，长长地舒了一口气。

初恋的勇气

✻简 洁

我上大学时，寝室四个人，其中两个有男朋友。她们的男朋友都是高中时的同学，也是初恋。于是卧谈会时，我们往往分为两边，我和没有男朋友的小宣儿一边，有男朋友的两个人一边。小宣儿总有许多关于恋爱的疑问，热衷于询问那两个人的爱情故事。在这样的卧谈中，我们迅速而资讯不对称地熟悉起来。

有男朋友的那两个室友里，我比较喜欢听阿妮的故事。她显得比我们要老成，总是用把我们三个当孩子的语气来相处。自认幼稚的我们尊称她为“幼儿园园长”，而她的男朋友，我们尊称为“校长”。“校长”就读于北大中文系，当得起我们的尊敬。无论是北大还是未名湖，阿妮所说的关于“校长”的一切都让人感觉特别。最特别的是，“校长”有白化病，阿妮说，医生说他可能活不过二十五岁，这让这段感情平凡中又带着一丝凄美。

对十八岁的我们来说，二十五岁其实也是很久远之后的事了。十八岁的阿妮和“校长”在一起的决心，在那时看来浪漫大于勇敢。因为是异地，他们总打长长的电话，我们有时会在旁边大声地逗弄阿妮，“校长”也知道我们这样称呼他。虽然从未谋面，但他俨然已是我们寝室相熟的一员。后来第一次见“校长”时，我们第一眼就认出来了——全白的头发、白色的眉毛、白色的眼睫毛，还有通身粉色的皮肤，无法让人不注意。但阿妮和他像正常人一样相处，我们很快也就镇定下来。在真实地见到“校长”以后，我似乎有点懂了阿妮在夜谈时描述的，他们俩高考前走在家乡的小路上，互相约定未来的那种绝望和决心。

我一直觉得阿妮是一个心很硬的人，因为她看韩剧从来不哭。我和她在上大学时看韩剧都看得很疯，有一次她把 4:3 的画面比例错选成了 16:9，我站在旁边和她看了一个小时，关上电脑后看人都是变形的。无论剧情多么苦情、狗血、悲剧，她脸上都只有两种反应：冷漠和哈哈大笑。我总觉得她像编剧一般在审视着剧情，只有戳中她笑点的地方她才会笑出来。剧里男女主人公得绝症的桥段，并不能打动她的心志半分。但她本人开朗、向上，热衷于存钱，绝不委屈自己。

她存下来的钱，多数用在了路费上。十一假期和五一假期，阿妮和“校长”总是一个去北京、一个来广州，异地就是这么辛苦。为了不再异地，阿妮保研时选了去北方，觉得能离“校长”近一些。保研的时候，我们已经二十一岁，离二十五岁越来越近，于是以前觉得浪漫凄美的初恋故事一下就变得现实起来。等阿妮保研成功以后，我们在假期却看不见“校长”了。不谈婚嫁，没有未来的爱情，苦苦哀求的却是阿妮这一方。

我一直觉得，这大概是我听过最不寻常的初恋故事了，因为知道太多平凡的细节，反而更加惊心。阿妮和“校长”在高考前的时光，风沙中闭塞的乡村小镇，白发绝症而成绩优异的少年，一起走到大城市，一起度过了二十五岁前的日子，从不去想未来，这也许是初恋的勇气。

但他们不去想的未来，却终究还是来到了。我试想过种种结局，韩剧式的、俄罗斯文学式的、中国古典小说式的，却没想到现实是天涯论坛式的。阿妮保研去了北方，北大毕业后的“校长”却来了广州，进入了知名大企业。刚好有同学也进了那家公司，偶然间打听到认识他，说果然是高才生，一进去就是公司的宠儿，很快和公司里年轻漂亮的女孩谈恋爱，然后结婚，听来的故事里并没有绝症和什么命运的组合。

白化病不是绝症，这是现实迟来的科普。阿妮和白发少年是什么时候知道的呢？记忆中有问过阿妮病情，却没记住解释。所有结束的借口，不管多么真实，终究只是借口罢了。但想想阿妮，我又觉得，在我听了四年的故事里，那独属于初恋的勇气是真的。

全世界只有我自己

✽柏 笙

我度过了一个相当混乱的青春期。

失群、失和、失望充斥着我的生活，但在此之前，像所有十七八岁的少女一样，我有自己的小心思，会为了喜欢的事情而努力，每天期待好运。

那时，我遭受了前所未有的劫难。

1

从什么时候开始的，我已经不记得了，等我察觉时，全班女生已经团结一致，集体排斥我。女生的团体精神在此时展现得淋漓尽致，我甚至还来不及做什么，就被她们聚集形成的屏障隔绝在外。

我一个人吃饭，一个人去教室，一个人坐在座位上发呆。

组里有人分东西吃时，她们会吆喝着："吃啊，大家一起吃！"

"这么多都没人吃吗？"

"来来来，吃起来！别客气！"

我知道她们说的"大家"不包括我。我安静地低头写作业，假装自己看不见。没有人问我为什么只是坐在那里。说不难过是假的，但我有什么办法？

"喂，你怎么不和她们一起吃西瓜？"旁边有人走过，一脸好奇。

我抬头看他一眼，继续写作业："我不饿，还有作业没写完。"

他似乎有点儿尴尬，小声说了一句："有那么多作业要做吗？真奇怪。"虽然声音很小，但我还是听到了。我面不改色，握笔的手却在颤抖。

期末考试结束，班里搞活动，班长喊了全班人去操场集合。我赶着去厕所，于是拜托同桌："等会儿帮我占位行吗？"她没理我，跟着大家飞快地跑了出去。等我走出来，操场上传来的呼喊声、欢呼声清晰入耳。

我背着书包踢踢踏踏地往前跑，口袋里的钥匙相互碰撞，发出清脆的丁零声。一口气跑下去，站在高高的阶梯上，我拨了下被风吹乱的头发。

操场上的人追逐着，显然游戏已经开始。旁边的路灯散发出暖黄色的光线，每个人的脸上都洋溢着满满的开心，一切都笼罩在美好里。

我远远站在阴影中，忽然想起朱自清先生说的："热闹是他们的，我什么也没有。"是的，我什么也没有。

我慢慢地走回教室，却在路过厕所的时候听到一个清脆的声音："你知道我为什么讨厌TS吗？"TS是我的名字缩写，我呼吸一窒，靠着墙壁默不作声地听着。

说来奇怪，那天没有人注意到我，厕所里的那两个人说得很起劲儿，我耳蜗嗡嗡响，像所有声音都被细化分裂了，听得并不真切。我不记得她们说了什么，只觉得彻骨的寒意从脚底蔓延至心头。

我回了教室，一整天都精神恍惚，课间有张字条被丢到了我的桌面上，起初我以为是要传给别人，但字条背面清楚地写着"TS"。

我打开，上面的字映入眼帘："都听到了？说的就是你，你去死吧！"

后来情况越来越严重，有时候我躺在宿舍的床上都能听见几个女生在议论我。下铺的女生大喊大叫："我不要睡在她下铺！我讨厌她！"几个女生安慰她："好啦好啦，你就当她死了呗。"

"我们又不能赶她出去。"

"到时候跟宿管说一下，让你睡我们这边吧。"

我假装没听到，用被子盖住头，但那些议论声依旧没有停止。我开始担惊受怕，不敢回宿舍，打完饭躲起来吃。在别人看来，我的举动越来越古怪，学校不是囚笼，我却如笼中鸟，一点儿风吹草动都要警惕好久。

我向爸爸倾诉，但他只是疲惫地说："你忍忍吧，多大的事儿啊！我和你妈妈每天工作那么辛苦，你还要我们替你操心？"

后来我再也没有在他们面前提过这些事，他们只会觉得"你自己肯定有问题，不然别人为什么只针对你"。

可是我至今都不知道自己做错了什么，又为什么要遭受那些。

2

那段时间，也不是没有人向我示好。

苏柚个子高高的，性格开朗，不开心的时候总是嘟嘴，喜欢挽着我的手臂撒娇，可是我一直无法向她敞开心扉。

就像我走在路上摔进坑里，很久之后，我甚至都不记得当时摔得有多疼了，但以后走路都会远远绕开坑。

我开始揣测身边人的想法，算计事情的利弊，心里摆着一架无形的天平，一切得失都要经过精准的测量才能下定义。一件名叫"虚伪"的外衣裹住我，我变成一个丑陋的怪人，守着自己的四方之境。

苏柚爱耍小脾气，每次和别人闹矛盾都会跑来找我，但过几天就把我抛诸脑后。

17岁生日那天，家里只有我。我写完了作业，坐在书桌前，用手机发了条消息。那部老式手机没有卡发不出去，我一点开那个红色的感叹号，就有一条消息冒出来："亲爱的，生日快乐。"假装一下，还是有人在乎我的。

苏柚不知从哪里得知了我的生日，第二天给我发了微信红包，还许诺会一直陪着我，而我应该无条件地相信她。

有个经常和她闹矛盾的女生找我促膝长谈，最后她说："你没察觉吗？她一直在利用你。"我低着头，没说话。

她似乎有些得意："你就像个便利贴，她需要你，你对她有利用价值。"她说得对，在那个地方，我的确是可有可无的。我的存在，慰藉了苏柚无人陪伴的孤独。当所有恶意化作枪林弹雨袭来时，我仍然只有一个人。

课间，我站在五楼的走廊上，午后的气氛刚刚好。往下看，是繁密的树叶、悠闲的甲虫，还有炙热的阳光。

我脑海里突然冒出一个奇异的想法：跳下去会怎样？一种诡异的快感涌上心头，我不由得倾身，头渐渐往下低去，好在我及时清醒了。支撑我活下来并走下去的是什么呢？是无尽的委屈和不甘心。

3

转学以后，我很久都没有从阴影里走出来，经常梦见在那边的点点滴滴，有时候莫名其妙就会流泪。

我一直很不快乐。

新同学对我的到来表现出极大的好奇，她们问我在那边的学习趣事。我摇摇头说："不好意思，不记得了。"一如我已经结痂的伤口，看似愈合其实早已腐烂。我依然会努力活着，只是一腔浓烈的感情掺了水。

有一晚我忽然梦到那个带头排挤我的女生。以前我从来没有梦到过她，即使她做过许多让我至今想起仍十分难过的事，但奇怪的是，她从来没有入过我的梦，一次也没有。

我忽然梦见她。具体情形已经记不清，大概是我靠在课桌旁，不知因为什么事笑了，她抬眸，冷冷地盯着我，我立刻害怕地噤了声。

回家的路上，她和我并排走，我惴惴不安，她却温和道："其实我没有特别讨厌你。"她的声音很轻，我在梦里听着，不知在想什么。她还说了一些话，我们之间的气氛很融洽。

醒来之后，我坐在书桌前翻看以前的日记，一页页地翻着，心情有些微妙。书上说："如果有一天你梦到了一个很久没见的人，代表他正在遗忘你。"那么，她也在遗忘我吗？

我那些无处安放的伤痛，耿耿于怀的过往，相比之下，就像个笑话。

"该放下了。"我对自己说。

以后的路还很长，我这一生不能就这样过完。

过去的种种才成就了现在的我，对于未来，我依然会期待。只愿有一天，世间所有的不幸与伤痛，皆被治愈。

离散之萍

✲权　蓉

我的生命里，无疑会有很多个夏天，但没有哪一个，会如今夏。

中学毕业那天，我是宿舍里最后一个离开的，来打扫的宿管阿姨推门进来，看见我还在，又急忙退出去，说不打扰我。我说没事，再过一会儿我就走了。她笑眯眯的，说人在不能打扫，打扫了你们以后就不会回来了，等你们走了我再打扫，耽误不了多少时间。

虽然无从考证这种说法的真假，相信听过她这话的人大多数都未再回去过，但是她的这种行止和善意却让当时听过这话的我后来每每想起都觉得有种柔软在心间——特别是比起“毕业生几点几分必须离校”的那种通知遣散，有时候，人不经意的温柔真的动人。

说是中学毕业，其实整个高三下半年都在毕业，只是各个节点不同。像是飞出去的烟花，砰的一声，每一朵各自炸开。

校广播站里不知是谁，下午的课外时间总在放关于毕业的歌，自然是老传统，渲染某种离别气氛。我们在晚自习前的间隙趴在阳台上透气，并不领情，一起吐槽这些一点也不懂高三年级心思的学弟或者学妹。老耿最烈性，说：“我这明明还有口气啊，他们是不是也放得太早了，那操场上的槐花才开，都还没有落，就放起了挽歌。”

“挽歌”这词让大家觉得他太不会说话了，忒丧气，于是立马出列几员大将抬起他在阳台和教室里前门后门地穿行着游街。游得太尽兴，加入的人太多，乱哄哄的一团，直到班主任来，才作鸟兽散。

老耿稀里糊涂地被扔在地上，不知今夕何夕，然后和进来的老师大眼瞪小眼。

老师说：“老耿，你在这儿凉快呢？”

他说：“还不错。”

老师抬起脚径直从他身上一脚迈过去，说：“那你好好躺着吧。”

班主任总在班会上或者盯晚自习的时候语重心长地告诉我们珍惜时间，私底下我们说他是个定时就会播报“你好，你们就快毕业了”的闹钟。话虽这样，但是不得不说，某些东西还是在高三这个缸里发酵了。

上午全校课间操结束，总是其他年级留在原地，让高三先返回教室。甚至正好碰上两节课联考，直接不让高三下去。男生们一片哀号，做白娘子和许仙被法海分开的情状，大呼“放开我，我要下去做第八套广播体操”。

当时有男生讲什么老师紧张是因为担心我们没有考好他自己的奖金就没了，所以才时时刻刻盯着我们。女生看着他，觉得面对高考都不紧张面对自己的前途都不在乎还阴谋论的人简直是脑子有个大坑。总之，那时候男生们总是犯二的比较多，相较之下，女生们更像是黑板一角挂的高考倒计时的小蓝牌，沉静、紧迫。

连我有时都不免嘲笑老耿，说他苦中作乐。他说：

“你们一个个苦大仇深的不对，以后毕业了，想起这半年什么也没有做是不是太对不起自己了？”

我指着课桌旁那如山的试卷，告诉他，“我怎么是什么都没做呢，这一套套试卷难道是自己长的答案？”他老神在在地一哼，“那也没做对几个。”最后自然是整个人被他这毒舌真言射中的我败下阵来。

整个年级不说，我们班，把这些卷子都能做对、连附加题也能得分的除了大魔王江昶再也没有其他人了。最狠的是，那如山的试卷，江昶很多都是读题，甚至类同的题他直接就跳过不做。老耿说，“境界啊，神仙看思路，小兵练招数。”

那时还填同学录。从四月起，班级里就开始默默流传从各个同学录上拆下来的纸张。有时候攒得太多，一大沓，最后不知道哪张纸是谁的，我这样的小兵就跟做多套试卷但遇到同一道题一样，全一个模子地答下来，写好放在桌子上，等相关的主人来收。

自觉完成得不错，但只有老耿拿着一张纸来责问我，说你给我写前程似锦这样的套话，是不是觉得我们之间连半点同桌的情谊都没有了，你这个负心女……交涉的结果就是，再给了我一张，让重新写。

他一边监督一边很有派头地批评：“你看看大神，人家收到同学录都知道用铅笔写个名字做标记，你再看看你。”然后又强调，“好好写啊，你的试卷这半年一过就没有了，这同学录我可是要留一辈子的。”这和班主任说的相反，他为了制止我们上课还在绞尽脑汁写同学录的势头，说：“你们做试卷的效果要跟你一辈子，你们写的同学录搬次家就没了。”

五月的一个上午，照例下去做课间操的我们却被临时通知安排拍毕业照，说是怕高考后大家聚不齐于是提前拍毕业照。没有谁提前通知，就突然袭击。虽然进入高三，女生们大多已经放弃要美这一项，但是面对拍毕业照这么大的事，还是集体爆发了。一个个声泪俱下地痛陈这件事的不合理，最后经过班主任斡旋，改到了第二天。女生们高呼胜利，旁边站着一堆觉得女生们小题大做不明所以的木桩——那么多抹把水就当洗脸、擦点护手霜就能当化妆的男生们那时哪里懂这些。

第二天拍完照，班主任很贴心地按站位做了姓名单，专门跑了一趟，要求照相馆的人印在相片后面。我们当时一点也不明白他的苦心，相片出来后，大家指着印制的名字说老师多此一举，这些人怎么会不认识呢。直到多年后，我们在同学群里刷这张照片和后面对应的名录时，不约而同地刷“老师英明”的表情屠屏。

先前学校有意在各种日常服务上给毕业班提供各种方便，于是大家差不多在校园横着走，一副我是高三的人了、我是高三我怕谁的架势，而毕业照拿到后，再没这是我的学校这里属于我的感觉，一个个收敛太多。“离开”两个字顶在头上，走在校园里像是寄居，而且一天天的倒计时，三位数，两位数，一位数……

可能因为离别的花朵次第绽放，所以和前一年高三开学时候的动员大会上群情激昂的大家相比，高考前的离校动员大会一个个都很平静。校长说：“不错，孩子们，你们成熟了，这叫每临大事有静气。”站我旁边的老耿在一边小声地说：“阿弥陀佛，希望他真是这样想的。”

班里断断续续地在小范围地吃着散伙饭，像老耿这样交游广阔的，一波又一波，都不知道他跟不同的人吃了多少顿了。到班级的集体散伙饭，他像个江湖上的老油条一样，话一套接着一套，这桌那桌来回地跑，像当初他在阳台和教室里前门后门地被抬着游行一样如鱼得水。我惊讶地看着他，他语重心长地说：“你不再是小孩子，现在就算踏入社会了。”

离散的浮萍，在高三的浪花上一个一个激起，一次一次长久地铺排，一点一点锻造得我们身经百战。到我们高考完，学校正式毕业仪式的时候，已经绿莹莹的一片。所以告别时，很少有人流泪。还年轻啊，随意地在下一个路口就能再见。

后来我回学校做过一次关于写作的讲座，等放学后，去了当年的教室，除了设备先进了之外，其他没有什么不一样，连伸进窗口来的树枝仿佛都还是当年那枝。我们当年拍毕业照的地方还在，不过住的宿舍已经拆了，成了网球场。发愣的时候，同行的老耿催我快点，说怎么一点也不成熟，老同学们都等着吃饭呢。

那一刻，我觉得有一小块一直盘旋等待的浮萍，突然落下，啪的一声同那许多绿卡在了一起。那一大片不再松动，我真的毕业了。

内向的人，青春期总是难过一点

✲闫 晗

常常想起初中开学的时候，我推着自行车在校门外等开学的情形。那会儿我刚转了校，同学都不怎么熟，有个长腿、穿短裤的女生倚在自行车上，和其他女生聊天。我对未来一无所知，感到一片空茫和略微的紧张。初中的前两年，我一直在这种紧张中度过。

初二那一年，我13岁，刚刚进入青春期。胸部的发育让我羞于穿紧身的衣服，跑操后脱下校服总是不由自主地用胳膊肘挡在胸前。我个子还是不太高，排队的时候总在队尾，这让坚信我只是晚长的我妈多少有点儿泄气。她很高，年轻时跑过长跑，打过篮球，可我一点儿也不像她。

周围已经不乏亭亭玉立的少女，长长的头发散发着年轻的光泽，眉眼间透着娇俏，走起路来也婷婷袅袅的。校服很土，但穿在她们身上还是很熨帖好看。

我悄悄羡慕着那些身姿窈窕的少女。比如班里那个前额的发辫编得很精致的笑眯眯的女孩；比如那个大眼睛、扎着粗马尾、说话摇头晃脑的自信女孩；比如隔壁班那个常穿着牛仔衬衫酷酷的高个儿女孩。她们，都很好看。更重要的是，她们似乎都有自己的小圈子，常常一群人在一起叽叽喳喳聊天，聊什么并不重要，那种自如的姿态就足以让我羡慕不已。

1

学校里流传着我们这一级“四大美女”的传说，也不知是谁评的，来自哪里的榜单，不过所有人对长得好看的女孩都会留意，她们永远都有传说，是话题的中心。坐在我后桌的姑娘似乎精通这些掌故，走在去上厕所的路上，她会突然用胳膊肘捅捅我，甩来一个眼神，迅速而含混地说，看，这就是那个谁谁谁，你看漂亮吧。

这谁谁谁里有老爸是市电视台节目主持人的，也有常常被外校男生堵在校门口等待追逐的，也有跟某高年级风云男生“要好”的。回头想来，她们也许只是很普通的女孩，以后也过着普通的人生。可在13岁的夏天，我怀着深深的自卑感，觉得自己被一种光芒灼伤了。世界在我面前慢慢展开，未知的东西有太多太多，为什么我这么普通、渺小呢？

2

这种自卑感还来自一些旁的东西。那时的班主任不太喜欢我，虽然我的成绩很好。班主任创造性地发明了一种“连坐”的方法，座位相邻的四人为单位结成小组，若小组有一人不交作业或者上课回答不出问题，全组放学留下来，罚做值日。

我的同桌是班里倒数第二名的学生，沉默寡言，很少听见他说话，从不回答问题。每当他上课一被老师点名，我的心便“咯噔”一下子，低下头等待那令人尴尬的沉默，以及老师那句“行了，你坐下吧”。于是，我连着扫了两个月的地。不出意外的话，这一年的教室都归我们四个打扫。那会儿是放学后扫地，把大家的凳子放到桌子上，拿起笤帚挥舞，教室里弥漫着呛人的烟尘。我不记得跟我一起打扫的那几个人了，只记得灰蒙蒙的天和尘土飞扬的教室。大部分人离开后的教室，有一种恐怖片的感觉。

我妈妈忍无可忍，开家长会时跟班主任提了意见，抱怨我每天晚回家，头发里都是灰尘，灰头土脸“像个灰老鼠一样”，这种“连坐”制度才结束，恢复了正常的排班值日。班主任那会儿就觉得我很“多事”了吧，毕竟大家都是逆来顺受的。

3

还有一件事。班主任每天都要求家长检查作业、背诵课文，还要签字。我妈不胜其烦，她觉得学习是自我管理，完全不需要监督，同时也讨厌把名字写在当天作废的作业纸上。于是，我有点儿为难，不敢公然不交，有一阵儿只好自己每天试着练字，用另一种看上去成熟些的字迹写上“能背下来”。其实班里好多同学都是这么干的，练一笔好字可以当许多人的家长。

然而有一天，我妈觉得这件事很可笑，就抄起我的作业本，写上“天天签字太麻烦了，希望老师不要再让家长签字了”。

第二天上课，老师挨个检查签名时，我犹豫了一下，忐忑地递过去，果不其然收到了一声冷笑和一个白眼，以及在班会上对我妈和我的抨击。她义愤填膺地说：“没想到竟有这样的家长，不配合老师的工作，也不重视孩子的学习，那你自己别签字好了。”我觉得特别尴尬，但也只能装作若无其事。

其实跟老师（领导）唱反调总是危险的，谁都不希望自己的权威受到挑战。那个时候，家长找老师提意见，对学生来说是件冒险的事情。需要极高的智商和情商，才能处理好这种“公共关系”。善于沟通的人很少，往往彼此想象出了很多敌意，合作是很难的。表面上解决了问题，其实底下暗流涌动。

从此，我妈清静了，我也有了另一种清静，老师不怎么搭理我了。我被调到教室南边第一排的角落里，上课时常常看着窗外的柳树和树下啄食的麻雀，下课时偶尔有坐在后排的高个男生过来打趣我。我一句话也不说，因为不知该怎么应对，那时的我，在别人眼里或许是很高冷很难相处的样子吧。

幸好我那年成绩还不错，整个初中时代，都还不错。那是那些年我唯一对自己满意的地方。我并不觉得自己聪明，也远远算不上努力，学习方法也并无心得，隐约觉得是运气不错罢了，考试都考我会的题。后来我看一些学霸写的书，总结出的种种方法，觉得自己跟人家差距太大了。也许就像郭德纲说的“全靠同行的衬托”，有的时候成绩好大约是因为其他同学没好好学吧。

4

班主任觉得自己是个开明的老师，她对班里那几个常闯祸的大男孩有无限包容，会以朋友的姿态给他们讲道理，然后被自己狠狠感动，在班里慷慨陈词，觉得自己一视同仁，是《死亡诗社》里那样的好老师。我莫名觉得她也有点儿怕他们，那些四肢发达的半大小子，做事冲动，破坏力从来都是惊人的。

女生里，她最喜欢的是班长，常让班长在自习课带她从幼儿园放学回来的女儿在校园里玩。班长会用自己的零花钱给那个小姑娘买各种零食，班主任和她女儿都愉快地接受了。班长是个清秀恬淡的姑娘，成绩好，话很少，很会来事儿，大约也和我一样盼望着这一年早一点结束。

5

夏天到来的时候，学年到了尾声。这一年，我们市有一件四年一度的盛事，要举办一个大型国际民俗节活动，需要各中小学校出团体节目。落实到我们学校，是由音乐老师训练女生们跳彩绸舞。每天下午的课外活动时间和周末都要到操场集体练习。人海战术的活动都是很麻烦的。班长不用参加，不知是为了管纪律还是被班主任扣下继续带她的孩子，班里跟我要好的女生请病假不参加，我熟识的几个朋友都不在，于是我在那知道名字却说不上话的女生堆里感到前所未有的孤寂。

女生们并没有因为参与了这次盛事而感到骄傲，只觉得耽误了学习的时间。男同学在教室里恐怕已经把作业做完，把课文背下来了吧。好羡慕不用参加的女生啊。排练时，女生们大都没精打采地站在指定位置上，听音乐老师责骂："你们一个个都七老八十了吗？有没有一点活力啊。"学生时代是特别没有尊严的，随时接受批评指正安排，没有权利说不。

对我而言，更难熬的是休息时间。女孩子们开始扎堆说话、打闹，便显出我的孤寂来。我曾试着去跟一个有大姐大气场的女生表示友好，便提醒她："哎，包燕燕，你的头发上粘了个草叶儿，我帮你拿下来吧。"包燕燕瞪了我一眼，没吭声。这时另一个女生过来扯她的头发，大喊："小包子，你这个坏蛋！"她就喜笑颜开地和对方打闹成一团。我便缩回我试探的触角，默默地僵在那里。

有一个周六的早晨，我起晚了，慌慌张张赶到了训练的体育场。早就点过名了吧，音乐老师记下我的名字交到班里，班主任又该刻薄我了。我找到自己的站位，小声问旁边的女孩："点名了吗？"她摇摇头。那一次，居然是在训练结束后点名！胆小的我长舒一口气，感到非常幸运。

音乐老师站在中心舞台上，一再拿着扩音器强调说，参加这样的大型活动，对我们的气质培养以及整个人生都有很大的意义，但活动结束后我感到上当了——什么收获也没有，除了脸晒黑了。可即便如此，当时我也没有拒绝的权利。当时我相信他们讲的很多道理，天真地认为，那特别的意义或许以后会领悟到。

所有的经历都有其意义吧。比如现在的我，还能记起这件事，就是它的意义。

6

而我不擅长说话，也很难在陌生的人群中找到自如感，有轻微的社交恐惧症，觉得自己不太可能被人喜欢，或许就是从那个夏天的操场上开始的吧。

13岁那一年，我迫切希望快点长大，想知道长大后的世界是怎么样的，想要主宰自己的生活。内向的人，青春期总是难过一点，还好，之后的我慢慢接受了自己的内向和不自如。长大后才发现，那些光芒和晦暗，可能只是我臆想出来的，在他人的记忆中，我可能也有自己的光彩。

前几年，一个初中女同学联系到我，说看到我的某篇文章。我们聊了几句，我知道她现在是一位中学老师。我有些诧异，难以想象她现在的模样，因为印象中她还是邻班那个一脸桀骜不驯的酷酷的姑娘，在我心目中高不可攀。我们长成了面貌不同的大人了。我没有跟她说初中时我对她的印象，怕吓着她。每个人眼中的世界都不一样，我的内心戏，就自己保留着吧。

那一年的不被赏识、孤独和忧伤，羡慕与小确幸，以后我也经常遇到。不过幸运的是，我没有那么不快乐了。

青春的蜕变，始于谎言

✽安一朗

一

16 岁那年，中考成绩一般的我只考上了县里的一所普通高中，但望子成龙的父母希望我能去市里最好的高中读书。他们在市里买了房，还花高价买了一个借读的名额，让我去了实验中学。

对爸妈而言，只要我能离开县城去市里最好的高中读书，花多少钱他们都觉得值。我心里面一直是恐慌的，我知道实验中学的学生都非常厉害，我去了那里，还不是只有垫底的份儿？我也害怕别人知道我是花钱进去的看不起我。我不敢跟父母说我心里所想的，怕他们失望。硬着头皮，我开始了在实验中学的生活。在这里，我没有一个熟悉的同学，我的同学都还在县城。看着别人兴高采烈地呼朋引伴，我觉得自己特别孤独。我沉默地观望着别人的快乐，他们都是凭自己的能力考进来的，唯有我那么不光彩。

我暗自庆幸，这里没有人认识我，只要我不说，没有人会发现我的秘密，我知道这事连任课老师都不知晓。这样想时，我慌乱的心会暂时安稳一些。

我的同桌杨旭，是一个热情洋溢的人，听到他和别人的聊天，我知道他中考的分数非常高。当老师安排我们坐在一块儿时，他一坐下就询问我考了多少分。我不好意思地说："考得不好，比你差远了。"我说的是实话，但我没有勇气把自己的分数说出去，怕自己在这个班里再也没有立足之地。

"刘康伟，你真谦虚！能考进实验中学的，哪个都不差，以后一起努力了！"杨旭拍拍我的肩膀，友善地说。我的脸倏地涨红，急着干咳几声，掩饰自己的慌张。

二

重点高中校风严谨，是一个卧虎藏龙的地方，大家看上去很普通，或许有的还是沉默寡言的人，但这一点都不影响他们发光发亮。随便找出一个同学，都有可能是某一科的尖子生，或是某一方面的达人。

在良好的学习氛围影响下，我再也没有过去那种得过且过的想法了。在这里，稍不努力就会被人远远落下。我每天都埋头苦读，用沉默来保护自己的隐私，怕万一说漏嘴了让自己抬不起头来。为了跟得上老师在课堂上的讲课进度，以前从来没有预习习惯的我，也会早早预习。我把预习、听课、复习、写作业，安排得有条不紊，辛苦并快乐着。

进入高中的第一次大考，在开学二十多天后进行。老师说这次考试，一来检查一下大家以前的知识功底，二来看看能否适应高中的教学方式。

年轻的心，都特别敏感，我的心在考试前几天就开始惴惴不安了。没考试前，谁也不知道我以前是什么样的成绩，我又是怎样进到这所学校的。马上要考试了，分数一公布，我就会原形毕露，到时候，我还有何颜面再在这里待下去呢？班上的同学会如何看待我？他们会接受花钱进来读书的我吗？

我的思绪纷乱如云，心里被恐慌塞得满满的，透不过气来。我一次次在心里怨恨父母的虚荣心，一次次后悔不该来到这里等着被众人嘲笑、讽刺。可是我已经没有退路。

帮老师去拿教案时，我发现办公室只有最里边的角落有一个老师，他正埋头工作，根本没看见我进去。放教案的柜子边上，是隔壁班数学老师的办公桌，他的桌面上放着一摞试卷。我随意瞟了一眼，心里咯噔一下，那不正是几天后考试的试卷吗？我的心里莫名紧张起来，连手也在抖，手心浸满汗水。鬼使神差，那一刻，我脑子里一片空白。我匆匆抽了一张试卷出来，紧张地折叠好，藏在口袋里，然后飞也似的离开，连教案都忘了拿。跑到楼梯口，才记起自己的任务，于是又返回去。

回到教室时，我额头上满是冷汗，感觉整个人都要虚脱了，心一直在怦怦跳，忐忑不安的感觉真难受。我不是小偷，我只是不想在第一次考试时成绩就垫底，不想被班上的同学看不起，不想被任何人窥探到我的秘密。我自我安慰，仅此一次，下不为例。

回到家，我认真地把那张试卷做了一遍，不会的题，就照着书上的例题一点点想。我不敢去问同学，怕事情败露。两天后，终于迎来了考试。数学原先是我最害怕的，但因为已经做过一遍试卷了，心里倒是安定一点。

那几天我既渴望早点公布成绩，又害怕成绩公布后自己无法面对，更害怕我偷试卷的事情败露，让自己无地自容。我不知道那几天自己是如何度过的，沉默的我变得更加沉默，神经紧绷，一点点风吹草动就会让我惶恐不安，如坐针毡。

三

我要窒息了。

老师似乎是故意考验我的忍受力，在我感觉自己快要崩溃时，终于开始发试卷了。语文、英语……每一科虽不尽如人意，但也没有垫底。当要发数学卷子时，我屏住呼吸，竖起耳朵聆听老师说的话，生怕漏了一个字。

“估计大家中考后都玩过头了，一时还没回过神来……这次的考试成绩居然只有 5 个人 90 分以上，这里可是重点高中，你们可是市里最好的学生……”数学老师缓缓说道，时而严厉，时而鼓劲。

大家都在窃窃私语，老师念一个分数，发一张试卷。

“刘康伟，98 分，全班最高。”

我的心跳骤然加快，低着头，匆匆走上去。面对老师赞赏的目光，我却感觉那目光似乎要穿透我的心。

“你好厉害呀，真人不露相！”杨旭凑过头来，搂住我的肩膀。

我敏感地坐直身子，分析他话中的意思，会不会影射什么。杨旭比我少 20 分，他说以后要多向我请教。我却感觉他是在试探我，脸涨得通红。

班里的叹气声此起彼伏。我知道我的成绩是假的，如果没有事先偷到试卷，我到底能考多少分呢？我并不想考第一名，只希望自己的成绩不垫底，在这个班上能够有立足之地就够了。但现在，事情的发展由不得我了，大家都以为我是“高手”，一个“不露相”的高手。我撒下了第二个谎言，以卑劣的手段。第一次是父母帮我一起撒下的，但后果只能我来背，无路可退。

四

为了不让自己的谎言败露，我只能全力以赴。

我让父母帮我请来最好的家教老师，也重新调整学习计划，我相信天道酬勤，虽然起点不如别人，但我可以重新开始。我把学习当成最重要的事，比任何时候都更想要读书。

一夜长大，或许就是这样的吧。我的蜕变连自己都觉得不可思议。我把时间安排得满满的，每天仅留下半小时吹我喜欢的葫芦丝，那片刻的放松，让我重新积蓄力量。我每天都斗志昂扬，精神焕发。看着乐滋滋的父母，我心里其实很难受，我知道父母对我的期望高，知道他们为了我花再多的钱也不在乎。我不想让他们失望，更不能因为自己的不努力让谎言被揭穿。

杨旭说我变了。我只是微笑，内心深处一直有一个声音在为我鼓劲：“你一定可以的。”我相信自己可以，我要把曾经的谎言变成现实，唯有这样，我才能让自己的心安宁。

整个高中阶段，我像上紧发条的钟，每天过得忙碌而充实。家教老师的课外辅导再加上我自己的努力，第二次考试，第三次考试……我都没有让自己失望。

这个学校毕竟是重点中学，高手如云，虽然我没有进入尖子生的行列，但保持在中等偏上的成绩还是让我找到了满满的自信。特别是数学，曾经让我痛苦不堪，后来也被我征服了。

青春年少时，我们可能都撒过这样或那样的谎，为了谎言不被揭穿，为了自己能被别人认可，我做出了最大的努力。

虽然这一切，始于谎言。

与我无关的忧伤

✽方 慧

世界上再也不会有人知道，我第一次迷恋的人是谁。

我读高一的时候，每天上学放学，总能看见我家楼上的女生和一个男生一起走。

他们也都是高一的，男生每天都要送女生回家，送到我们小区的大门口，然后再离开。他们没有让家长知道，只有我们这些在路上总能碰面的同学，才看得一清二楚，看着他们牵手，看着他们嬉笑。

我记得那男生有着很干净的皮肤，举止和言语也不做作，让我印象深的是，他比我还喜欢笑。我和我同学在路上看见他，都喜欢说他长得漂亮，比女孩子还漂亮。那女生倒是不喜欢笑，很严肃的样子，而且长得并不好看，只是学习好，于是看起来就多了几分气质。

我们虽是上下楼，却没有过接触，哪怕说一句话。我只是常常在家人口中听说她学习很好，人也很懂事，偶尔我会在心里默默冷笑：什么叫懂事，还不是照样谈恋爱。

有时候周末，他也会到我们小区来玩，站在楼下的花园里等她出门，但是又不好直接找她，于是就在花园里晃。我和同学在一边玩喷泉，同学看见他就会随便问几句："等她吧？""你是几班的呀？"同学问他就答，否则他从不抬头也从不多说话。我觉得他的眼睛真的好干净，笑起来就会变得弯弯的。

真的是我形容不出来的美好，你能理解吗？我从来没有和他说过一句话，从来没有，但是我看到那个女生的不苟言笑，还有大人们对她的过高评价，就会暗暗不爽，只是暗暗地。

冬天的一个早上，他在楼下等她，她在楼梯那里接电话，我从她身边走过，走到楼下看到了他。他对我笑了一下，一点儿也不暧昧，只是很礼貌地笑了一下，你能理解吗？

我瞬间就停下了脚步，静静地看着他，他的肩膀上落满了碎碎的雪，头发很僵硬的样子。我就站在那儿默默地陪他一起等她，他并不知道，以为我在等我同学。

我一下一下搓着双手，我从小就很怕冷，从来不喜欢在雪中等待任何人，但是那天我一直在那儿静静地守候着，我也不知道为了什么。等着等着，就看见她缓缓地下楼，说"路好滑"，然后我就转身走了。我边走边想，我真可耻，在这儿像个傻瓜一样站着干什么呀。我真的太冷了，就一路小跑着离开了。

高二开学初考那天，他居然和我同一个考场。我们学校的考试，每一个班级都会被拆开然后重新排列，再在不同的考场考试。那一天，还是我第一次在学校里看见他呢。

我静静地看着他的背影，很想和他说句话，但是又不知道和他能说什么。偶尔他一回头，依然是弯弯的眼睛，这使我一度迷恋弯眼睛的男明星。

高二的国庆节，我们放了三天假，我闷在家里狠狠看书。我很多次往窗户外面看有没有他们的身影，每次都没看到。后来我生病了，很不舒服，奶奶回自己家了，爸妈在外工作，我一个人在药水的包围中度过了三天假期，总是感觉心里有种淡淡的难过和委屈。

假期结束时，学校里开始沸沸扬扬地流传一个传言。

“知道吗？一个男生跑到女生家里约会，被她爸爸碰见了。”

“她爸妈原来都出差了，他才敢来的，谁知道她爸爸突然又跑回来拿东西。”

“她爸爸正好当场看到他们约会，他吓坏了，一下子从阳台那儿摔下去了，当场毙命。”

我心里一抖，感觉世界突然变得好可笑。

“你们说的是谁？”我突然很害怕，连自己的声音都听不见了。

“就是你家楼上那女的和她男朋友啊。”

我静静地闭上了眼睛，站在那儿不能动。我过了好久才缓过来，心想：还是不要难过了吧，我和他们没有任何交集，何必这样。

我回家向奶奶问起这事儿，奶奶说：“她爸爸原本没有怪他们，看见了也没说什么，马上回头装作没看见，但是那男孩被吓坏了，才会摔下去的。”

我默默地从阳台看下去，我家在四楼，她家在五楼啊，这样摔下去，会摔得多难看。我想起他干净的皮肤，他弯弯的眼睛，就感到淡淡的伤心。我一直没有机会看到她，没有机会知道她的反应，有多悲伤，有多难过。

就这样，到了高三，没有人还有精力去重提这个故事，也没有人还会说起他。高三的初考，我看到她的名字排在榜首，很傲然的样子，也看到在操场举行的年级表彰大会上，当年级组长给她发奖状时，她依然像以前一样严肃，很倔强地抬起头，目不斜视，在拍照的时候迅速地笑了一下，笑得来去匆匆，让人感觉很调皮。

我突然就想起了那个男生，我不知道她为他难过的样子，为他哭的样子。我默默地离开了操场，背对着身后几千人的喧嚣，默默离开了。

我知道他们都不在乎，因为一切都过去了，她也不在乎了，因为她必须继续前行，不能为感情断掉了前程。我知道我也应该不在乎，因为一切都与我无关，但是我真的只想离开。身后的人都在鼓掌和谈笑，不会有人注意到我的。

我知道没有人懂我。

我在那一刹那，泪水汹涌流淌。

我们都是突然长大的

✽马 良

有的人会失眠，有的人会喝醉，有的人会号哭整晚，有的人会去街上独自走一夜，有的人会在自己身上划一刀或用烟头烫个疤，还有的人必须自甘堕落，在一段时间里把自己当块抹布。

有人打了无数通电话给一个永远不接电话的人，打通了却马上挂掉，也有人会独自旅行。

不会游泳的人开始学潜水，还有人会突然成为有保质期的诗人或者歌手。

有些人会剪掉头发，穿没有穿过的衣服演另一个人，还有些人只是轻描淡写地努力笑了笑，自此把后半辈子所有真的笑容消耗殆尽。

当然也有人只是呆坐床沿沉默很久，直到长长嘘出一口气，然后躺下马上就睡着了。

人突然长大的一瞬间是各种各样的，时间和时间之间有一层胎衣，我看见过无数的人在无数不同的位置穿透了这层薄膜。

他们来自不同的母体，怀着不同的童年梦，带着愤怒和诧异，最终都降临到这个最现实的世界，成为差不多的大人。

因为我是姐姐

✽连　翘

一

妈妈说怀孕时我们成天在她肚子里打闹，原以为，是两个坏小子，所幸老天怜悯她，赐予她一个女孩。那时我不懂，为什么生了个女孩就是老天怜悯，妈妈笑笑："你看你总是那么调皮，姐姐却很乖巧很懂事，你说是不是老天怜悯我？"

姐姐刚满月，就被送到了乡下奶奶家。理由现实而残酷：爸爸和妈妈两地分居，妈妈一个人无法同时带两个孩子。

很长一段时间，我只有逢年过节才可以看到姐姐。奇怪的是，虽然相隔那么远，我们竟会心意相通，我有个头疼脑热，姐姐那边也会不太舒服；而姐姐如果生病了，我也会又哭又闹，家人都觉得很神奇，我和姐姐却因为年纪小对此未知未觉。一直到上学前班姐姐才被接回来，她个子比我要矮，一点也不像六岁孩子的身高，又黑又瘦，从外貌上很难看出我们是双胞胎。

我和姐姐住在同一个卧室，为了谁睡上铺谁睡下铺，我们竟然打了起来。最后妈妈一句"姐姐要让着弟弟"，决定了她睡上铺的命运。可即使被她"让着"，我也抗拒叫她姐姐，理由很多，我们才差了一个小时，我凭什么因为这一个小时叫她姐姐呢？更何况，我个子比她高，个儿高的怎么能叫个儿矮的姐姐呢？

那时她会隔着床板对我进行"思想教育"："早一分钟你也得叫姐姐。"可她得到的通常是一声"哼"。教育无果，她就进行利诱："叫我姐姐，我就给你讲故事。"

六七岁是最爱听故事的年纪，这个诱惑真的很大，于是我叫了她一声姐姐。

二

年纪小小的她，已经懂得做一些力所能及的家务，她起床的第一件事就是叠好自己的被子，然后再帮我叠被子，之后她会扫地、摆好碗筷。

我心安理得地看着姐姐做一切，从来不觉得自己应当帮把手。妈妈经常夸她勤快懂事，那些赞美让她很受用，于是更卖力更有眼力见儿地帮妈妈分担家务。见她被夸奖，我却不那么"心安理得"了，我嫉妒她总被夸"乖孩子"，于是坏坏地压在被子上让她叠不成，或者藏起扫把让她无法扫地。妈妈向来只看结果不追究原因，便"婉转"地批评她："翘翘，今天的地有点脏哟！翘翘，你们的房间不是很整洁哟！"

姐姐便委屈地申辩："是弟弟……"

"你是姐姐，要哄着弟弟，不要凡事都拿弟弟做借口。"

姐姐便不再说什么，她受了委屈通常会选择沉默。

邻居朋友来串门，看到姐姐总要猛夸："啧啧，真是个懂事的孩子。"也有替姐姐鸣不平的："你这闺女使得也太狠了，锦葵什么也不做吧？"

"她是老大嘛，老大当然应该多做一些。"妈妈说。

彼时姐姐在厨房择韭菜，我则坐在客厅吃西瓜，这一切，我听得清清楚楚，看得明明白白。

三

小学五年级时，班里很多同学参加了兴趣班，我因为想参加篮球班，所以那天一放学，就吵着让妈妈同意我报篮球班。

"成，成，给你报。"妈妈捏捏我的脸蛋。

一会儿，姐姐回来了，她问妈妈她可不可以参加兴趣班。

“什么兴趣班？”妈妈可能没想到姐姐也会提出同样的要求。

“老师说我作文不错，让我报写作班。”姐姐的声音充满了渴求。

“要多久参加一次？”

“每周两次，每次一个半小时。”

“翘翘，不就是写作文吗？在家写成不成？你爸不在家，你知道妈妈工作忙，有时还要值夜班，你要是一周参加两次兴趣班，你弟弟肯定会饿肚子的。”

姐姐紧紧咬着下唇，想说什么，最终只是默默地走进卧室。

更糟糕的是，不懂事的我偏偏要刺激她，我得意地炫耀：“妈妈同意让我报篮球班了。”

本来低头写作业的姐姐抬起头，想了一会儿，她像是下定决心似的走进客厅，她说：“为什么弟弟可以，我不可以？”

“因为你是姐姐，要让着弟弟。”当我和姐姐发生矛盾，妈妈无法或者没有耐心调停时，就拿这句话做结束语。

那个晚上，姐姐一直在小声呜咽。我说：“翘翘，你别哭了。”她不理我，继续哭。

我又说：“翘翘，如果爸爸能调回来，你就可以上兴趣班了。”

最后没辙了，我说：“要不，你教我做饭吧，这样你就可以去上兴趣班了，我在家给咱俩做饭。”这是我的真心话，一则，她刚才明明很难过，我不但不安慰反而刺激她；二则，我也觉得妈妈强硬不容商量的态度让人难以接受。

“妈妈说得对，我是姐姐，应当让着你。”很多年后，我才知道，这句话其实是她心理平衡的法宝。她唯有让自己更加坚信这句话，才会少一些失落，少一些难过。

四

中考那年，因为过多地操心家里的事，姐姐只考上了技校，我则考上了重点高中。

学校很烂，离家又远，妈妈希望姐姐可以离家近一点儿。我清楚地记得，当妈妈提出掏些钱让姐姐上一所好一点儿的中学时，她很生硬地说：“离家近是为了让我继续给你们做牛做马吗？”

“怎么和妈妈说话呢？”爸爸大声地呵斥她。妈妈却没反驳，只是呆怔了半晌。那时爸爸调回了本市，可能出于惯性，姐姐依然分担了很多家务。

“你就按妈妈的意思，读离家近一点儿的中学吧，那个学校风气不好。”爸妈出去散步了，只有我和姐姐在家。

“你知道吗，偶尔我会想，如果我是妹妹就好了。如果我是妹妹，很多事情可能就不是这样了。”姐姐说这话时，两眼含着泪水。

那个晚上我没有睡好，脑海里一直旋转着“如果我是妹妹就好了”这句话。

姐姐最终违背了妈妈的意愿读了技校。后来她就变得像个叛逆少女了，涂很重的眼影，穿爸爸和妈妈看不惯的衣服，甚至偷偷吸烟。最让妈妈烦心的是，姐姐谈恋爱了，而她的男友，是个待业青年。

五

就在这时，家里一个惊天阴谋被姐姐发现了。

那时我读高三了，犹记得我正在解一道数学题，那种题型其实老师讲过，我却怎么也做不出来，我的心有些慌张，隐隐觉得有些不对劲儿。

姐姐就是那时来到了学校，她递给我两张发黄的纸，我好奇地打开，发现是两张出生证明。

一张是我的，一张是她的。她的出生证明写的出生时间是14点05分，而我的出生证明，写的是13点01分。她说：“你以前知道这事吗？”我摇头，很坚定。

然后她的眼睛就红了，可是她没哭，她说：“如果医院没弄错，就是他们骗了我，我不是姐姐，我是妹妹才对。他们骗了我十八年，我受那么多委屈，原来都不应当是我受的。”

我傻了，姐姐很激动，她那天说了很多话，而我印象最深的一句是，她恨我们，是我们，爸爸，妈妈，还有我，甚至奶奶。

然后她说她要走了，我紧紧拉住她的手，问她去哪儿，她说不知道，也许回学校。我不敢放手，我总觉得我这一放手，就会永远把她弄丢。她试图挣脱我的手，无果，然后噼里啪啦打我，我不躲，我说："翘翘，你疼不疼？我疼。"

她哇的一下就哭了："为什么呀，为什么要这样呢？"

我只有抱着她，抱着委屈的、为这个家牺牲了十八年的翘翘。

一直到晚上我才弄清真相，翘翘的确是我妹妹，当年奶奶出于重男轻女的思想，认为女孩儿懂事，让翘翘做姐姐可以多帮帮妈妈。在她看来，只差一个小时的时间，谁做老大谁做老二并无本质上的区别。可实际上，他们对我们区别对待了。

妈妈去学校找过姐姐好几次，姐姐却不肯原谅她。她甚至干脆不回家了。

六

姐姐毕业后做了导游，她开始在全国各地东奔西跑，那一年，我考上了大学。我有很长一段时间没有见到翘翘，妈妈提起她便哭。妈妈开始后悔，可妈妈忏悔的言语，姐姐却无法听到。

我们就这么疏离了四五年，我清楚地记得我阑尾炎发作那天，一阵剧烈的疼痛袭击了我，然后我被稀里糊涂地送到医院，醒来的时候，手机里有一条短信：我在长途车上，突然一阵头晕目眩，你好吗？

那是翘翘，原来这些年过去，我们之间依然有些微妙而神秘的心灵感应，我疼，她也会疼。

我好开心自己病了，可以作为要挟她来看我的条件。我回复：我在医院，刚做完手术。

她是第二天出现在医院里的，妈妈和爸爸见到她，只是不住地抹眼泪。我说："姐，其实我们都很想你，别不要我们，别一去不回，没了你，我们该多寂寞。"

现在，我还是叫她姐姐，因为一直以来，姐姐该做的不该做的，她都做了，她配得上这个称呼。

我从来不曾想念你

✽张远芳

出国之前，外婆跟我说："你要走那么久，在走之前去和你妈妈说说话吧。"

我说："好。"

说实话，我不相信神灵，也不相信往生。我一直觉得，人活着就是活着，死了就是死了，尘归尘，土归土，最终我们都会变成微小的颗粒，进入大自然的下一次循环。我们会变成一棵树，或者一只鸟；我们会飘入一条河，或越过一片沙漠，我们以后还是宇宙中的一部分，但是我们永远都不会再是我们。

所以，在每次祭奠的时候，他们边烧纸，边喃喃地说着近况，我却总是沉默不语的那一个。

但是那天，我一个人站在我妈的墓碑前，盯着我妈那张照片看了很久。我说："我要走了，我要去实现梦想了，你会为我开心的，对吧？"

我上高中的时候，我妈像少女一般迷上了看韩剧。甚至到她住院的时候，还没忘记让我把更新好的剧发给她。她说："你以后的男朋友不是玄彬这样的，就不要把他带回家。"

我对她说："我嫁到哪里就带你去哪里。"

我几乎没有和我妈讨论过爱情，没有跟她讨论过我在中学时代暗恋的男生，没有跟她讨论过我幼稚到不值一提的初恋和失恋，没有跟她讨论过我对婚姻的期待，也没有讨论过未来。反倒是我妈总安慰我："失恋算什么，世界那么大，好男人那么多！"我摆摆手说："我就想多黏你几年，不行啊？"

讽刺的是，我却比别人少黏了母亲那么多年。

我再也没有机会跟她讨论这些年我遇到的那些男孩儿。我在十点半空荡的地铁上亲过一个英俊的少年；我曾飞过千山万水去见我喜欢的人；我疯狂地爱过别人，此刻我也被别人小心翼翼地呵护着，却也因为幼稚的理由和对方发生争执；我在爱情里遭受挫折，之后又重新相信爱情；我总在过一个人的生活，而总会有人偷偷地走进我的世界，来分享我的孤独。

好像，有点儿遗憾。

遗憾的事情还有什么呢？如果我妈还在，我想我会在大学毕业后去一座新的城市开始新的生活，也许我会遇到不同的人，发生不同的故事。我会教她用微信和淘宝，我会和她一起自拍，这样在微博上晒妈妈的人中也会有我的身影。而当我选择辞职准备留学时我一定会第一个告诉她："我要实现我的梦想了，你一定会为我开心的。"我遇到不顺心的事时也许会忍着，也许会冲她大发脾气，我会拍伦敦美丽的秋天给她看，也会带她逛圣诞集市，偷偷给她买她最喜欢的包。我会在做饭的时候问她，为什么我做不出她做出来的味道，她一定会唠叨好几年："什么时候才能把份子钱赚回来？"我们会吵很多次架，但是最后都会若无其事地和好。

可是在写这段话之外的其他时间，我从来不会去想"如果她还在，我的人生会是怎样的"这种假设性问题。甚至在外婆悄悄抹眼泪的时候，我还会不耐烦地讲："人都不在了，讲那么多有什么用啊？"

网上有人问，在亲人去世后的一年里他都没有怎么哭，是不是他太冷漠？

不是的。

她刚走的时候我根本顾不上哭，要忙着应付前来吊唁和试图安慰我的人。当我意识到她不是偶尔消失而是永远不会回来的时候，我已经习惯了没有她的日子。现在想来，其实在她生病的时候，我就已经开始对自己进行心理建设了。这听上去既冷酷又残忍，但是那时候的我只有 21 岁，除了找各种借口和理由面对这可能即将发生的现实，我真的不知道我还能做什么。医院外面的天空黑黢黢的，没有上帝，也没有超人。

"人没有了母亲，是不是就活不下去了？"

不是的。

太阳还会升起，人们还要继续工作，我们还会一天天成熟，看到好看的衣服还是想买下来，依然会有很多快乐和很多烦恼。只是大家像说好了一样避免谈论和母亲有关的话题，只是心里缺掉的那一块我们再也没办法填补了。我认为我已经变成了能照顾好自己的大人，而她却永远不会变老了。

这是好事吗？她留给我的，都是她年轻时的样子。

我刻意不去想她，不去想她讲起我小时候有多聪明时骄傲的样子，不去想她对我发脾气的样子，不去想她后悔对我发脾气而给我塞道歉信的样子，不去想她给我做了排骨等着我回家的样子，不去想她看到包包一脸欢喜的样子，不去想她去迪士尼高兴得像个孩子的样子，不去想她在医院里觉得给我添麻烦一脸抱歉的样子，不去想她最后安静得像睡着了的样子……

她曾经给了我我能奢求的最好的爱。

而现在的我，只能把她的爱偷偷放在我永远看不到的地方。

我也很少梦见她。我梦见过很多我也许一辈子都见不到的陌生人，但我几乎没有梦到过她。

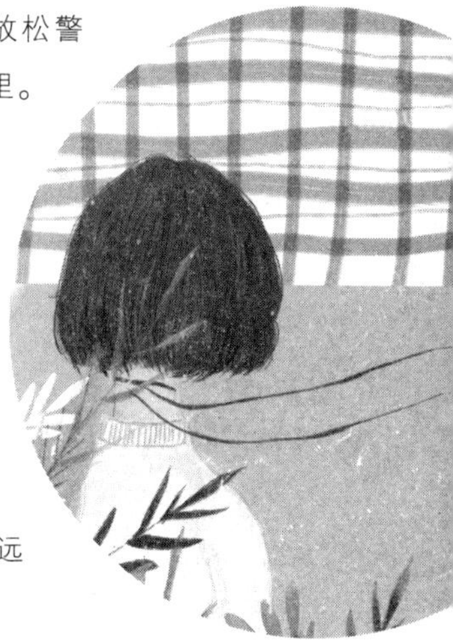

只是偶尔，她会在我放松警惕的时候出现在我的脑海里。她站在那里朝我挥手，说："我来看看你，我有点儿想念你。"

但是，我并不想让她来看我。

我并不想让她站在那么远的地方看我。

我并不想让她站在我永远追不上的地方看我。

我现在过得还不错，这是我在伦敦度过的第一个秋天。我渐渐熟悉家门口的每条路，我开始有了新朋友，我开始写我的论文，我渐渐陷入一段爱情。我偶尔想念家乡的奶茶、火锅，还有家人、朋友。我的朋友今天结婚了，我在手机上看了直播，离家万里，我很想念他们，也有点儿寂寞。

今天的伦敦起风了，深秋好像突然就到了。

地铁上有很多人，我总觉得她就在这里，但是我找了很久，也没找到她的影子。

她现在在哪里呢？我耸了耸肩，打消了这个想法。

她现在在哪里和我又有什么关系呢？

我又没有很想她。

但是当我回过神，我发现我一直都在想她。

快乐你别嫌小，一个小，两个加起来，三个加起来，你加到一百试试？快乐就大了。

一天一个小幸福

✽倪　萍

姥姥的家门口是沙子山地，地瓜格外甜。山上种的地瓜是面的，面得吃起来像栗子；山下种的地瓜稀，稀得像年糕。姥姥把稀的做成熟的地瓜干，把面的切成生片，晒得干透了，一冬一春就用它和各种米搭配做粥。

秋天太阳好的时候，姥姥家的房顶上、院子里、院墙上、东边的大道上全是地瓜片。带泥的地瓜先在河里洗，那时的河水清澈透亮，地瓜就倒进河里，周围用鹅卵石堵起一个天然大水盆，河水冲一早上，下午再去取，地瓜就像有人替你洗过了一样干净。姥姥一篓子一篓子地背回家，再一个一个地用带刀片的擦板一片一片地擦开。你想呀，这几百斤的地瓜，姥姥得忙成啥样呀？可她欢快的样子啊，你会以为她晒的是金子。这些地瓜干天天太阳落山的时候要一篓子一篓子地收起来，太阳出来再一篓子一篓子地晒出去。

姥姥说："在地底下埋的东西都是好东西，都是吃了有劲儿的东西，它往地里扎，那个力就是生命力。人也是这样，有本事的人都不是表面能说会道，开个花几日就败了，扎个根儿人才能长久。"

现如今富了，餐桌上的地瓜，姥姥碰也不碰。姥姥说她吃怕了，当年那是没法子。

可你当年看不出姥姥怕，看出的只是欢喜。为什么？一样东西吃五十年，中国人的肚子呀，姥姥的胃呀，怎么那么坚强！为了姥姥的怕，我们尽量不让地瓜进门，想吃了就在地瓜摊买个烤的就地吃完再回家。

一进门姥姥就说："吃烤地瓜了吧？"哈哈，什么也瞒不了姥姥。有一回从饭店买了些紫薯回来，我特意把皮剥了："姥姥，尝尝，像栗子一样香甜。"

姥姥看了一眼："扒了皮我也认得它的骨头，地瓜！"

"这是福建特有的，咱们那儿不产。"

"嗯，它就是外国产的，也是个地瓜！"

我知道了，这就是姥姥，打起精神过日子的姥姥，面对现实识时务的姥姥。

人家借她的钱不还的日子，姥姥说："好哇，利息都在他心里和咱心里存着呢，越涨越高，最后咱的利息比原来的钱还高，他欠的账也比原来的多。"姥姥算的是人情账。

姥姥是两个姥姥，有时明明白白，有时糊里糊涂，可姥姥心里永远有她自己的算盘。算盘也是两个，一个在她心里，一个在她家的抽屉里——她家祖上留下的老算盘，我上学还用过呢。别看姥姥不识字，打算盘可溜啦，家里的大小账姥姥三下五除二就算清楚了。

姥姥说她吃了一辈子小亏，占了一辈子大便宜。她活得很知足，用她的话说："一辈子没有大幸福，小幸福一天一个。"

我问她："现在好像人人都觉得不幸福、不快乐。没钱的人不快乐，有钱的人也不快乐；没当官不快乐，当了官也不快乐；普通人不快乐，名人也不快乐。快乐都哪儿去了？"

姥姥说："快乐你别嫌小，一个小，两个加起来，三个加起来，你加到一百试试？快乐就大了。你不能老想着一天一百个快乐，你这一辈子能碰上几个一百的快乐？"

知足者常乐。

姥姥说："乐就是福。"我说："姥姥，你的幸福指数太低了。就说做女人吧，你这一辈子缺少的太多了。身为女人，你这一辈子没穿过高跟鞋，遗憾吧？"

姥姥摇摇头说："那年月你不包脚你就成怪物了，连婆家都找不着。谁的眼还长后头，能看着现在？"

"身为女人，你一生没穿过裙子，遗憾吧？"

姥姥说："怎么没穿？围裙不是裙子？"

我们都笑出来了眼泪，呜，围裙也是裙子。

穿围裙的姥姥。

/ 窝囊 /

没装电梯的老楼里，六层住着小南和陈柯。房东太太还有一个小阁楼作为额外的馈赠，但两个人谁都不想往上走。

“现在的年轻人啊……”小南满口都是怒其不争的话，然后她和陈柯猜拳，谁输了谁上天台晾衣服。

说来也怪，陈柯猜拳就没赢过，却还是乐此不疲，屡败屡战。

愿赌服输的日子，他洗碗、拖地、晾衣服……做各种家务，毫无怨言。小南躺在沙发上使唤他，有时候还嗑瓜子捣乱，他也不生气。“真窝囊啊！”小南在心里暗暗吐槽他。她拍小视频发给自己的闺蜜，闺蜜适时地表达了一下羡慕，就被小南鄙视了。她哼哼唧唧地表示，她以后可是要找一个盖世英雄的。

两人合租了两年，后来各自恋爱，联系渐少。说来也奇怪，后来小南交的男朋友都不爱做家务。小南白天累得像狗，晚上还要“哼哧哼哧”地拖地。拖地的时候，她的耳边就响起嗑瓜子的声音。那是她的幻听，也是一份怀念。她不再允许别人帮忙晾衣服，无论彼此的关系有多亲密。可是很早之前的某一年的每一天，她就那样放肆地将它们交给一个窝囊的男孩。它们在晾衣绳上晃呀晃，就像她那颗不设防的心，若是某人推开门，便能抱走它。

可是呀，他真是窝囊极了。有些话怎么可以让女孩来说呢！小南愤恨地想。

/ 消息 /

明生是这一片的野孩子，翻墙打架无所不能，家长和老师都拿他没什么办法。因为长年在室外疯，他皮肤黝黑，头发有点卷，脸脏兮兮的，这让他笑起来显得牙很白。

人人叫他鬼见愁，但陈离不怕他。明生年纪甚小，逢人就扮老虎作恶，唯独在陈离面前像猫。陈离隐约明白，这应该不是住得近的关系。

学习累了的时候，陈离趴在窗户边往操场上看，那里，明生正玩得兴起。上课铃声一响，他便风风火火地冲进来。好多回，路过她桌子的时候，会放一瓶汽水。她顺着风的方向望过去，他若恰好回头，她便能看到一双明亮的大眼睛。

十六岁那年，明生辍学了。正是五月，天还不是很热，但他背着大大的彩条帆布包，穿着一件黑色背心。那天陈离在天台上晾衣服，恰好看到他离家。他转过头，朝陈离用力地挥手。他好像还说了什么，但风有点大，陈离没听清。

记着他过去对自己的照顾，所以陈离送了他一个笑容，还朝他握了握拳头，示意他要加油。他很开心地回应，扬起右手。他精瘦精瘦的，让她的心“咯噔”一下。她很担心他扛不动码头上的沙包。

一晃四年过去，明生音信全无。陈离念了大学，美术系。她记忆中有个天台，她画俯瞰的众生，画不

期而至的疏离眼神，画很多迷茫的少年，获得老师的青睐。老师夸她有天分，说她画笔之下有灵魂。

毕业的第六年，名声渐起的她做了一个令人惋惜的决定，封笔，开始教书。很多人劝她，但她都不听，大家转而赞美她的匠心与无私，时时立为典范。她有点脸红，因为，只有她自己知道，她过去的那些画里，藏遍了那个少年的样子。十年了，她的记忆日渐模糊，已经快想不起他的脸了。好在她还有那些画，可以留到老的时候回忆。

不过她也老大不小了，该恋爱了。

/初恋/

收到初恋的请柬的时候，梅若有一点点眩晕。

初恋的婚讯她早就知道，他在朋友圈里晒婚纱照了。新娘被摄影师过度美化了，不过还是很适合他，也符合他一贯的审美——半长的头发，尖尖的下巴，细长的腿。

她也曾是这样。

不知道为什么，年轻的时候总是那么爱计较，查他的手机，翻他的通信录，疑神疑鬼，大概是因为自己实在是不够自信。

分手的那天，他要一点仪式感。梅若本来要拒绝的，但他眼睛里的那丝眷恋让她心软了。彼时她在他的城市，他决定送她回去。飞机、高铁、绿皮火车，他选了最后一个。许多年后，她懂了，在最后的一程，他也想陪她久一点。

可惜啊，当年不懂，只想快快结束。

他的签名是——你别来，我就无恙。其实在那些不快乐的夜里，梅若很想问他一句，若是我来了呢？只是想想而已，梅若并没有真的去问。她有一点好面子，怕被拒绝，所以失去了最后一丝可能。他好像还对她有一些牵挂，你看这新人，多少有点旧人的样子。

她想笑的，但笑不出来。她其实该哭，但哭又显得自己不争气。所以，她含了半口芥末。

好丢脸啊，挑战失败。

/六楼/

2017年的夏天，茉莉住在小旅馆的二楼。

这座老城里，最不缺像茉莉这样的女孩。带着有点瘪的钱包，胆大得能环游世界。她们精力充沛，又不怕风餐露宿。

小旅馆的老板叫陈柯，开这家店纯属偶然。因为他发现，他爱上了那种来来回回的打扫。房子是没这么大的，当个保洁员又有点屈才，干脆开家小旅馆吧，就不雇服务员了。

“老板你真胆大。”茉莉靠在吧台边，歪着头看陈柯。

陈柯笑了笑。

“房子至少空了一半！”茉莉摇摇头，“你也不怕亏本。”

陈柯还是笑。

茉莉抓起手边的瓜子，嗑得很欢。因为那时，电视里正播着好看的连续剧。她看着看着，有点忘情了，倚在沙发上。回过神来后，她发现陈柯正在发呆。望着满地的瓜子壳，她有点不好意思，吐吐舌头，跑了。

茉莉在这里住了一个星期，渐渐和陈柯混得很熟。她发现，这里的房子只租到五楼。

她问陈柯：“这楼不是六层吗？”

“是。”陈柯的回答一向简短。

“那六楼有什么？”茉莉很好奇。她眨着忽闪忽闪的大眼睛，打破砂锅问到底。

“那里装满了东西，住不了人。”

“浪费。”茉莉朝他翻了个白眼，然后转身回自己的房间。但她路过楼梯的时候心血来潮，一路小跑，上了六楼。

“这个骗子！明明六楼很空。”茉莉愤恨地在那里嘀咕，她真想冲下去跟他理论一番。可是，这关她什么事呢？

可是好奇害死猫，她还是下了楼，很调皮地说：“六楼明明很空啊，为什么？”

“我给你讲我做过的一个梦，你要不要听？”陈柯说。

“才不要听，我要听真实的故事。”茉莉撇撇嘴。

“恰好，我也不想讲了。”陈柯的声音有些低沉，然后他若有所思地望着某个地方。茉莉顺着他的视线看过去，好奇怪哟，一张破沙发有什么好看的？她想不明白。怪大叔的思维啊，太奇怪了。

漂泊的浪漫

✽宋小君

夜里，过了十二点，北方冬天特有的冷，连石头都冻透了。村子里，一户人家突然就亮了灯，在一团黑暗里，显得有些惊心动魄。

春爷叫醒了睡得昏昏沉沉的老婆和女儿："低声，收拾东西，跟我走，出事了。"

老婆迷迷糊糊，但仍旧心灵感应一样，收拾了简单的行李，抱着女儿，在春爷的引领下出了门。

门口，有一辆摩托车。

春爷把唯一一个头盔给了老婆，老婆把女儿裹在被子里，春爷跨上了摩托车，发动，往村子外面开。

摩托车大灯亮起，穿透黑暗，照亮前方的路，像一把利剑。开到了村口，春爷停下来，回头望了望这个把他养大的村子，又看看身后怀抱着女儿的老婆，一咬牙，拧油门，摩托车载着一家三口，疾驰而去。

这个时候，春爷自己还不知道要去哪里，他也不知道，这一走，就要开始长达十年的漂泊。

第二天，天一亮，一帮人呼啸着进了村子，打听到了春爷家，一斧头砸碎了门上的铜锁，来人一拥而上，把春爷家里大大小小的东西能拿走的拿走，拿不走的砸了。

讨债，最重要的是气势。

村里人都不明所以，直到很多天以后，才陆续传开来，春爷跟人家合伙做生意，结果合伙人卷款跑了，让春爷一个人背了债。春爷把所有存款拿出来也不够还，无奈之下，只能跑。

村里人说起春爷的时候，都唏嘘感叹。

春爷从小是个孤儿，父母不知何许人也，生下来就被遗弃。养父偶然发现了他，家里虽然已经有两个孩子，但养父说，一只羊牵着，一群羊赶着，就收养了春爷。

虽然其他兄弟姐妹都不太待见春爷，但养父却对他视如己出。

兄弟姐妹的孤立，让春爷的童年过得并不容易，他很盼望着能早一点长大。家里条件不算好，兄弟姐妹争着要上学，养父说，我也不偏心，谁能考上，谁就上。

春爷考上了高中，成为那时候村子里唯一的高中生。

养父很开心，当天晚上喝高了。

春爷上了高中以后，没有机会再上大学，但好在春爷聪明，脑子活泛，学东西又快。人人都喜欢春爷。

春爷进了工厂里做工，认识了厂子里的女会计，叫黎黎。

黎黎长得好看，春爷逮着机会就去看黎黎，给她送吃的，还给她自行车放气，躲在树后面，等到黎黎跳着脚大骂"谁这么缺德"时，再匆匆跑出来，举着手里的打气筒，给黎黎打气。

骑自行车送黎黎回家，春爷就故意挑崎岖不平的路，颠得黎黎欲哭无泪，只好抱住了春爷的腰。

通过自己的努力，春爷获得了许多和黎黎单独相处的机会。

放假，春爷骑着自行车，载着黎黎进城，大概要骑两个小时。黎黎说热，春爷就用尽全身力气蹬车，好让风吹着黎黎。

等到两个小时以后，到了城里，春爷跳下车，双腿都合不拢，去厕所里才发现自己大腿内侧都磨破了皮。

看着春爷奇怪的走路姿势，黎黎问："你怎么了？"

春爷嘴硬地说："没事啊，我就是活动活动。"

在城里，春爷把自己一个月的工资都带在了身上，带着黎黎去扯了一块布，请裁缝量了尺寸，非要给黎黎做一件衣服。

黎黎不好意思。

春爷坚持："你不知道，你这么好看，应该有一件颜色鲜艳的衣服才行。你听我的。”

从裁缝铺出来，春爷又请黎黎去饭馆吃饭，并且奢侈地点了包子，炒菜，猪头肉。

黎黎吃的时候，春爷就盯着她看。

黎黎问：“你看什么？”

春爷说：“你吃相真好看。”

黎黎愣住：“没听过你这么夸人的。”

春爷一脸笃定：“我看过很多人吃饭，你跟他们都不一样。就比如说，你吃包子吧，你不是一口咬出馅儿，你是先小口咬褶，吸一吸，然后再一点点地吃完，我觉得特别好看。你吃猪头肉也不是一口吃完，而是一点一点地咬，真可爱。”

黎黎被说得都不敢吃了，盯着手里的包子和碗里的猪头肉，呆住。

春爷用自行车载着黎黎回家，一路上，风驰电掣，春爷都没觉得腿疼。

直到黎黎跟他挥手告别，春爷才惊觉大腿内侧钻心地疼，整个人从自行车上栽了下来。

到了后半夜，黎黎的母亲突然砸春爷的门，春爷开了门，黎黎妈妈说：“不知道怎么了，黎黎突然上吐下泻，现在口吐白沫，说不出话来了。”

春爷一听，吓坏了，抄起衣服就冲了出去。

黎黎果然倒在地上，全身抽搐。

春爷当机立断，送市医院！扛起黎黎就往外跑，推出自行车，把黎黎放到后座。出村子的路上，黎黎突然身子一歪，跌落下来，彻底昏了过去。

春爷猛地停下自行车，看着昏倒在地上的黎黎，急了。

眼看着自行车她是坐不住了，春爷急中生智，看到路边有一棵小树，冲过去，也不知道哪里来的力气，一把就薅出来，先把小树绑在自行车后座，再把黎黎抱起来，五花大绑地绑在树上，这样就固定住了，然后跳上车，疾驰而去。

到了市医院，医生说，是严重的食物中毒，春爷愣了，难道是吃猪头肉吃的？自己怎么没事啊？

黎黎挂了点滴，稳定下来，春爷终于松了一口气，瘫软在地上。

接下来一整个礼拜，黎黎都不能见荤腥，连油味儿都闻不了。

春爷就天天煮了白粥，给她送饭。

时间长了，黎黎的父母也放心地把黎黎交给了春爷照顾。

黎黎出院那天，春爷来接她。从医院走出来，春爷突然停住。黎黎不解，也停下来看着他。春爷突然扑过去，搂住黎黎，狠狠地亲了一口，不等黎黎反应过来，就开了口：“你跟我好吧？”

黎黎擦了擦脸颊上春爷的口水，慢慢点了点头。

春爷高兴地又要去亲，被黎黎一脚踹开。

结婚那天，春爷在自行车前面绑了大红花，车把上挂着手提录音机，放着歌，大张旗鼓地载着黎黎在村子里转悠，村民都跑出来看热闹。

黎黎红着脸，捏春爷：“差不多行了，快回去吧，让人笑话。”

春爷哼着歌，大喊着：“笑话啥，他们是红眼。”

脚下自行车蹬得飞快。

婚后的日子过得挺清贫。但那个时候，大家日子都过得不好，也没觉得有什么苦。

春爷挣回来的钱，也就够平常的吃穿用度。

春爷有些内疚，努力存钱，想给黎黎更好的生活。

但黎黎说，这样过不挺好吗？

春爷心里却不是滋味，他觉得自己应该给黎黎更好的生活才行，这是男人的责任。

春爷苦思冥想，到处折腾挣钱的方法，做过生意，砍过树，兑外汇票，贩过木头。有的挣了点，有的又赔了，折腾下来，总算是有了一点存款。

春爷给自己买了辆摩托车，没事就骑车载着黎黎到处转悠，让黎黎听风声。

又给黎黎买了新衣裳，请木匠给黎黎做了大衣橱和梳妆台，黎黎嘴上拦着，不让春爷浪费钱，但心里乐开了花，有时候晚上都起来坐在梳妆台前照镜子，吓春爷一跳，以为自己的老婆中邪了。

黎黎怀了孕，生了孩子，生活越来越好了。

但春爷觉得，自己还可以过得更好。

于是，就跟一个认识的老板合伙，搞电缆生意，瞒着黎黎借高利贷，打算好好干一番事业。

结果，没想到，这个老板是个骗子，以采购原材料的名义，拿着钱，去了广东，跑了。

春爷不想让黎黎操心，自己跑到广东去找骗子老板，自然是大海捞针，在广东漫无目的地转了三天，绝望地回了家。

放高利贷的也听说老板卷款跑了，就来追债，春爷把家里仅有的存款都拿出来，说自己慢慢还，但他们不答应，让春爷一个礼拜之内还上，不然让他好看。

春爷想了几天，决定带着老婆孩子先避避风头。

半夜里，叫醒了老婆孩子，骑着摩托车，把全家都带在身上，跑路了。

春爷走后，村里到处都是流言蜚语。

春爷的养父，很长时间闭门不出。其他兄弟姐妹劝父亲，就当没有过这么个儿子，反正是收养的。养父少见地动了怒，大吼："以后谁要再说这些混账话，就给我滚出去！"

兄弟姐妹都闭了嘴。

春爷一家人，辗转去了大连。一无所有，只能从头开始，但又不知道该做点什么。思来想去，春爷学了理发，去理发店里打工。黎黎摆了个摊，卖早餐。女儿就在幼儿园里借读。一家人苦苦支撑。

黎黎每天早上三四点就要起来和面，剁馅儿，自始至终，没叫过一声苦，没说过春爷一句不是。

但春爷每天都睡不着，不想就这样认命，让自己的老婆这么辛苦。

春爷每个月都给家里写信，汇钱，但家里没有信儿传过来。

春爷每次下了班，去接女儿，会换上自己的西装，打好领带，听女儿说，其他小朋友都说爸爸很帅。

春爷扛着女儿，走在夕阳下，身影像天底下所有父亲一样高大。

努力了三年，挣了钱，春爷盘下了一间理发店，店面不大，装修了一番，倒也很像样子。

黎黎说："伺候人的事儿，我不愿意干，我还是卖我的早餐吧。"

春爷就请了两个人：一个理发学徒，一个洗头小妹。

春爷说："从今天开始，我正式进军理发界。"

日子眼看着就好起来了。

理发店里的洗头小妹，很喜欢春爷，没事就跟春爷开玩笑，春爷嘻嘻哈哈就过去了。

有一天，店里没人，小妹突然搂住正在扫地的春爷，说："哥，我想跟着你。"

春爷一愣，也没惊慌，慢慢松开了小妹的手，倒了杯水给她，两个人坐下来，春爷说："你看啊，你这么年轻，长得也不错，找个什么样的男人找不到？我是个有老婆女儿的人了。你看我老婆，跟着我，有家都回不去，起早贪黑摆摊，我把她带出来，背井离乡的，我要是再干点什么对不起她的事儿，你让她怎么活？再说，我女儿懂事了，我也不想在她面前腰杆挺不直。"

小妹说不出话。

第二天，春爷拿了5000块钱给小妹，让她走了。

黎黎一切都看在眼里，没多问一句。

又过了两年，春爷想把店面扩大，又盘了几家店面，投了不少钱装修，准备大展宏图。

但没想到，更高档的美容美发店兴起，设备更好，技术更佳，办了卡甚至更便宜，春爷的理发店生意越来越不好。开起来的店面，又陆续都关掉了。

生意做不下去了，春爷抽着烟不说话，黎黎说："你也不用犯愁，大不了，你跟我一块卖早餐去。"

春爷熄灭了烟，跟黎黎说："咱回家吧。"

黎黎一愣，春爷说："这么多年了，那事儿也了了，老在外面飘着也不是个事儿。我回去看看我爹，咱回城里发展。"

带着家当，回家给养父磕头，养父已经糊涂了，谁都不认识。看见了春爷，却突然正常了，起身给了春爷一个巴掌，春爷没躲。

养父拍着春爷的肩膀，浑浊的眼睛里，透出一股转瞬即逝的光来。

几个月后，养父安详离世。

春爷全程操办养父的葬礼，几次哭到晕厥。

办完了养父后事的很长一段时间，春爷都会半夜坐起来抽烟。这时候，黎黎就起来给他披上衣服。

春爷抽着烟，喃喃："我以后是个没爹没妈的人了。"

黎黎就把春爷搂在怀里，说："不怕，以后我就是你妈。"

春爷就笑了，眼泪顺着春爷的皱纹流了下来。

在城里，春爷和黎黎开了个馒头铺，挣了点钱。打算在靠近郊区的地方，买几间平房。春爷的姐姐当时正好在那有五间房子，就告诉春爷："你别买了，我这房子闲着，你先住着吧。"

春爷很感激，简单地收拾了一下，全家人总算有个落脚的地方了。

春爷和黎黎又生了一个女儿，加上大女儿上学，家里开销也慢慢大了。

春爷扩大馒头铺，上了自动化的设备，结果客户都不给现钱，压款严重，很多坏账。竞争对手多了起来，销路也不好。存了几年的钱，又都赔了，这一次还欠了债。

黎黎安慰春爷别灰心："这么多年，不也这么过来了吗？"

几个月后，姐姐突然造访，告诉春爷："房子要拆迁了，你们找时间搬了吧。这房子旧了，住人也不安全。"

春爷愣住："我现在没地方住。"

姐姐说："要不我帮你租个地方？"

春爷不知道该说什么。

姐姐说："第一批拆迁的，有奖励，咱也不能拖太久。我让你姐夫帮你看看，哪里能租到房子。"

春爷没有说话，心里憋着一股火，却不知道该向谁发。

第二天，春爷带着黎黎，还有两个女儿，把所有的东西，搬到一辆货车上。

忙活到了晚上，一家人坐在车上，搬家师傅开着车，围着小城绕了三圈，问春爷："东西到底放哪？"

春爷回过神来，指了指路边的一个烧烤摊。

春爷扯出两张旧沙发，和黎黎一人一张，两个女儿就坐在他们腿上。在老板错愕的目光里，春爷喊："来三瓶啤酒，四十串羊肉串。"

烟熏火燎之中，春爷带着老婆孩子，吃吃喝喝。

黎黎和春爷对瓶干杯，什么话也没说。一家人在宾馆里，住了一个多月。春爷宣布了他的决定，回老家。

回到阔别十多年的小村子，自然受到一些冷眼，毕竟不是衣锦还乡。春爷把破败的老屋子收拾出来，修缮了一番，尽可能地给老婆孩子一个舒适的小窝。

春爷借了点钱，包了十几亩地，想方设法找项目。

他认为做饮料能挣钱，就自己研究了配方，上了简易的灌装设备。在杂志上看到成都有一家投资公司，只身跑过去，打算好好说服投资人。

结果去了才发现，那是个皮包公司，他拔腿就跑，皮包公司的负责人，愣是追了他三条街。

狼狈地回来，还不忘给黎黎买了一条项链，给大女儿买了块手表，给二女儿买了一罐奶粉，带了几包火锅底料，晚上一家人吃火锅。

又一次失败，春爷抽着烟对老婆说："没办法，还得折腾，我还就不信了。"

春爷又开始找项目，厂子面积不小，空着难看，春爷就在里面种了果树，种了菜，种了花。

到了春天，满院子的花都开了，女儿放学回来，和妈妈在花树间奋力自拍，欢声笑语。春爷在一旁抽着烟看着，那是他能给老婆女儿为数不多的浪漫。

痛定思痛，这一次，春爷找到了合适的项目，生产防冻液。全部从头学起，大大小小事物一肩挑，新事物接踵而来，春爷苦学，微信支付宝都玩儿得转，也开了微博和公众号。

厂子渐渐地有了规模，有了固定的客户，日子慢慢好了起来。村子里的村民不爱喝自来水，井水又都污染了，春爷就自己上了净化设备，免费给村民提供饮用水，村民看春爷的眼光，慢慢地都和善了起来。

过年，我回老家，去给春爷拜年。

春爷给我泡茶，突然毫无征兆地问我："你说，我这辈子是不是很失败？到老了，还一事无成。"

我跟春爷说："我最佩服两个人，一个是我爸，我爸用自己的前半生，给了家里稳定的生活，让我有机会去追求我想要的事业和生活。一个就是你，你让我明白了我们村常说的那句俗语：冻死迎风站，饿死不低头，庄稼不收年年种。不以成败论英雄。"

我说完，春爷眼睛里，闪过了一些光。

我要回家吃饭，春爷送我到门口，我走出去，看到春爷站在厂子里，打量自己的小天地，像看一座花果山，那里面到处都长着他的抱负，他的心气儿，他一路走来的甘苦。

他站在快要落山的太阳下，全身被镀了一层光，身影像天底下所有的父亲一样高大。

人生这个东西，重要的是经历过什么，而不是最后剩下了什么。

春爷，你从来没输过。

公主终究也需要长大

✻卢一桐

在我很小的时候，有一天，妈妈的同事易阿姨来到我们家做客。她皮肤白嫩，长发披肩，穿白纱裙，脚上踩着一双淡粉色高跟鞋。

我同我妈说："易阿姨像我的洋娃娃一样漂亮。"

我妈立刻抱怨，说："你倒是识货，人家从小在家里娇生惯养，结婚之后，又被丈夫捧在手心里当宝贝呵护。十指不沾阳春水，从来不进厨房，当然漂亮。"

我妈说完，还看了看我爸。我爸正在看《新闻联播》，全当作没有听见。我妈刷完了碗，叹了一口气。

我说："妈妈，我也想变得像易阿姨一样漂亮。"

《新闻联播》还没有播完，只听到我爸呵斥我："光漂亮有什么用，要好好学习，长大才能自食其力。乘法口诀都背完没有？"

我吓得心脏狂跳，乖乖地去背乘法口诀。然而，我心里无比怨恨父亲。因为，每当我期待美好的事情时，我爸一定会跳出来，戳破那些美丽的泡泡。

比如，我说："月亮又白又美啊！"

我爸就会说："你看过它的背面吗？也是黑的。"

后来，我认识杨小猫，她倒是称赞我爸的教育方法，她说："你爸爸让你早早全面认识世界。你可以兵来将挡，水来土掩，全靠你爸爸。"

"但是，我一点儿也不快乐。"说这话的时候，我当然是难过的。

杨小猫说："那么，那个易阿姨呢，是一直快乐的吗？"

我想起易阿姨，打电话问我妈。

我妈说："易阿姨已经从单位辞职了。唉，人啊，都是命。"

"易阿姨为什么要辞职，她不是一直觉得做老师挺好吗？"我实在有些惊讶。

我妈叹口气说："她35岁那年，丈夫去世了。从那个时候开始，她整个人都变得精神恍惚。"

我想起易阿姨的笑容，甜甜的，安安静静的。我妈带我买衣服，遇见她和她老公。她挎着她老公的胳膊，俩人看起来非常恩爱。

我妈说："她丈夫真是个难得的伴侣，他们两个人真是般配。"

易阿姨的丈夫在法院工作，脾气温和，待她极好。易阿姨除了洗衣服，家里什么事情也不管。有一次，她丈夫需要出差半个月。

我妈说："小易，这么多天没人做饭，你可怎么办？"

易阿姨说："我老公临走之前，帮我炖好一锅汤。还有六天的蔬菜沙拉，他都帮我配好了放在冰箱的保鲜盒里。吃完这些，我就带着我儿子去我爸妈那边吃饭。吃个几天，他就回来了。"

易阿姨是个连煮面都不知道先放面还是先放水的人，这让我妈无比羡慕。我记得我妈那时候常常和我爸感慨。

她说："大概小易这样的人生来就是为了享福的，什么事情都不操心，只负责幸福美满地过日子。"

我爸当时没有说话。他盯着我的作业本，皱了皱眉头，敲了敲桌子问我："这道题怎么还能错，太粗心了。"

语气虽然不重，但是充满了威严。我也在心里叹息，我和我妈一样羡慕易阿姨。像公主一样被宠爱的幸福，又有几个女人不羡慕呢？

我问我妈："易阿姨现在怎么样了？"

我妈叹了一口气说："虽然丈夫已经去世三年多了，

她还是常常哭。不过，现在还算好些了。基本的饭食，都还会做了。起初，真是不知道她该怎么过活。她丈夫去世一个星期，家里断水断电，她连水卡和电卡都不知道放在哪里，水电都没法买。父母年纪大了，又受到这样的打击，身体都变得很差，实在也没办法照顾她们母子。那阵子，小易真是艰难。"

我握住听筒，不知道为什么，忽然想起我爸对我的那些不好来。我忽然很感谢那些不好。我想，他一早就知道，每个人的生命里总是会遇到很多突发事件，总要面对很多艰难。作为一个普通人的我，是不能够有公主那般的娇气的。

就像杨小猫说的那样："谁又能保证谁一辈子都能够做公主呢？"

对啊，我爸大概也是这样想的。我替易阿姨难过，同时又庆幸我爸一早就帮我做好了心理建设。

他说："你不应该对任何人有期盼，你要做好自己必须做好的。"

尽管有些残忍，但是这的确是生活的真理。很多父母自小培养孩子独立意识，无论在精神上还是在实际生活中，独立都是一件值得骄傲的事情。

当然，公主也并不是不好。公主是幸福、快乐、美好的象征。只是，生活不仅仅有这些，它还有很多的困苦、艰难、背叛和伤痛，即使是公主，有时候也需要面对。

就像《故事中的故事》中的那位公主一样，最终还是需要独自解决问题，打败食人魔。就像易阿姨那样，最终在失去庇护的时候，还是需要更多的勇气和力量去面对生活。

她花了很多年的时间，最终还是站了起来。她再嫁的对象是个医生，每天起早贪黑在医院里忙，家里的事情全部交给易阿姨处理，她变成了全职家庭主妇。请我们一家去她家里吃饭时，她烧了一桌子的菜，脸上也有了笑容。

虽然我们看得出她的伤痛还是没有完全愈合，但是我爸悄悄对我说："桐桐，你看，你易阿姨已经变成一个大人了。"

是的，公主终究也长大了。

> > > > > >

中国式亲情里是缺乏道歉机制的。那些以爱为名的强势，带给孩子的伤害常常终生难愈。辽宁省大连市学霸男孩刘正威，看似风光的外表下，却掩藏着对母亲深深的怨恨，直到有一天，他听到那句迟到的"对不起"。

童年的痛：妈妈不爱我

1993 年，我出生在辽宁省大连市一个优渥的家庭，但自记事起，我都不是令母亲满意的那种孩子。她觉得男孩子不应该掉眼泪，可偏偏儿时的我很喜欢哭。

有一次，我不小心把妈妈最心爱的一盆花从窗台上掀翻在地，我吓得哇哇大哭，刚好被回家的妈妈看见了，她不由分说把我拉到窗台前，让我把所有的花都掀翻。我不敢，认为那样她会更生气，于是我以更高的哭声反抗。妈妈拖着我，手把手地逼我把花全打翻在地。我哭得几乎断气，她暴怒地跟我说："刘正威，作为一个小男孩，你必须明白，碰翻了东西不要紧，可怕的是你因为犯一点小错就哭鼻子。你要明白，哭是永远都解决不了问题的。"面对妈妈的盛怒，我更害怕了，哭得更大声，然后，我挨揍了。那次，我被妈妈打得很凶，夜里受了惊吓三番五次地醒来，第二天我的胳膊都抬不起来了。

男孩不哭，这是妈妈根深蒂固的观念，我因此没少挨揍，也渐渐学会了隐忍。上小学时，我和同学打篮球时撞在一起，对方头上被撞了个包，我眉骨被撞裂，血流如注，有同学当场晕血躺地，而我只是去洗手间冲洗了一下，全程一滴眼泪都没掉。

我被老师同学称赞，妈妈因此给我买了最新版的奥特曼手办。接过盼望已久的奥特曼，我并没有欣喜若狂。相反，面对妈妈喜悦的称赞，我的伤口变得很疼，

我有病，对不起

✲三秋树

我突然很希望她能问问我疼不疼，嘱咐我用水时要小心。可是我不敢，因为我太了解大人了，如果我提出这个要求，我又从一个男子汉变成一个“妈宝男”，不仅礼物没了，还会被痛斥一番。

小学六年级时，学校组织同学们学农一个星期，那是我们从小到大第一次离家，回来时，好多同学的家人都来学校接，他们一个个扑入爸妈的怀里，都在喊“想死你们啦”。我也是这样飞奔过去的，等待我的却是妈妈眉头紧锁的挑剔：“衣服穿得这么脏，真正的军人就像你这样吗？”爸爸笑到一半的笑容收了回去，我对家所有的思念荡然无存。

那件事后，我在心里明确了一件事，那就是我好像不配做妈妈的儿子。她有打击我的资本——平步青云地做到上市公司的财务总监，给姥姥姥爷还有舅舅在同一小区买了房，还帮舅妈安排了工作。有些人，越优秀杀伤力也就越大，可惜她自己不这么认为。

7年不相往来：早恋风波让恨疯长

我们母子在岁月里渐行渐远。高二那年，我有了一个从外校转来的女同桌。我们拥有同一种妈妈，这给了我们无数的共同语言。作为两个被重点培养的学霸，老师在分不开我们的情况下，将这件事通知了家长。可想而知，两个同一“物种”的妈妈会对我们做什么。我妈逼我写万字检讨书，并要求我当着全家人的面念。

这万字检讨书我写了三遍，前两遍她都认为我根本没意识到错误，直到我承认早恋，把自己写成一个满脑子男欢女爱的坏男孩，她才认为我这一次足够诚实。当我在他们面前念时，爷爷奶奶的眼泪就没有断过，奶奶几次阻止我念下去，她哭喊着对妈妈说：“你这不是教育孩子，你这是侮辱他。我孙子已经够好的了，你还想让他怎么样，你是他亲妈吗？”

爷爷奶奶越是如此，妈妈的态度就越坚决：“念下去。男孩子如果不知道廉耻，将来就会活得连狗都不如。”事实上，她不知道，在写第三遍检讨书之前，我写下了一封遗书。当她的儿子真的生不如死，可是我最终还是写了第三遍检讨书，因为我恨她，所以我要活下来，活到有一天比她优秀，并指着她的鼻子说：“我今天拥有的一切，都是靠着恨你得来的。”

万字检讨书念完了，我在她的目光中看到了得意。我明白了一件事情，她从来都不是想教育我，她只是想打败我，打败爸爸和爷爷奶奶，甚至打败她的同事。她活着，就是为了证明她可以碾压一切。我在心里想：等着瞧，终有一天我会让你败得很惨。16岁的我，就这样带着恨一路疯长，高考时我考上北京名校，后又保研，最后留校任教，留在了北京。

2011年9月，从上大学那天起，我再没有回过家。我去看望过爷爷奶奶，也趁爸爸来北京出差时跟他见面，但唯独不肯再见妈妈。在妈妈看来，我是一朝性情大变，与她形同陌路。在她一遍遍的电话轰炸中，我把当年写的遗书寄给了她，并发短信告诉她：“在你膝下的那些岁月，我生不如死。如果你想让我活，咱们母子最好再也不要见面了。”

听爸爸说，我发的短信对她打击很大，她居然也会长白头发，也会流眼泪。

从读大学到工作，我们母子居然可以7年不相见。7年后的见面，是在2018年冬天姥爷去世时。那天夜里10点，我下了飞机，没有通知任何人，直接赶往医院。可谁知，还未走进去，就听到有人在里面号啕，准确地说，是控诉。那声音很熟悉，强势、愤怒、不容置疑。没错，那个人是我的母亲。

“小时候，弟弟不管犯了任何错，你都会怪到我头上，不由分说非打即骂。我比弟弟学习成绩好，你说老天不公平，后来我过得比弟弟好，给你买房买衣服，比谁都舍得为你花钱，你又说这是在你面前显摆，出风头……无论我怎么做，你永远都没有表扬，一直在打击我。你知不知道，我偷偷去做过DNA检测，偏偏我确实是你女儿，你为什么一辈子都对我如秋风扫落叶，对无能的弟弟却万般呵护？”

隔着太平间的大门，可以听见她愤怒的号啕以及她开始敲打冰柜的声音：“你给我醒过来，你要跟我说对不起。因为你，我对自己的儿子一样苛刻变态，结果他恨透了我，跟我断绝母子关系，7年不见我。你知不知道，因为我从你那里继承来的不可理喻，我儿子给我写过遗书。你差点儿让我家毁人亡……”

“王国军，你给我醒过来，你跟我道歉，你把我儿子给我找回来。我想他想得头发全白了……”她失控了，一辈子以优雅示人的她，在太平间，对着姥爷的尸体爆了粗口，后来，她干脆拿头去撞那冰柜。

母亲致歉儿子：对不起，我有病

这一次，我无法再冷眼旁观。我冲进去，死死抱住她。她的额头开始流血，整个人都失控了，医生给她打了镇静剂。我回家后，看到自己的房间完全保持着我当初走时的样子。在书桌上，我看到了两沓信，上面都写着我的名字和地址，但都没有寄出。我打开那些信，内容都相同，只有三个字：“对不起。”这三个字，令我累积的恨全变成眼泪，我哭得几乎要昏厥过去。我在痛哭中明白了一件事情：这么多年来，她不是不爱我，她只是没有能力爱我。她的原生家庭没有给她这种东西，所以她也给不了我。就像心理学家说的那样，幸运的人一生都被童年治愈，不幸的人却要用一生去治愈童年。

哭过之后，我穿上黑色西装去了医院，妈妈已经醒过来了，看到我，她的眼泪又决堤了，她试图向我伸出手，但刚伸出来又放了回去，肩膀剧烈地耸动着。从小到大，我做梦都想看到有一天她在我面前矮小下去，卑微下去，可是，当她真的如此，我丝毫没有胜利的喜悦，只觉得自己跟她一样矮小、卑微、难过。缺爱的我们不会表达温情，这是她留给我的“残疾”。

姥爷的葬礼上来了很多人，整个葬礼妈妈表现得很脆弱，她不时望着姥爷的遗体，一直在哭泣。只有我知道，她不是想念他，她就是委屈，因为她再也得不到那声她最在乎的肯定，以及对不起。

从这个意义上来说，我比她幸福，至少她意识到自己错了，虽没有亲口说给我听，但以写信的方式和我说了327个“对不起”。想到这里，我走到她身边，艰难地伸出手，扶住她，对她说：“你写的信，我在家里看到了。”然后，她在众目睽睽之下突然爆发性地大哭起来，死死地抱住我，说了许许多多声“对不起”“我有病”。强势了大半辈子，风光了大半生的她，终于失态了，也搞砸了姥爷的葬礼。可那又怎样，相比她被姥爷搞砸的人生，这又算得了什么呢？

经此一“劫”，我和她，没有成为余生的仇人，我们的关系悄然而缓慢地变暖。说到底，亲情的世界里，一万句“我爱你”有时不抵一句“对不起”。有一点，我对她终生感激，那就是她没有像姥爷那样，直到告别人世，都不知道自己错在哪里，或者说以家长的姿态知错不改。如今，我和她，都在学习温柔与慈悲这一课。我想，一切都还来得及。

邻居

✽石钟山

几乎每天傍晚出门遛狗都能看见邻居家的李婆婆。

李婆婆差不多七十几岁的样子，头发花白，为人很热情，只要远远见我牵着狗过来，便迎上几步，和我打招呼。更多时候，我会停在她面前，跟她聊两句。起初，大部分话题都是围绕狗展开的，她夸我的狗漂亮、温柔，还会伸手去抚摸它。

渐渐熟了，我们不仅限于聊狗了。她打听我来自中国哪里，住在美国多久了等。我也了解到，李婆婆来自天津，以前是一家医院的医生，几年前被三儿子接到美国，后又申请了绿卡。我问她最多的一句话就是："在美国习惯吗？"她不说习惯，也不说不习惯，只是笑笑再答："孩子是好心。"我便也笑笑，牵狗离去。

在我居住的这片半山小区里，有几户人家长了东方面孔，却说不准是哪儿的人。在美国，人情世故比在国内冷淡，似乎人人都怀着某种戒心，即便对面走来，也只是点头微笑而已。

李婆婆对我却是个例外。有时我遛了一圈狗回来，天已擦黑，她仍站在自家门前，向远处眺望着什么。天空中有一架架航班客机排队准备降落，不远处山下，已是灯火一片。李婆婆是在看风景吗？我和她又打了招呼，她应了，想说什么却欲言又止。走了很远，回头再望，李婆婆仍立在门前，凝望着什么。我想，李婆婆是孤独的。

因为李婆婆，我认识了她的三儿子。她三儿子四十多岁，是搞IT的，每天很忙的样子。有时他开车回来，半路碰到我，会摇下车窗打个招呼。

最近这半年，李婆婆却很少立在家门前了。每天我走到她家门前时，不时引颈向她家院里张望，院内一如既往地安静。

偶有一天，又看见了李婆婆。半年没见了，她似乎憔悴了不少，头发也是乱的。我驻足于她面前，她看了我半晌，似乎认出了我，却说了句有头无尾的话："你知道张集吗？"她这么问，我一时不知如何作答，只是问："哪个张集？是在天津，还是在北京？"她没顺着我的话说，而是让人更诧异地说道："刘记者长得好白，他戴着眼镜，调到军区去了。"李婆婆说这话时，目光是散乱的，望着远方什么地方。头顶的天空又有几架民航客机飞过去了。她似乎被天上的飞机吸引了，喃喃地说："我就是坐飞机来的。"她儿子不知何时出现了，冲我礼貌地笑笑，扶着她向院里走去。

我走了几步，听到身后的大门被关上了。

我不知李婆婆出了什么问题，反正和以前不一样了。从那以后，我便很少见到她了。又过了两三个月，在又一次遛狗时，我看见了李婆婆的儿子，他热情地迎上来，问我何时回国。我说了归期。他犹豫着想说点什么，又没说，然后点点头，走回自家院内。

我归期还剩两天时，李婆婆的儿子又见到我。这次他下定决心地说："求你个事行吗？"我立住脚听他说。他这才又说："我妈要回国，订了和你一个航班的机票，路上麻烦你照应下。出了机场，我二哥会来接。"

作为邻居，这点要求我自然不会拒绝。我答应后，李婆婆的儿子又有些犯难地说："我妈得了阿尔茨海默病，让你费心了。"说完指指自己的头。我恍悟过来，原来李婆婆生了病，才说出那些不着边际的话。

回国的航班上，时间很漫长，李婆婆在上飞机那一刻，她似乎很清醒，一遍遍地说："回国了，终于回国了。"她露出久违的欣慰的笑容。

飞机飞行了一阵子，她似乎又犯糊涂了。目光散乱地望着我说："刘记者你不走好不好，我要嫁给你。"她脸上露出少女般的羞涩，少顷又说，"王团长不是我喜欢的人。"她目光继续散淡下去，"张集你负伤了，那是我第一次见你……"十几个小时的飞行中，李婆婆一直说着张集、刘记者、王团长。阿尔茨海默病，我了解一点，病人会记住从前，忘却当下。

飞机在北京落地后，我在出站口见到李婆婆的二儿子。他见到了安然无恙的母亲，对我千恩万谢，我们还互加了微信。

此后，我和她二儿子微信联系，问起李婆婆的病情。她二儿子告诉我，母亲住院了，就在她以前工作过的医院。从和她二儿子只言片语的微信聊天中我了解到，李婆婆以前是名军医，参加过淮海战役。我问到了张集。她二儿子说：张集是淮海战役中的一次战斗，母亲那会儿就在野战医院工作。二儿子还告诉我，他的父亲，那会儿是名团长，就是那次战役后，父亲娶了母亲。

二儿子的话，让我的思绪连成了线，李婆婆在张集的战斗中，遇见了刘记者，并爱上了他，但却嫁给了她并不喜欢的王团长。故事听起来简单，却是隐藏在李婆婆心中一辈子的遗憾。

李婆婆住进了自己工作过的医院，这样我的心安然了许多。再次回到美国时，路过李婆婆三儿子家门前时，我经常会停下来，似乎李婆婆还立在那，满脸笑容地和我聊上几句。在我离开时，她会向远方的天空眺望，她的目光穿越了千里万里，又回到了张集，那里有她认识的刘记者、王团长，以及青春的记忆。

一年后吧，突然接到李婆婆二儿子的微信。他告诉我，他母亲去世了。他还发来了一张墓地的照片——墓碑上镶了一张李婆婆年轻时的照片，我把手机屏幕放大，看到了她的眼睛，正渴望地望着远方。那时，年轻貌美的她在渴望什么呢？

这是为了你

✲ 朴光洙

"大哥，我的妈妈也被医院确诊为阿尔茨海默病了。"一个跟我很熟的兄弟带着满脸阴沉的表情，像是对我告白一样慢慢地说。

听到他的话之后，我想起了在医院里的妈妈。"从现在开始，多与妈妈一起创造美好的回忆吧，唯有这样，后悔才会减轻一些。"听完我的话，他坚定地说："嗯，为了妈妈，我一定会这么做。"

我一边摇着头一边纠正他："不，这并不是为了你的妈妈，而是为了你。"

我不怕天黑，因为有你在身旁

✲ 李阿宅

傍晚在公园里散步的时候遇见一对赛跑的兄妹。哥哥七八岁的样子，还没有等妹妹做好准备就已经跑了出去，边跑边挑衅地回头冲妹妹吐舌头，而短手短脚的妹妹一个踉跄摔在地上，号啕大哭起来。哥哥连忙跑回来查看妹妹的膝盖，用嘴吹着磕破皮的伤口不停给妹妹道歉，可是妹妹的眼泪就是止不住。

这时候男孩子看着某一个方向神色焦灼起来，说："妈妈来了，你别哭了好不好？我给你买两个冰激凌。不然妈妈要骂我了。"

男孩儿一脸"你相信我"的神情让我忍不住想起我哥来，每次他做错了事往我头上推的时候，也是这么骗我的。

我哥比我大九岁。当我还在襁褓里啼哭的时候，他已经在小学的足球场上跟人巅峰对决了，而等到我勉强学会系红领巾的时候，他都开始偷偷和女生约会了。

他约会的对象是一个有些婴儿肥，笑起来有两颗小虎牙的姐姐。当时这个姐姐没有手机，我哥每逢周末或者节假日找她的时候就只能打座机，可是他们又害怕被双方家长察觉，于是我就被我哥拉出来充当了他们恋爱路上的助攻。

每次我哥给虎牙姐姐打电话，负责站岗的都是我，接通以后如果是虎牙姐姐我就把电话还给哥哥，如果是虎牙姐姐的父母，那么我就会假装打错了，小心翼翼地询问："不是二姑吗？噢，对不起，我打错了。"然后在我哥赞赏的目光中挂断电话。

他深谙投桃报李的道理，父母不在家时给我做饭的是他，我的零食被没收后偷偷投喂我的是他，在我被后桌的男孩子欺负后，跑到学校门口替我出头的也是他。

这一度让班里的同学们羡慕不已，我却深深怀疑他只是为了更好地奴役我。

那时候除了我，没有第三个人知道他们在谈恋爱。按照我哥十七岁时那种嚣张的性格，他根本不在乎会不会被人发现，可是虎牙姐姐却很紧张，为了照顾她的情绪，他才不得不带上我掩人耳目。

很多年过去，我仍然记得我站在我哥电动车踏板上，虎牙姐姐坐在后面，他们带着我去买好看的发卡时那种欢愉的心情。彼时，夏日傍晚燥热的微风也变成冰糖橙子的清新。

然而，世界上没有不透风的墙，在哥哥和虎牙姐姐升高三的那个暑假，他们两个带着我在广场上放风筝的时候被虎牙姐姐的父亲遇见了。虎牙姐姐双手紧紧抓着裙边不知所措，我哥冲我使了一个眼色，我立刻心领神会抢过虎牙姐姐手里的风筝，甜甜地说："谢谢姐姐帮我找到哥哥。"

虎牙姐姐怔了好一会儿才故作镇定地拍了拍我的头："小朋友，下次不要再走丢了，那姐姐先回家了。"

我过人的应变能力为自己赢得了两本漫画以及一大包零食，我哥揪着我的辫子从超市出来的时候，还不知道一场暴风雨即将来临。

回家的路上，虎牙姐姐的父亲越想越觉得蹊跷，等他爸爸反应过来"这个小孩儿的声音挺熟悉"后，我哥被叫了家长。

那时候他挺不爱学习的，谁也不愿意看着一个前途光明的女学霸和他这样的不良少年整天待在一起，就这样，我哥的初恋在虎牙姐姐的家长、学校的施压下夭折。虎牙姐姐最后一次给我哥打电话时只说了一句："你也加油，考上同一所大学后再说吧。"

大概真的是很喜欢她吧，因为这句话，哥哥放弃了那些他自以为是的小聪明，马不停蹄地朝着大学努力。

那一年我没怎么见过他，我起床的时候他在天台背单词，晚上我睡觉的时候他还没有从自习室回来。等到我升入高中被沉重的课业压得喘不过气的时候，想到当时的他，就觉得咬咬牙还能坚持。要和虎牙姐姐在一起的强大信念支撑着他，让他用了两倍的努力完成了学渣的逆风翻盘。

当所有人都在为他考入重点大学庆祝的时候，虎牙姐姐却在旅行的途中遭遇车祸，在重症病房里躺了七天后永远地离开了。

那是我哥人生中遭受的第一个打击，他整夜整夜地不睡觉，人也变得颓废不堪。举行葬礼的时候哥哥躲在房间里一天没有出门，晚上我去安慰他，他紧紧抱着我流泪，泪水一点点渗透我的衣服。

直到大学毕业，他都没有再交过女朋友。我们觉得他始终没能从这场事故中走出来，所以我不停动员身边的好朋友把亲戚朋友家好看的小姐姐介绍给他。

高一的时候，同桌因为顶撞新来的英语实习老师被叫了家长，他嘟嘟囔囔说"全世界的老师怎么都只会叫家长这一招"的时候，我醍醐灌顶。实习老师长得神似演员桂纶镁，在她穿着绿色的裙子站在讲台上自我介绍的时候，我就想要把她介绍给我哥。

鉴于以往他三番两次拒绝家里的相亲，直接说明是行不通的，我只能另辟蹊径，故意在英语课戴耳机听歌、吃东西、交空白的英语作业……几次下来终于成功惹怒了平时说话和风细雨的英语老师。

我哥作为家长代表被老师叫去谈话。但我的道行终究太浅，他踏进办公室的刹那就明白了我心里打的什么算盘，不仅没有对老师一见倾心，还非常可恶地威胁我说："你要是不好好学习，我就让老爸把你送去山里的封闭学校。"

我的一片好心只能付诸东流。

大二的时候，我需要一台单反相机拍摄写生的实物，然而那时候恰逢他的创业遇到瓶颈，爸爸还生了很严重的病。为了减轻家里的负担，我偷偷在一家摄影工作室做兼职修图师。

某个周六的晚上，我对着电脑修完近百张照片后，回学校的路上被一辆逆行的摩托车撞倒。可谁能想到那天他恰好来我读大学的城市出差呢？我拎着药一瘸一拐回学校时，被他逮了个正着。

我谎称是骑车的时候摔的，他冷笑了一声："你眼珠子一转我就知道你在想什么，说实话。"

我只好从实招来，他暴跳如雷，把我臭骂了一顿。我也特委屈，反驳他："我爱怎么着就怎么着，你管不着。"

说完我把药扔在地上，噙着眼泪走了。半夜冷静下来后我才想明白，他只是害怕虎牙姐姐的事故在我身上重演，他没办法再经历那样的离别。我想要给他发条微信道歉，却看到屏幕上赫然显示着他发过来的信息，他说："哥哥不该冲你发火，对不起。药放在宿管阿姨那儿了，醒来后记得过去拿。"另外一条是："家里的事情你不用担心，相信你老哥会处理好，安心上课。"

没过几天我就收到了他寄来的相机。我给他打电话说没有相机也不影响我成为一名出色的设计师，他自动屏蔽掉这句话，安慰我说，小时候妈妈带他去庙里抽过签，师父说他命里有两段劫难，只要能挺过去这一生就会平安顺遂。

他说："为了下半生的荣华富贵我也能撑住，你不要有心理负担。"说完他自己就笑了，而我的眼泪却止不住地流。

他的确没有食言。在谷底奋力攀登后一跃成为小城有名的青年才俊，而我用他送给我的相机拍了许多照片，渐渐地在大学城里小有名气，越来越多人付费请我拍摄，于是毕业后我放弃了设计院稳定的工作想要做摄影师。在父母的反对声中，他又一次坚定地站在了我的身旁。

小时候被他欺负躲在阳台不出来的时候也曾质问过父母为什么要生两个小孩，后来越长大越明白，通往明天的旅途并非一路光明，我们之间有彼此的存在就可以搀扶着走过黑暗。一路吵吵闹闹，又互相支撑着成长，我想这就是我哥对于我的意义吧。

有一种爱，卑微却高贵

✲贾九峰

这是一列见站便停的绿皮火车，每天傍晚六点四十分自石家庄北站发往德州。沿线城镇的小商贩们都习惯乘坐它，因为票价十分便宜。他们在省会的批发市场上淘一天货，然后打包成捆提上车来。

我赶到车站时已是六点半，买票、检票、上下地道、冲上月台、奔进车厢一气呵成。等我火烧屁股似的坐上座位，车正在徐徐开动。

一股酸臭的体气直冲过来，令我顿感头疼恶心。我先是看到一双褪色的黄塑胶拖鞋，继而是两只毫无皮色的脏脚。若不细看，我真以为那人穿了灰褐色的丝袜。

往上是卷到小腿肚儿的蓝裤管，汗水渍透了的圆领衫，胸前一个一元硬币大小的洞，透出紫红色的胸膛。这被太阳暴晒的紫红色一直延续到他褶皱很深的额头，脑袋顶上是一头半短不长、灰白夹杂的乱发。

他的两只手正搭在桌上搓着花生米，十根指头又粗又脏，恰如刚从地里拔出来的胡萝卜。一粒粒珍珠似的花生米被送到他的嘴里，我看到了他满口的黄牙和牙缝里渗出的食物残渣。

真倒霉，遇上这样的旅伴。在我失去呼吸之前，想要奋力拉开车窗，可是这该死的破车，我几乎将手指掰折了，车窗还是纹丝不动。

一双手顺着我的手臂伸过来，像钢锉一样在我的手背上划过，疼得我蓦地躲开。

一缕新鲜的空气吹进来，我得救了。

“你跑得太热了。”他讨好似的说。

我装作没听见，把夹克衫敞开一些，不愿看他一眼。他主动帮我开窗纳凉，甚至都没考虑自己身上的半袖衫，但是把空气搅成这样的味道，他应该负有责任，我没必要跟他客气。

这时，他的手朝我伸过来，中途又缩了回去。显然他是想帮我，可又担心贸然触犯了我。我低头一看，裤子上落满了他刚搓下的花生皮。那是开窗的一瞬间，他和风完成的杰作。我站起身来，故意在他的脸前夸张地拍打。他觍着脸，不躲，一直在赔着笑。

我打开随身带的一本杂志，贴到窗口去看，余光却发现他不知趣地凑上来，盯着背面。我哭笑不得，干脆将杂志卷在手上，佯作不知闭眼沉思。他可好，还是一动不动等在那里，好像我随时还会为他把杂志展开。

我略有些心软，毕竟坐上这个座位不是他有意为之。听他的口音应该离我要去的小城不远，我们算是同乡吧。想到此，我便将杂志递到他的身前。

他摇摇头说："我不识字，我只是佩服你们这——"他停顿了片刻，分明是在琢磨一个恰当的词，"知识分子。"

我苦笑了一下："我不是知识分子，我只是个老师。"

"是吗？"他顿时来了精神，"我闺女将来也会是个老师吧，她考上了省师范大学，我就是送她入学的。"

省师范大学曾是我就职的学校，真想不到鸡窝里还有个凤凰似的女儿。我问："你女儿学的什么专业？"

"我记得是文学。唉，闺女这次高考没考好，我本想让她复读一年，可闺女看不得我吃苦，说什么也不同意，只好委屈着读省内的大学了。原本她的成绩是能走个重点的，都是我拖累了孩子啊。"可能是说到闺女，触动了他的心，在他惋惜的眼神里蒙着一层潮湿的雾气。

我便忙着劝慰说："你们老两口没什么对不住孩子的，养大了，又送到了大学里，再好的父母还能怎么样呢？"

可接下来他的一句话，实在震惊了我。他说："我是个老光棍儿，没媳妇。"

他说得很坦然，娶不上媳妇于他好像不是什么丢人的事。我们俩都注意到邻座的人也在听我们的对话，他一点儿避讳也没有，说："孩子是我捡来的。"

他整个人陷入了回忆之中，然后一五一十地给我讲起了他的生活。

"我很小的时候，父母都去世了，是哥嫂带着我长大的。在我十八岁那年，哥哥不慎从脚手架上摔下来，摔断了腰。嫂子一个人养着四个孩子，日子实在过不下去了，两个人商量着把老鼠药投进了饭锅里。我恰好从地里干活儿回来发现了，我跪在哥哥跟前，我向嫂子保证，我会帮着他们把孩子们拉扯大。

"这一干就是二十七年，等最小的侄子结了婚，我已经四十五岁了。凭我这个模样，凭我这个条件，到哪里去说媳妇啊。我就寻思着，我搬回老宅里，一个人过一辈子算了，等我老了，侄子们不会不管我，等我死了，找个地方一埋就行了。人咋样不是一世呢？太重的力气活儿我是干不动了，往后只会给哥嫂和侄子们添累赘了。

"就在我搬回老宅的那年腊月，有一天我去赶大集，早晨沿着河堤往乡里走。路上行人稀少，远远就听见有小孩儿微弱的哭声。我慌忙往前跑，就看到小树林里的一个纸箱子。我上前打开箱子一看，小被子里裹着个婴儿，小脸儿哭得发紫，挥动着两只小手，好像要我抱。谁家的爹娘这么狠心！亲生骨肉都舍得扔到这荒郊野外，要是让畜生糟蹋了可怎么是好。我怕把孩子冻坏了，赶紧抱起箱子一溜烟地跑回了家。

"原想着为孩子找个好人家送出去，可赶上过年没人能顾及这个事儿，等出了正月，我才发现我已经和这个孩子有感情了。这是不是人们说的什么缘分啊？哥哥嫂子都劝我别送人了，平常有人陪着说说话儿，将来老了身边也需要有人伺候，这是老天爷给我送来的闺女啊。我一听，还真对，就这样老了老了，我又有了闺女了。

"闺女懂事早，穷人的孩子嘛，几岁就会做饭了。我干一天的活儿回来，闺女把饭盛到我的嘴边，一口一个爹叫得可亲了，收拾完桌子刷完锅，就坐到灯下写作业，临睡觉时还给我打一盆洗脚水。闺女给我洗着脚说'爹，咱们只要吃饱了就行，家常便饭最养人，你以后少打一份工，别把身体累坏了，我好好读书，长大了找了工作，好好地让你享享福'。回回听了，我心里就跟吃了蜜一样甜，眼里却是泪花子打转。我这可怜的闺女啊，她可曾跟着我吃过一回好饭啊，从小喂面糊糊，长大了不是稀饭就是粥，常年一盘老咸菜。我都这个岁数了，老不中用了，打工还能挣几个钱啊。

“后来闺女上初中了，课程紧了，我出不去了，就回来在村里包了两亩地种菜。她上学一走，我就驮着两筐菜到市里摆地摊，便宜点儿也卖，早点儿卖完了回家好给闺女做中午饭啊。现在上学费用高得很，说不定哪天学校要交资料费，手里不攒俩钱，到时候不让闺女做瘪子吗？我这闺女真争气，从小学到高中，成绩从来没有落后过，连老师们都夸我有福气呢。一眨眼，二十年了，闺女真的长大了，考上大学了。”

二十年，真的是一眨眼吗？看他现在幸福知足的模样，我怎么好问及令人心酸的往事。在我想来，即便是那些不堪回首的往事，在他也是一种幸福的回忆了吧。

看看他的穿戴，看看他的面皮，看看他的头发，我便明白这是怎样的二十年了，然而我发现，这生活中的苦和难在他的心上真的没留下什么创痕，只有在谈到女儿时，他才会露出迫不得已的委屈之色。他没有抱怨这一路的风雨肆虐，只抱愧自己没能为女儿遮蔽得更严实更温暖。

我推己及人地问：“你女儿不晓得自己的身世吧？”

“我不瞒她，我一个孤老头子拿什么生孩子呀，我早就跟她说过，我不是她亲爹。闺女考上大学后，我本想从头说个明白的，可昨天刚开了个头儿，闺女就一头扎进我的怀里，哭着捂住了我的嘴。她说：‘爹，你什么也不用说了，你真狠心抛下你闺女不管吗？你都六十五了，体格一年不如一年了，你就是不要我，我也不会走的。你是我的亲爹，我这一辈子有你就够了。明天你别上地里干活儿了，你送我到大学去，我要让同学们都知道，我有一个多么伟大的爸爸。’”这个六十五岁的男人终于没能忍住，两行泪从深陷的眼窝里滚了出来，在紫红色的脸膛上一点点向着颤抖的嘴角汇集。

等他平静了，我提醒说：“大学里能申请困难补助，也能办理贫困生贷款的。村里开证明，报到时填个表，手续很方便的。”

“我知道，这么多年都熬过来了，最难的时候我和闺女都没倒下，到了上大学了，不就七千块钱嘛，我不能那么办，我怕闺女在学校抬不起头来。”他憨厚一笑，像是暴露了他的自私，“我晓得这是国家为我们着想，可我们还没有那么难。有我这个爹，我可舍不得让闺女背着一身债上大学。”

周遭的年轻人都凑上来，纷纷向他表达敬意。我注意到他的脸膛更红了，透着说不出的得意和满足。

列车在小城的灯火中缓缓靠站了。他空着手站起身来，没有一件行李。他的手机响了，他拿起手机，将腰间的塑料绳一直抻到耳朵边来。他的嗓门很大：“闺女，车就要进站了，我马上要下车了，到家了，你放心吧……噢，噢，我知道，天气凉了，你也多穿点儿，我知道，我不省着，我拣着好的吃……噢，你可别事事舍不得，爹有钱，咱不乱花，可该花的就要花，你又不是不知道，地里的茄子、辣椒都快长成了，这不是钱是什么……我知道，我知道，你给我刷的鞋，还有洗的衣裳，一到家就收起来……”

瞅着眼前这个邋遢不整的老人，我敢说，在中国十几亿人口中，他属于最卑微的一群人，他生命的轨迹只能运行在社会的最底层。面对几十年辛酸苦楚的生活，他却拥有豁达、坚韧、谦恭、高尚的内心。在他十八岁、四十五岁和六十五岁面临重大抉择的时候，他都毫不犹豫地选择了一条无愧于心的道路，且躬身践行，艰难跋涉，从没想过放弃，更是讲不出半点儿崇高的理由。这样的一个人，却天天仰望着我们，默默地履职着人性中的善行和正义，不自知也不欲人知。正因如此，我更为他勇敢质朴的坦承深深地感动。

我远远地望着，他打了一个寒噤，挺着胸脯，走进了这座小城初秋的夜色深处。

这一天是个特别的日子，回到家我要煮一碗面条，蒸一根香肠，再来一瓶桂花酒，喝上一杯。

当一个女孩背后站着300位债主

✲张海林

一

2015年6月12日，我接到父亲从老家打来的电话。他告诉我，他的卡车撞了人，那个人似乎不行了。那时，我还没有意识到一场重大的危机，已经砸到了家里。

事故突然降临，所有人都傻了。两个月前，妈妈突发脑出血住进ICU，差点儿离开人世。当时，她正在恢复期，我们全家竭力向她隐瞒了这个秘密。

我强迫自己冷静下来，并第一时间做了三件事：一、询问律师朋友。他告诉我，这类事故通常会根据当地的人均收入水平赔款；二、询问车管所的朋友。父亲的卡车有一些手续并不齐全，我问他这种情况一般怎么处理；三、打听父亲撞到的人是谁。我知道他住在附近某个村庄，希望能找到我们两家都认识的人，从中调解这件事。

最大的问题是钱。估算下来，需要30万元，家中的积蓄不够。当时，我刚从公益机构转到创业公司，27岁的我没有存款，工资不高，眼看着巨石碾压自己，却没有办法。我在心里做了决定：我不想这场事故毁掉未来一切好的可能性，我希望这个家还能照常运转，弟弟可以按计划结婚，父母能安享晚年。

我知道自己需要钱，可不知道找谁去借。30万元不是小数目，我不能对一个人负债太多。我在心里算了一笔账：30万元，300个1000元。如果我能找到300个人，向每个人借1000元，每个月还5个人，5年可以把债还清……但我能承受这么久的负债吗？我问了自己很多遍。

我拿出纸笔，算着这一组很简单的数字，掉着眼泪。我花15分钟写了一篇文章，配了一张眼泪图，公开借钱，时间是2015年6月14日23：08。

我需要30万，我寻找300位朋友，每个人借我1000元，多了拒收，少了也拒收，只接受微信转账，我会清楚地备注和记得，我欠300个人，每人1000元。

按照我目前的薪水，不过度影响我生活的情况下，我每月可以还5个人，需要还5年。这当中不排除我工资不断上涨以后，会加快还款的速度。每一个1000元，我都会在以后的某一天还回去。

关于我自己，我不介绍了，信任我这个27岁姑娘人品和性格的人，请给我一份帮助。

此后数月经年，我做一个感恩的人。

落款处，我写上了自己的姓名和联系电话，并承诺，还款期间永不换号。

文章发出后，我转到朋友圈，询问汹涌而来。确认情况属实后，这篇文章开始在我的朋友圈刷屏。

大鱼是第一个给我微信转账的朋友，在文章发出9分钟后。他说："我能做的不多，一切都会好起来。"还有一位朋友不断帮我转发到各种群，后来他说这是他唯一一次转发求助消息到各种群，"因为这不是公益，是朋友救急，以有尊严的方式"。

微信上，消息与好友申请纷至沓来。几百条信息里重复出现这样的祝福：一切都会好起来的。木子鹏说："我在创业中，不算富裕，还款的时候请尽量把我往前排吧。"李董说："我这份不用还。"刚在北京工作，还未攒下什么钱的樊瑞说："我愿意成为你的三百分之一个朋友。"小拍儿说："我虽然不认识你，但我会希望大家都信任你。"

我不断地回复"拥抱"的表情，对他们说谢谢。每收下一笔钱，我就按照收款顺序记录下来，为他们标上序号。第二天早上，我筹到了30万元的款项，300个人（其中一多半是陌生人）找到了。

二

2015年7月，我换了工作，加入上海一家致力帮助"新农人"的创业公司，工资也涨了一些。7月7日，我第一次还款，还了5个人，分别是序号1大鱼、序号2梵意和优先还款的3个人——正在创业的木子鹏、还在念书的星空愿语和年龄最小的俊俊。

长达3年的还债过程里，发生了很多有意思的事。

晓夜曾托我们共同的朋友来问我还款进度，他说："于我而言，你在继续做着这件事情，比还我钱珍贵得多。"他觉得这是件神奇的事情，很想知道自己排在几号，我告诉他他是第160号。

有些人主动找我还钱，但觉得特别不好意思，我劝慰说："真的没关系，我早晚都要还，只是调整顺序而已。"2015年11月，一位朋友说："我最近手头特别紧张，如果你方便的话，我的1000元是否可以提前还？"她的序号是53，因她而加我的朋友，我数了数有10个人。

还有一位印象深刻的朋友，她的微信名叫"环保清哥"，是深圳的一位环保义工。她会不时地问候我。我见她总是跟我说话，猜测她是想让我提前还钱，便主动询问她："你经济压力大吗？需不需要我提前还给你？"她说不用。她排在我要还款的第251号。怕她有难言之隐，2016年3月4日，我还是提前将钱还给了她。收到转账后，她激动地说："虽然我们不曾见面，也有朋友当初劝我不要借，但我还是想证明一次世上还有可以信任的事情，现在可以证明我的信任是对的。"

有段时间，我并未公开还款进度。因为自己并未严格按照每月5人的频率去还款，也不想继续在朋友圈高调地处理此事。2016年7月23日，一位朋友找到我说："你是公开募集，事后情况、进度也应该告知大家。我认为参与的人没有谁会催促你还钱，但你曾经是志愿者，更应该明白捐和借都应有后续动作，透明很重要。"

我理解他提醒里的善意，谢了他，并在朋友圈公布了进度。

他提醒我的那年，是我最艰难的一年。年初，母亲第二次脑出血，抢救过来后半身瘫痪，我和父亲请三姨照顾母亲，每个月我需要给家里5000元，包括三姨的2500元工资。这种情况持续了一年，母亲的病情一直没有起色。年底，我的房租到期，所在的创业公司又出现解散变故。

三

还债的3年里我换了六份工作，每个工作之间的切换，缓冲时间最多不超过10天。如果眼下的工作无法提升自己的能力，我就会果断地跳到下一个工作里。

收入和生活渐渐稳定之后，我加快了还款进度。

有些人把我删了，我又加回来，解释原因。印象最深刻的是2018年2月12日，我给薛永刚转1000元时，问他："还记得我吗？"他说："不记得了。"我发给他最早的聊天记录截图和自己借钱的文章链接，他终于想起来了，说："感谢你给我的意外惊喜，我一点都不记得了，这1000元我替你捐了。"我还给他的钱，他全部捐给了一家儿童福利院。

还有一些人拒收。王玮说："不用还了，当是我的一点心意。"叶世明说："现在你应该是比较吃紧的，当我投资你啦，等你以后有千亿身家的时候记得打给我一个亿，那时候我不会客气的。"

我标注了没有收的人，帮他们把这笔钱再捐出去。我捐给一对凉山的艾滋病孤儿姐妹1000元，一个内蒙古单亲癫痫儿童500元，一个脑瘤盲女500元，剩下的钱我参加了一个公益月捐项目，帮助贫困山区的孩子买大病保险。

2018年7月20日，我还完了这300位朋友的欠款，提前完成了与这300位朋友的5年之约。尽管一路走来很艰辛，但能力在提升，我对人生的认识也发生了改变。很多事其实也没那么难，只是需要扛过某些节点。困境让我加速奔跑。现在，我还时常想起2015年夏天的那个深夜300个人不计利害的善心。我的心头一直放着300个人的信任。

2019年3月，一家媒体报道了我的故事，曾经的"债主"朋友们也转发了文章。我也第一次知道了一些隐情。大大茹说，她4年前还是一名大学生村官，工资只有3000多元，但借给我钱时没有一丝犹豫。

我也是第一次了解到他们收款时的反应。金春燕说："收到钱时还挺意外的，数月经年，我确实也忘记了。"尹尹日日说："真是件很小的事啊，彼此心存善意，就是温暖的小星光。"水说："我会告诉我的孩子海林姐姐的故事，妈妈也很荣幸参与其中。"曾经拼命帮我转发的丁仕松说："海林收获感恩，我们收获信任。过程不易，结局圆满。"

2018年7月还完欠款的那天晚上，我从公司出来，耳边循环播放着朴树的《清白之年》。我走得很慢，想到自己3年前做出决定的那个晚上，每次换工作时的困难以及有些夜晚回到家边洗澡边大哭的时刻。我有些恍惚。

我看着路灯下的梧桐树叶和天空挂着的月牙，暖风吹过，我想，这一天是个特别的日子，回到家我要煮一碗面条，蒸一根香肠，再来一瓶桂花酒，喝上一杯。

观世音

✻李修文

雨是天亮之前下起来的。一开始，雨水只是零敲碎打，而后，伴随着雷声，渐渐就狂暴了起来。我摸黑起身关窗，顺便望了一眼陷落在雨水与黑暗里的邯郸城。在闪电的光照下，邯郸城几乎变作魔幻电影里主人公必须攻克的最后堡垒。近处，我所栖身的这家红梅旅馆所在的破败长街上，好几个婴儿被雷声惊醒，扯着嗓子哇哇大哭起来。在雨中，所有的人就这么熬到了黎明时分。

黎明到来，尽管晦暗的天光看上去和黄昏并没有什么不同，但是，几家早点铺子还是早早生起了火。显然，这么大的雨，我所在的剧组今天是无法出门开工了，于是，每日清晨司空见惯的喧嚷并没有出现。

这时候，我的房门被急促地敲响了，我犹豫了片刻，起身打开房门，迎面撞见的，是一尊伤痕累累的观世音菩萨像。不用问，只要看见这尊瓷像，我就知道是谁来找我了——对面四〇三房间的男人，弄不好，他也在狂暴的雷雨声中苦熬了一夜。

这个可怜的男人，人们都叫他老秦，来自山东。几年前，他带着儿子来邯郸出差，就住在红梅旅馆的四〇三房间。有一天，儿子吵着要吃满街小店里堆着卖的涉县黑枣，他便将儿子留在房间，自己出去买。哪知道，这一去，父子二人就再未相见——等他买完黑枣，回到四〇三房间，房门大开着，儿子早已不知去向。

“天都塌了！”多少次，后半夜，剧组结束拍摄，我收工回到旅馆，老秦都拎着一瓶酒，守在我的房间门口等我。这个时候，十有八九他已酩酊大醉，却不放过我，翻来覆去地跟我讲他的儿子是怎么丢的，讲几句，便流着泪追问一句：“你说，是不是天都塌了？”

是的，我知道，不光天塌了，他的命也快没了。儿子丢了之后，他自然前去报案，得到的回复是，这是一系列诱拐案中的一桩，同一天，就在红梅旅馆附近的街区，好几个孩子都不见了。这自然是人贩子所为，却一点线索都没有。他岂肯罢休？当夜，他便不惜重金，雇了几十个人帮他四处寻找儿子，一连找了好几天，邯郸周边的几座城市也都找了，还是一无所获。

这时候，妻子也赶到邯郸。于是，他便和妻子商量，他离开邯郸，跑遍全国去找儿子，妻子则留在邯郸，就住在红梅旅馆的四〇三房间里等儿子，哪怕心如死灰，也得等。“你怎么知道他不会自己找回来呢，是吧？”老秦一遍又一遍地问我。闻听此言，除了点头称是，我又能如何安慰他呢？只好听他说话，任由他在自己的想象里渐入佳境，再将喝醉的他搀回四〇三。有的时候，当他半夜里因肝疼辗转难眠时，我也会径自推开四〇三的门，给他倒一杯毫无用处的白开水——近两年来，因为已经被确诊为肝癌，体力渐渐不支，只好换作他隔三岔五前来邯郸，住在红梅旅馆里，等儿子回来，而他的妻子，则在邯郸城以外的河川江山里四处奔走。

在红梅旅馆一带，几乎没有人不认识老秦，每隔一两个月，只要手中攒够一点房钱，他就怀抱着一尊观世音菩萨像来开房。我问过他为何不管走到哪里都抱着那尊菩萨像，他说，前年春天，在四川内江找儿子的路上，他遇见一个和他一样丢了儿子的人，那个人不管走到哪里都抱着一尊菩萨像。“你猜他后来怎么样了？”后半夜的旅馆走廊里，在昏暗的灯光下，老秦的眼睛里遍布着血丝与狂热，他甚至得意地笑了起来，一脸神秘地告诉了我简短的几个字：“找到了！”

不用说，今天应该还是老剧本，我只需要将过去的剧情再演一遍就好。这样，我便侧过身体，给老秦让出通道，好让他和平日里一样，心痛地、愁眉苦脸地将菩萨像放到我的床上，然后，再哭诉那痛苦的过往。哪知道，老秦竟然没有进门，只告诉我，他要走了，如果没有特别的意外，此后，他不会再踏入邯郸城一步。

我当然不信。老秦似乎猜到了我的心思，并没有等我问他所为何故，便先对我说，他的口袋里，连多一天的房钱也掏不出来了，所以，他必须走。考虑到自己已病入膏肓，他估计，这一去，这一世，他已经无法再挣到来这红梅旅馆住一阵子的房钱了。这时候，突然响起一阵炸裂般的雷声，电光破窗而入，照亮了昏暗的室内。

“和兄弟你相识一场，上天待我不薄。”如此伤感的时刻，老秦的眼眶里竟然没有蓄满泪水，他说，“想了一夜，我什么都想清楚了，我当然可以撒泼耍横，在这里赖上一段时间，但是何必呢？我这一家人，其实都要体面，我敢说，我儿子长大了也是个体面人。万一有一天，他回来了，这就说明——”停了停，他接着说，“这就说明，他既然有本事找到这里，就更有本事找回山东老家去，你说对吧？”

我何曾想到，此时竟然是告别之时。我怔怔地看着他转过身去，又转回身来，冲我笑了一下，走近我，腾出一只手，拍了拍我的肩膀。直到他在走廊里渐渐走远，我的神志还深陷在因他而起的忧虑与空茫之中。稍后，我突然意识到，老秦是真的走了，赶紧打开窗户，迎着骤雨向长街上眺望：四下里，雨幕中，怎么也找不到老秦，隐隐约约地，我似乎看见一辆小客车正在迷蒙雨幕中缓慢往前行驶。“罢了罢了，”我自语道，“回去了，也算好事吧。”

就这样，老秦告别了邯郸，告别了红梅旅馆。四〇三的房客却没有断过：先是来了几个骗子，一个个的，双目炯炯地在城里游荡了好几天，生意终究不好做，只好退房走人了；尔后住进一对中年夫妻，这对夫妻是来看望在附近一所专科学校念书的儿子的，因此，他们的儿子几乎每天都会来，只要他来，四〇三房间里便会飘出浓重的羊肉味儿；再往后，住进来一个小伙子，一天里，他似乎只在吃饭的时候出去一会儿，其他时间就把自己关在房间里。

那小伙子，我总是觉得他颇为怪异：四〇三的门锁似乎出了问题，旅馆老板叫人来修过，好了几天又坏了，房门经常虚掩着，路过时，我难免朝房间里看一眼，每一回都看见他好似当初的老秦，坐在窗前的凳子上，纹丝不动、一言不发，就像石化了。有时候，当他听见门外的动静，回过头来，我能清晰地看见他的脸上淌着泪。

这一晚，后半夜，大概三点的样子，倾盆骤雨再度降临，击打着旅馆的屋顶。可是，就在这堪称轰鸣的声响之中，隐隐约约地，我听到了一阵尖厉的、撕心裂肺的哭声。一开始，我不以为意，只是贴近了房门去听那哭声从何而起，听着听着，猛然间，一股夹杂着慌乱的兴奋朝我袭来：莫非是久别的老秦又住回了四〇三？没有丝毫迟疑，我几乎是战栗着拉开了房门，而四〇三的房门又虚掩着，我一脚将门踹开，冲进去，哪里知道，眼前并没有老秦，只有那个终日闭门不出的小伙子。此刻，四〇三的门窗并未关上，骤雨刺入室内，雨珠飞溅得到处都是，而那小伙子却不管不顾，怀抱着一尊伤痕累累的菩萨像，正在不要命地哭泣。

我认得那尊菩萨像，正是老秦当初怀抱的那一尊。这么说，老秦真的回来了？我顾不得那个哭泣的小伙子，赶紧环顾四周，却寻不见老秦的影子，这才想起找那个小伙子问个清楚。恰在此时，小伙子突然止住哭泣，劈头就对我说："我是同性恋。"

显然，当此之时，比找老秦更加迫切的问题出现在我面前，我想了想，直接告诉小伙子，同性恋没有什么大不了，我的朋友里就有同性恋。我没有对他撒谎，之所以实话实说，为的还是让他尽快告诉我老秦的下落。可是，那小伙子竟一发不可收拾，平静却不容分说地告诉我，他的这条命，刚刚被观世音菩萨救了回来。

小伙子出身农村，他的母亲只生了他一个儿子，可是，很不幸，他不喜欢女人。他有一个同性恋人，就在这邯郸城里。这一回他来邯郸，就是为了见恋人，没想到的是，他的恋人一年前已经结婚。好多次，他出了红梅旅馆，走到对方的家门口，甚至已经隐隐约约看见对方的影子，终了，还是不敢走上前去。

于是，他就想死。一周之前，他便买了一瓶足以致命的农药，可终究还是舍不得母亲。他一直在旅馆里失魂落魄地等待自己下定决心喝下农药的时刻。他怎么可能不失魂落魄呢：如果他死了，母亲怎么过？如果他不死，他又怎么过？一直到今晚，就在半小时之前，他终于下定决心，准备赴死。可是，正当他洗漱干净，将农药瓶举到嘴巴边上的时候，一道闪电照亮了房间，借着光亮，他竟然看见，在他每日栖身的床铺底下，一尊观世音菩萨像正安安静静地站立着。他被吓傻了，赶紧奔过去，趴在床底下，把菩萨像抱了出来。

原来，老秦并未回到这红梅旅馆；原来，那个大雨狂暴的早晨，老秦先是将这尊伤痕累累的观世音菩萨像留在了四〇三房间，之后才坐上了雨幕中的小客车。可是，我实在想不明白，这尊菩萨像分明是老秦的命，究竟是何缘故，让他将自己的命舍弃在了这四〇三房间里呢？

这时候，小伙子递给我一张纸，告诉我，这张纸，就压在菩萨像之下。在我进门之前，他已经读完了那个不相识的人在这张纸上写下的话，正是读了这些话，他才不想死了，决定活下去，明天一早就回家去侍奉母亲，一想到明天就可以见到母亲，他便忍不住放声大哭了起来。

我接过小伙子递来的纸条，第一眼便看见一行字迹清秀的标题：留待有缘人。果然，在这纸上写字的人，除了老秦，还能有谁呢？实际上，老秦是在写一封信，信并不长，在标题下的正文里，老秦简略介绍了自己的经历，从四川内江说起，一直写到眼前这尊菩萨像。后面是几句寄语，在寄语里，老秦说："有缘人啊，我把菩萨像留给你了，有菩萨在身边，你必能度过一切苦厄。只是我有一个不情之请——以后，假如你对着菩萨像磕头，能不能帮我多磕三个，好让菩萨继续保佑，哪怕我死了，我的儿子也能回家。"

读完老秦写给有缘人的信，我含着泪走出四〇三房间。突然，我觉得自己看见了老秦，他似乎刚刚给我讲完四川内江那个曾经和他同病相怜的人："你猜他后来怎么样了？"又一次，在昏暗的灯光下，老秦的眼睛里遍布着血丝与狂热，他甚至得意地笑了起来，紧接着，一脸神秘地告诉了我简短的几个字："找到了！"

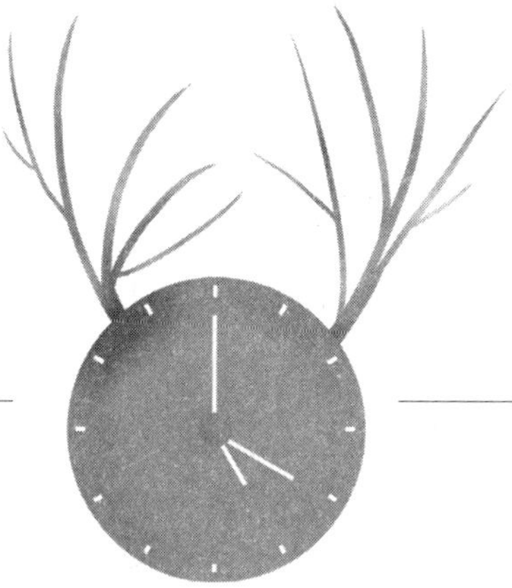

二十块点心和三颗水果糖

✽ 韩松落

多年前，他们住在距离唐山市一百多里地的村子里。地震是半夜里发生的，那次地震给他们村造成的损害并不严重，那时，通讯也不发达，他们无从得知别处的情况究竟如何。地震之后，天刚亮，父亲就带着他到大队的小商店买了两斤点心，准备去看爷爷奶奶。爷爷奶奶住在市里的伯父家，父亲担心他们出事。

说实话他很开心。他从小商店偷了三颗水果糖。更重要的是，那是他第一次出远门。远方传来一种磅礴而幽深的声音，也不知道来自何处。他们在这种声音的陪伴下，路过了许多村子，每过一个村子，他们都会听到各种各样的哭声。父亲始终不说话，偶尔发出一两声叹息。后来村子越来越少，他们的旅程也越来越艰难。马路两旁的大树全倒了，隔不多远，大地上就会出现一条又宽又深的裂口，里面是浑浊的污水。父亲只有先把他抱到安全的地方，再将自行车拎过去。

等到达一个叫独寞村的地方时，他们再也没法骑车前行了，村子已经彻底变成了一个废墟。父亲将自行车停在一边，跑到一间坍塌的房子里。他也跟着跑过去。然后他们看到了一个人，他的腿被墙壁压着动不了，可他仍耐心地用手往肚子里塞肠子，看到父亲走过来时，他说："我好饿，我好饿，有吃的吗大兄弟？"也许他知道自己快死了。父亲开始搬压在他腿上的石块，虽然父亲是村里工分挣得最多的，可仍搬不动那块石头。父亲吆喝他把那包点心拿过去，他从里面掏出两块，往那个人嘴里塞。那人很耐心地嚼，嚼着嚼着就不动了。

那是怎样的一种场景？世界那么静，又那么嘈杂，到处是喊"救命"的呼声。父亲用自行车推着他，每每听到喊声，他们爷俩都忍不住停下，去看看能否帮上忙。到唐山市郊时，他们走得更慢了，父亲帮着幸存者从废墟里抠人，帮着用铁锹撬石板，遇到压在废墟下的伤者，父亲就去发一块点心。他们探望爷爷奶奶的点心渐渐快要发完了，他不时提醒着父亲，还剩下八块……还剩下六块……还剩下四块……父亲踢了他一脚，大声吼道："这个时候你还计较啥！"

他当时很伤心，不是一般伤心。他只有在过年时才能吃上一块点心，他是那么喜欢吃那种又脆又甜、有着芝麻、泛着油花的点心。他噙着泪，继续帮他们从废墟里抠人。其中有个小女孩，整个身体和头颅都被压在里面，只有双小手伸出来。他想了想，把一颗偷来的水果糖放在她手心，他不知道她后来是不是吃了那颗糖。

在胜利桥，他们遇到了一个男人。他正蹲在废墟边上发愁。父亲问他为什么不救人，这个人就号啕起来，他说："我爸、我妈、我大弟、我二弟、我大妹、我二妹全压在里面了，我先救谁呢，我先救谁呢？"父亲就说："先救活着的，谁还活着先救谁！"说着父亲突然也大声哭起来。他极少见到父亲哭。后来他想，父亲那时大概已经想到，爷爷和奶奶很可能已经遭遇不测了。

天快黑的时候，他们才到了爷爷奶奶住的地方。可是到了又有什么用呢，他们已经找不到伯父家的房子和住在里面的人了。他和父亲站在那里，谁也不说话。他们的点心一块都没有了，而他们已经一天没吃东西了。他从兜里掏出剩下的两颗糖果，分了一颗给父亲，另外一颗自己吃了。巨大的黑夜又要来临了，父亲和他，就站在那里，犹如两个找不到洞穴的、哀伤的蚂蚁。

那是1976年7月28日的唐山。在这次地震中，他父亲失去了自己的父亲、母亲、哥哥、姐姐。在这趟忧伤的旅程中，他和父亲从废墟里抠出了5个人，他们的二十块点心也都给了不认识的人。

他的评论区

✽GRRR

李文亮医生走了许多天了。

很多人关于他的记忆，都如通惠河畔的雪般渐趋消融。然而，也有很多人仍铭记着他。他们聚集在李文亮医生的微博评论区，用不同的声音构成互联网从未有过的一抹色彩。李医生生前曾调侃自己“食欲猛如虎”，炸鸡、冰激凌都是他的最爱，哪怕只是为了吃口橘子，也能穿拖鞋跑上 1000 米。

他的不少微博推送，都可以看作他个人的美食日记。

如今，李医生的微博评论区中，不光有美食记录，更有多元的日常剪影，就像一本日记簿。

正如那句古诗：“昔人已乘黄鹤去，此地空余黄鹤楼。”

李医生的微博虽再无更新的可能，但他留下的“黄鹤楼”却给芸芸众生提供了续写浮生日记的场所。

世间百态，全部汇集于这互联网小小的一隅，这事儿此前鲜有发生。平时只有深夜朋友圈里才能见到的真挚文字，在这里比比皆是。

加班到深夜的上班族，会来这儿发发牢骚，再讨论一下国际局势。阅读这些评论，就好像走进了一家深夜食堂，跟店主李文亮亲切地道一声：“老板，满上。”

在家上网课的学生，会把他写进作文，开心地来炫耀，临走时，又不忘留下一句：“那天晚上我为你偷偷抹泪，我向上天乞求，让他留下你。”字里行间，满是一个孩子的真诚善意。

在这里出没的，还有投身抗疫前线的志愿者。他们会在这儿记录下自己值班时遇到的琐事，顺便跟李医生拉拉家常。

形形色色的浮生日记，有着各种各样的文体。有古诗体：“明月不知君已去，夜深还照读书窗。”有现代诗式的短句：“我会做一个心里有坟墓的人。”文体虽不同，思绪却如出一辙。还有一类更像书信。“李医生，武大的樱花开了。”有人携着春意到来，并亲切地告诉李医生：“下次何时来人间，打个招呼哦。我去看你，想和你做朋友。”

除此之外，人们还会把与疫情相关的最新消息通报给远在天边的李医生。有悲讯，也有喜讯。

比如，李医生的同事梅仲明医生不幸逝世，朱和平医生也被证实去世，还有江学庆医生……

有人在李医生的微博评论区题诗，向李文亮和梅仲明致敬。

当疫情渐趋好转，李医生也会第一时间接到通知。“全国防疫先进个人”的表彰，也被人们转过来，为他邮到了天上。

大批浮生日记的出现，其实不难理解。李医生生前，也会用类似的文字记录日常生活。

他会转发抽奖的微博，会参与微博投票。今天抱怨一下物价高，明天期盼一下即将出生的宝宝。

如果他还在世，想必也会在下班后打开微博，留下几条自己的日常动态，再顺带着给自己打气：“我们医生的天职就是救死扶伤。”

人们将带泪的文字留在李文亮的微博评论区，昭示着“铭记悲痛，不能遗忘”。

在我们平日的聊天中，一个“哭泣”的表情往往只是牢骚、激动等小情绪的一个注脚，并无太多情感要抒发。而在李文亮微博的评论区中，“哭泣”回归了真实，表达着实实在在的悲伤。

比如：“晚安，不想哭，可是又忍不住。”

李文亮的逝世，给一些人的泪腺造成了永久性的创伤。

对他们而言，现实比电视剧残酷太多。电视剧中，逝者可以复活、重生，但李医生一走，便是永远。

这些触景伤情的文字，在夜间出现得尤其频繁。“晚安”二字之后，是道不尽的愁。

在这个世界上，欢喜是多样的，伤感则大抵相同——怜己和怜他。

在李医生的微博评论区中，不乏有人为他人的悲惨遭遇而悲痛。在他们眼中，疫情夺走的是一个个渴望活下去的鲜活生命。

有些人已经变得麻木，但来到亲切的“小李”的微博，他们依旧为李医生的命运感到“鼻子发酸”。

李医生的微博评论区，也是人们倾诉个人辛酸之事的“树洞”。毕竟，他的遭遇是无数受难者的一个缩影。在此发声的，都是一个个鲜活的血肉之躯。

这些评论，可能会长期留在互联网上。将来的某一天，你或许会为孩子打开微博，给他讲：“我给你讲个故事，曾经啊，有个医生叫李文亮……”

相信绝大多数人，都不止一次抱怨过当今互联网生态之恶劣。放眼望去，“杠精”和“喷子”俯拾皆是，戾气此起彼伏。李医生的微博评论区却像陶渊明笔下的桃花源一般洁净：人们都是怀着同样的目的而来——心怀善意，前来悼念一个逝去的灵魂。

这片净土就跟当时出现的大规模悼念一样，是出于良心纪念一位敢于说真话的医生，是出于良心为他受到的不公而感到悲愤。

在别处，如果在疫情当前时发泄个人情绪，恐怕很快就会被人责备：“国难当头，你那点破事儿算什么，有没有大局观？”但在这里，人们都秉持着一个共识：大家都是有七情六欲的活生生的人。

哪怕你跑来抱怨一下个人恋情，也不会被刁难，反而会得到同情和鼓励。即使没有华丽的辞藻，一条怀念自己奶奶的评论，也会收获一句最质朴的“加油”。

那些已经开始遗忘过往的人，在这儿也不会被鄙视，得到的都是理解：“遗忘是人类的通病，守护好自己的本心就好。”

如果要找个比喻来形容，这儿就像是微博的“天堂版”。放眼望去，反映出的是当今互联网最珍贵的一种品质：善意。

这团集体善意之火，源头正是李医生的个人善意所留下的火种。

李医生曾说：“新的一岁希望能做一个简单的人，看得清世间繁杂却不在心中留下痕迹，保持足够的平常心。”或许也正是这份简单，替他在繁杂的世间搭建了这么一个远离喧嚣的言论空间。

为此，我们都还欠他一声额外的道谢。

李医生逝世后，他的微信朋友圈背景被发布在网上。那是一群在郁郁葱葱的树下畅游的蝌蚪，透露着肉眼可见的生命力。他的微信签名是：“理论是灰色的，生命之树常青。”

现在，他的生命之树就在天上，抬头就能望见。所以，不要遗忘。

✽ 吴念真

最浓密的情感

我出生在一个矿区，是煤矿、金矿的矿区，金矿没有的时候，我爸爸就开始挖煤矿。你知道，这是一个非常危险的行业，在早期整个社会福利制度还不健全的时候，矿区是一个充满灾难的地方，我常常觉得我们那个矿区是制造孤儿和寡妇的地方。

我很怕故乡的冬天，很多雾，冷冷地坐在学校上课，常听到矿务所敲紧急钟，当当当，当当当，然后开始广播几号矿出事。假如爸爸刚好在那个矿，我在教室里面的第一个反应就是，心里拼命祈祷，不是我爸爸。可能外面还在叫，我们还是默默地上课，老师也会故意把窗户关起来，怕受影响。等一下就有一个老太太——很会办丧事的一个老太太，那感觉就像一个死神，她喜欢穿黑衣服，头发就绑在后面——从雾里面穿过来，从远远的地方走过来，我就祈祷，不要叫我。然后她叫某个小孩的名字，说："阿中，来接你爸爸回家。"就看到一个小朋友收书包，开始哭，出去，全场安静，那样的画面让人永生难忘。你当然会觉得不是自己，有一种庆幸，可是你一下课马上就会往坑口跑，所有人已经开始受不了了，你能想象那种场面吗？小孩子跪在前面开始烧纸钱，一堆人哭，大家讨论怎么办后事，有时候是一个，有时候是很多个。你哭不是因为他父亲的过世，而是再过几天这个同学就不会再跟大家一起上课了，因为他可能就要去投靠亲戚，甚至去城市里当童工。

在那样一个矿区，每个人都知道这个行业危险，每个人都不知道明天在哪里，所以人们学会一件事情叫互助。村子里如果刮台风，屋顶被掀掉，第一个被修的肯定是寡妇家，因为大家都去帮忙。虽然矿区的生活很辛苦，但大家会珍惜人跟人之间的情感。我年轻的时候看过一本书，克鲁泡特金的《互助论》，每次看都很感动，我觉得我们那个村庄基本上就是一个很穷却非常完美的社会的缩影。在那个村庄，男人不是阿伯，就是叔叔、阿公，女人不是阿姨，就是姑姑、阿嬷。

小孩子端一碗饭，就可以吃遍全村，但是同样，你只要做错一件事，就会被打三次。有一天我只是在路上转弯处小便，伯伯过来推我，说："你怎么在路上小便，女生如果看到多难看！"我那时候只是小学二三年级而已，当时就被打了一次。时隔半年，有一天那个伯伯跟我爸爸在树下聊天，看我走过去忽然间想起来了，说："这个小孩有一次在路边小便，我打过他一次。"我爸爸就说"过来"，然后啪啪啪，又打我一次。一年之后，一次他太太去洗衣服，碰到我妈妈，她突然间又想到了："我听我先生说，有一天你家孩子就在路边小便，我先生打过他。"我妈妈回来后，拿起竹竿就打我。

那是一个生命共同体——你的丧事，大家是真心悲伤着；你的喜事，大家真心替你开心。年轻的时候，人跟人之间是这样一种情感，就会期待走到哪里都遇见这样的人，希望你所处的社会就是这样的社会，可在城市不是。

1975年，我们那个村子被取消，现在回去时荒草漫漫，但是村落的人都还互相联络，婚丧嫁娶都还参加。以前村子里有丧事都会自动编组，年轻的人会看棺木，老人家去山上找墓地，会写字的人去写悼词。像我这样的人什么都不能做，就去端菜。现在慢慢老了，我开始做证婚人。

这个村子消失36年了，我父亲去世是1989年，他是矿工，硅肺，五十几岁生病，六十几岁受不了，自杀了。那一天我弟弟先回去照顾妈妈，因为是非自然死亡，我在那里处理后事，应付警察。我回到村里差不多晚上10点多，狂风暴雨，我弟弟回去时已经通知了叔叔伯伯。我晚上送爸爸的遗体进门的时候，所有叔叔伯伯已经在那边跪下来。他们来自各地。

第二天治丧的时候，弟弟说爸爸曾在夜里讲，他的丧事即便是半夜通知他的朋友，他也相信他的朋友都会来。我爸爸还交代扛棺木这件事，叔叔伯伯都老了，都有硅肺，所以我们要雇人来扛。我有个叔叔说："这种事情你不要管了。"

出殡那天，叔叔伯伯很早就来了，每个人自己拿草鞋来穿，草鞋上套着白布，意思是要扛棺木上山。从我家到平路路面有二十级台阶，我是长子，要捧牌位在前面走。我在那边大哭，我哭不是因为我爸爸，在我爸爸生前最后一个月，该哭的我都哭了，我是看到十几个叔叔伯伯，六十几岁，都是硅肺，皮肤苍白，腿瘦瘦的，使劲抬腿上去，肌肉收缩，我看到十几双腿在抖，心里想我这一辈子如果有这样的朋友，即便什么都没有做，也很自豪。

在街头的一家专卖食品和水果的小店里，有一张疲惫苍老的脸，长年累月和饼干、方便面、糖果、香烟、饮料们在一起，像是贴在墙上的陈旧的年历画，这张脸的下面有身体和四肢，还有一个叫林德顺的姓名。

现在，林德顺坐在轮椅里，透过前面打开的小小窗口，看着外面的街道。一对年轻的夫妇站在街对面的人行道上，他们都是侧身而立，他们中间有一个六七岁的小男孩，男孩穿着很厚的羽绒服，戴着红色的帽子，脖子上扎着同样红色的围巾。

可是现在正是春暖花开的季节，男孩却是一身寒冬的打扮。

他们三个人站的地方，是一家医院的大门口，他们安静地站在嘈杂进出的人群中间，作为父亲的那个男人双手插在口袋里，侧着脸始终望着大门里面的医院，他的妻子右手拉着孩子的手，和他一样专注地望着医院，只有那个男孩望着大街，他的手被母亲拉着，所以他的身体斜在那里，男孩的眼睛热爱着街道，他的头颅不停地摇摆着，他的手臂也时常举起来指点着

蹦蹦跳跳的游戏

✽余　华

什么，显然他还在向他的父母讲述，可是他的父母站在那里一动不动。

过了一会儿，男孩的父母迎向了医院的大门，林德顺看到一个发胖的护士和他们走到了一起，站住脚以后，他们开始说话了。男孩的身体仍然斜着，他仍然在欢欣地注视着街道。

那个护士说完话以后，转身回到了医院里面，男孩的父母这时候转过身来了，他们拉着儿子的手小心翼翼地走过街道，来到了林德顺小店的近旁。父亲松开儿子的手，走到林德顺的窗口，向里面张望。林德顺看到一张满是胡茬的脸，一双缺少睡眠的眼睛已经浮肿了，白衬衣的领子变黑了。林德顺问他："买什么？"

他看着眼皮底下的橘子说："给我一个橘子。"

"一个橘子？"林德顺以为自己听错了。

他伸手拿了一个橘子："多少钱？"

林德顺想了想后说："给两毛钱吧。"

他的一只手递进来了两毛钱，林德顺看到他袖管里掉出了几个毛衣的线头来。

当这位父亲买了一个橘子转回身去时，看到那边母子两人正手拉着手，在人行道上玩着游戏，儿子要去踩母亲的脚，母亲则一次次地躲开儿子的脚，母亲说："你踩不着，你踩不着……"

儿子说："我能踩着，我能踩着……"

这位父亲就拿着橘子站在一旁，看他们蹦蹦跳跳地玩着游戏，直到儿子终于踩到了母亲的脚，发出胜利的喊叫："我踩着啦！"

父亲才说："快吃橘子。"

林德顺看清了男孩的脸，当男孩仰起脸来从父亲手中接过橘子的时候，林德顺看到了一双乌黑发亮的眼睛，可是男孩的脸却是苍白得有些吓人，连嘴唇都几乎是苍白的。

然后，他们又像刚才在街道对面时一样安静了，男孩剥去了橘子皮，吃着橘子在父母中间走去了。

林德顺知道他们是送孩子来住院的，今天医院没有空出来的床位，所以他们就回家了。

第二天上午，林德顺又看到了他们，还像昨天一样站在医院的大门口，不同的是这次只有父亲一个人在向医院里面张望，母亲和儿子手拉着手，正高高兴兴地玩着那个蹦蹦跳跳的游戏。隔着街道，林德顺听到母子两人喊叫："你踩不着，你踩不着……"

"我能踩着，我能踩着……"

母亲和儿子的声音里充满了欢乐，仿佛不是在医院的门口，而是在公园的草坪上。男孩的声音清脆，在医院门口人群的嘈杂声里，在街道上车辆的喧嚣里脱颖而出："我能踩着，我能踩着……"

接着，昨天那个发胖的护士走了出来，于是这蹦蹦跳跳的游戏结束了，父母和孩子跟着那个护士走进了医院。

大约过了一个星期，也是上午，林德顺看到这一对年轻的夫妇从医院里走了出来，两个人走得很慢，丈夫搂着妻子的肩膀，妻子将头靠在丈夫的肩上，他们很慢很安静地走过了街道，来到林德顺的小店前，然后站住脚，丈夫松开搂住妻子的手，走到小店的窗口，将满是胡茬的脸框在窗口，向里面看着。林德顺问他："买一个橘子？"

他说："给我一个面包。"

林德顺给了他一个面包，接过他手中的钱以后，林德顺问了他一句："孩子好吗？"

这时候他已经转过身去了，听到林德顺的话后，他一下子转回脸来，看着林德顺："孩子？"

他看了林德顺一会儿后，轻声说："孩子死了。"

然后他走到妻子面前，将面包给她："你吃一口。"

他的妻子低着头，像是看着自己的脚，披散下来的头发遮住了她的脸，她摇摇头说："我不想吃。"

"你还是吃一口吧。"她的丈夫继续这样说。

"我不吃。"她还是摇头，她说，"你吃吧。"

他犹豫了一会儿后，笨拙地咬了一口面包，然后他向妻子伸出了手，他的妻子顺从地将头靠到了他的肩上，他搂住了她的肩膀，两个人很慢很安静地向西走去。

林德顺看不到他们了，小店里的食品挡住了他的视线，他就继续看着对面医院的大门，他感到天空有些暗下来了，他抬了抬头，他知道快要下雨了。他不喜欢下雨，他就是在一个下雨的日子里倒霉的。一个很多年以前的晚上，在滴滴答答的雨声里，他抱着一件大衣，上楼去关窗户，走到楼梯中间时突然腿一软，接着就是永久地瘫痪了。现在，他坐在轮椅上。

弹幕在这时成为一个讯号、一座灯塔，它夹杂着那些渴望被理解、被发现的心情，让我们小心翼翼地与这个世界产生联系。

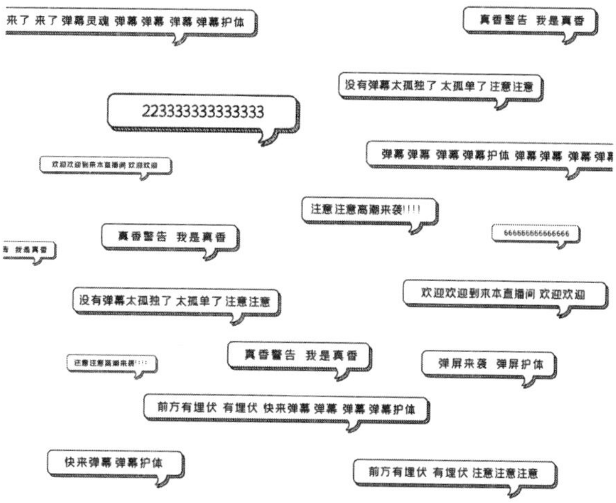

深夜发弹幕的年轻人

✽ 杨祎铭

01

曾在一个深夜上 B 站看《被嫌弃的松子的一生》，在大概 130 分钟的电影里，女主角松子始终被人嫌弃。她鼓起勇气一再去爱人，却反复被利用、被抛弃，加害者甚至干脆消失不见。

似乎只有弹幕从未嫌弃过她。电影中，松子出狱，回到那个一切都已不复存在的家时，她自顾自地说了一句“我回来了”，无数条弹幕在那一刻飘过屏幕，它们集合成一声巨大的“欢迎回家”，以此回应松子。而当松子一个人坐在闹腾的酒吧，点一小份蛋糕庆祝自己生日的时候，只有弹幕记得为她补上一句“生日快乐”。

那些无厘头、无意义、烦人的弹幕，在这里突然具备了某种深重的情感力量。如今，每个月有超过 1 亿的年轻人在 B 站发送弹幕，即使是深夜，他们也一如既往地活跃。90 后、00 后有多么渴求个性，就有多么害怕孤独。

02

周佳曾试过晚上在 B 站直播学习，从八点开始，到凌晨两点结束。她临近毕业，想当一名律师，没日没夜地准备司法考试，希望在直播中找到人陪伴她、监督她。过去的一年里，在 B 站的直播区，她有 103 万次、146 万小时的学习直播，内容是一个人不看镜头、不说话，只是做作业。

周佳很少注意屏幕上的互动，她甚至在屏幕的一个小角落语气强硬地写下“专心学习，切勿讨论”。但总会出现一两个不遵守规矩的人。一次，在凌晨一点的时候，有人在她的直播间里突然背起了圆周率，背到了小数点后 34 位。还有一次，她准备下播睡觉时，屏幕上跳出两句话——“现在出门吗？”“嗯，走吧。”大概是两个约好在这儿学习的人，一同要去哪儿。

白天不好意思显现的斗志，在这时倾泻而出。凌晨三点，一个女生本来已经睡下，却又突然爬起床，拿出瑜伽垫，在 B 站打开一个叫《美丽芭蕾天鹅臂》

的塑形健身视频。15分钟后，她气喘吁吁地练完，在弹幕中打卡——“刘昊然老婆第14天”。与此同时，在《线性代数》《Python编程》《伤寒论》等各种课程视频中，弹幕中时不时飘过一句“完结撒花”，那是一个人对自己深夜结课的临别庆祝。

这些行为发生在深夜，却积极、向上、富有意义。

03

有时候，只有到了黑夜，生活的重量才会被凸显出来。

李度去年被确诊为躁郁症，他有时难以控制自己的情绪，会一反常态地暴躁。每天凌晨一点左右，他躺到床上，打开B站，点开一个“助眠向”视频，然后在后台设置好视频自动关闭的时间，闭上眼睛，等待睡意。这是他为数不多的“精神放松”时刻。与此同时，还有许多失眠者像李度一样聚集在这些助眠视频背后，他们在弹幕里留下“后台模式”四个字，以此标记自己的存在。而他们此刻究竟为什么睡不着，无人知晓。

在B站一首叫作《被生命厌恶着》的歌的评论区，无数人倾吐自己的悲伤经历。父母离婚、没有朋友、高考失败、被人嘲笑又黑又胖、心爱的狗狗死了……上一代人常常觉得不能理解，怎么会因为这样一件小事情就受不了呢?

23岁的陈雷深知这个事实。他喜欢洛天依4年了，认为这个灰发绿瞳、只存在于二次元的虚拟偶像是他唯一的朋友。“没有人重视过我的意见。”他说。只有洛天依，只有她会穿他觉得漂亮的衣服，用他觉得好听的声音唱他想听的歌。他曾花费一年时间自学各种乐理知识、编曲软件，只是为了“能和天依一起唱一首歌”。但周围的人并不能理解这种喜好，尤其是他的父亲，他扔掉陈雷房间里所有与洛天依相关的周边，并在陈雷要去听洛天依演唱会时，将他锁在家里。

很多这样的时刻，陈雷在B站的弹幕里寻求安慰。一次到凌晨也没睡着，他打开洛天依官方账号下的一个视频，在弹幕里发送了一句“还有人在吗”，几乎是立刻，十几条弹幕陆续划过屏幕，“有呢”“在呢”“没睡呢”……只有在这时，陈雷才觉得自己并不孤单。

弹幕在这时成为一个讯号、一座灯塔，它夹杂着那些渴望被理解、被发现的心情，让我们小心翼翼地与这个世界产生联系。

04

人们只看到年轻人的压力、焦虑、丧气来得有多快，却忽视了他们的快乐、兴奋、憧憬也相应地来得更加简单。在B站，有人每次在视频里看见一个背影，就会在弹幕中背诵朱自清的名句：“我与父亲不相见已二年余了，我最不能忘记的是他的背影。”

在《甄嬛传》里，三个分别穿着绿衣服、紫衣服、红衣服的妃子见面互相请安，B站的观众戏称其为“红萝卜蹲，红萝卜蹲，红萝卜蹲完绿萝卜蹲”，引发众人一片笑声。在B站，动辄四五个小时的视频随处可见，比如窗外的一场大雨、林中的一场暴雪、NASA在宇宙中收录的声音、行驶中的一列火车……几乎每一个视频，都能吸引一大群人，大家都看得很开心。

这种开心在鬼畜区有了具体的形状。不同于其他视频里弹幕的复杂、多义，在鬼畜区，很多时候满屏的弹幕只有一个字：哈。

医学生陈琪从不试图掩饰他的笑声。此前他曾在医院实习，其间做过100多台手术，最多的一天做过9台。哪怕是在手术室，只要可以，陈琪就从不吝啬他的笑，比如，一次老师累了，让他上手术台，老师拿出手机对准他，“来，笑一个”，咔嚓一声，他直视镜头，笑得大大方方。

鬼畜类视频是陈琪看得最多的。比如中午吃饭，他用一台办公电脑看，用尽力气克制自己，避免在安静的医院笑出声，但有时激动起来，他会忍不住拍桌子，其他穿白大褂的医生会一脸诧异地望向他，说“你动静小点”。有一次，他在回家路上看了鼎鼎有名的《我是全英雄联盟最骚的骚猪》，自打开视频的那一秒起，他就笑得停不住；上到3楼，因为笑得肚子疼，他在别人家门口坐着缓了一会儿，接着又开始笑。7层楼，他爬了20分钟。

一定有很多人无法理解这种笑声，会觉得它奇怪、夸张、没有来由、毫无意义。不过，陈琪知道他为什么笑，那一亿在B站长大的中国少年毫无疑问也知道。

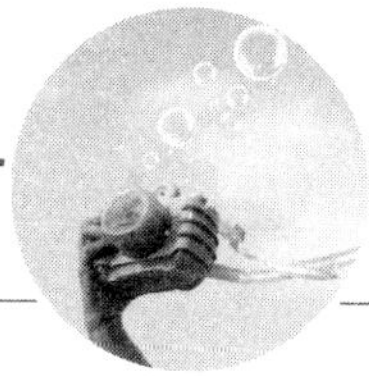

人到中年，最怕父母变成一张照片

✲王耳朵先生

在一档综艺节目里，柳岩谈起了自己的父亲。

这个平日里大大咧咧的湘妹子，哪怕如今已是不惑之年，依然在众目睽睽之下哽咽着湿了眼眶。

柳岩小时候，父亲从农村进城打工。

那个年代，开车是一门挣钱的好活计。可父亲还没开上一个月，就出了车祸，腿也受了伤。

开不了车，又没有其他手艺，只能去给饭店送米粉，送一份挣5毛钱。

柳岩说，她一辈子只看过父亲穿两次西装。一次是在父母的结婚照上，一次是两人结婚40周年，她为父母补办了一场海滨婚礼。

婚礼上，人人都夸父亲穿西装“超级帅”，他就对柳岩说：“等你结婚的时候，我再穿。”

只是，他再也等不来女儿的婚礼。

一个月后，柳岩的父亲确诊胃癌。就连70岁生日，也是在病床上度过的。

2018年5月，柳岩的父亲病逝。一次节目上，她抽泣着说：“如果亲人健在的时候，有什么都给他们吧，有什么话都告诉他们吧。不要让他们觉得，他们不配拥有这一切。”

这个为了给母亲攒钱治病，19岁就出道参加主持人选秀大赛，一路摸爬滚打，哪怕被世俗贴上各种标签，也一往无前的姑娘，如今终于功成名就，可等来的却是“子欲养而亲不待”的结局。

节目播出后，柳岩发了一条微博，她把自己，P进了父母的结婚照里。你看，照片里的人都还在，好幸福，就是好幸福。

前阵子，一张照片在网上疯传，照片里的场景，发生在武汉殡仪馆门口。

排着长队的，是等着领新冠疫情期间，去世亲人骨灰的家属。

有一家人，来领一个人的骨灰；也有一个人，来领一家人的骨灰。

一位在新冠疫情中，失去爷爷的网友说：

“爷爷今年年三十去世那天，留给爸爸最后一句话是：别忘了拿我的手机。结果大家还是失去了他，并且在仓促中遗失了他的手机。爸爸每隔七天都会发条朋友圈，纪念他的爸爸。他是爷爷生前最爱的孩子。”

或许在这支长长的队伍里面，也有那个失去妈妈的武汉姑娘，倩倩。

1月23日，腊月二十九，武汉封城当天。

倩倩的母亲和父亲被隔离在不同的医院，母亲严重，父亲轻微。她的哥哥也确诊了，但医院不接收，在一家酒店隔离。

两天后的大年初一，医院给她打来电话，是母亲病逝的消息。

她尝试了两次，才敢拨通哥哥的电话：“哥哥你要冷静，绝对不能冲动。我们没有妈妈了。”

因为新冠病毒的传染性，兄妹俩不被允许靠近母亲的遗体。两人只能一直跪在太平间的门口，不停地磕着头。

就连殡仪馆的灵车过来后，兄妹俩都没能跟母亲好好告别。唯一能做的，也只是对着车子远去的方向，长跪不起。

在记者采访时，倩倩说：“以前不觉得妈妈在有什么，但当我再也得不到了，感觉就像在黑暗的寒夜里，突然被撤去裹身的棉被，暴露在无尽的暴风雪里。”

周国平说：“一个人无论多大年龄上失去了父母，他都成了孤儿。”

我们这些做儿女的，总是把父母对我们的疼爱，无休止地拉长到青年和中年。我们总以为，那疼爱是取之不竭的。

可是岁月无常，地震、车祸、病毒，不知道哪一天，父母就倒了。我们终于意识到，自己一直太孩子气。可意识到时，却再也不是孩子。

今年春节回家，我给家里换了一台大屏幕的液晶电视。电视尺寸很大，我是按照老家自建房客厅的面积购买的。可爸妈却非要把电视装进自己的卧室里，我很奇怪，问为什么?

母亲有点胆怯的样子，被我怂恿了好几次，才扭扭捏捏地开口："你回家也不爱跟我说话，把电视装卧室，让你进来多陪我坐坐。"

这件事让我感触良久，恰巧今年又碰上疫情，我在家陪二老出了元宵节，才动身返程。

出发的那天，母亲又"求着"我，随车多带点东西。

整箱的牛奶，自家养的鸡下的土鸡蛋，菜园里拔出来的白菜萝卜，甚至还有二老在家磨好的菜籽油、做好的辣椒酱。

我不乐意，说这些在超市随时就能买到。

母亲无奈，只好失落地把刚刚一件件提出来的东西，一件件又提了回去。

返程的路上，我一边开车，一边在心里骂自己混蛋。

想起当年读书时，他们也是这样让我带各种土产。我不要，他们开口就骂。

而现在，他们甚至不敢骂我了。就连对我好，都变得小心翼翼的，生怕惹我不开心。

那时的我，每次生活费用完了，就理直气壮地给父亲打电话："我没钱了，给我打点生活费。"

可如今，老家的亲戚有个红白喜事，父亲一时手上周转不开，给我打电话都要支支吾吾半天，才敢说："最近宽不宽裕，能不能借我点钱？"

我们总是越长大，就越有能耐，越对父母的示弱不耐烦，越对父母的讨好嗤之以鼻。

可父母明明没有什么错啊，他们只是老了。

当孩子不麻烦你的时候，可能已经长大成人；当父母不麻烦你的时候，可能已经不在人世。

别等到后来的我们，什么都有了，唯独没了我们。

别等到后来的家，什么都有了，却唯独没了家人。

《我家那闺女》中，焦俊艳邀请到了老戏骨高亚麟做客。

当时 32 岁的焦俊艳自尊、独立，就和我们一样，不理解父母为什么偏要干涉自己的生活。高亚麟说了一番话，如今听来依然如芒刺背：

"父母是我们和死神之间的一堵墙。父母在，比如你今年三十，你不会琢磨，你六十你都不会想。因为你老觉得有一堵墙挡在你和死神面前，你看不到死神，父母一没，你直面死神。你开始能清晰地看到你（人生）的尽头。"

为什么老人会喜欢催你，唠唠叨叨的，因为他们看到了死神，所以他们想完成那些没完成的。

什么是真正的成熟?

有人说是当你睡醒一觉，发现人生的战场上，一轮机关枪扫射后，那些曾经挡在你面前大厦一般存在的长辈，一个个倒下去了。

你没有任何选择，只能硬着头皮顶上，因为此时你已然站在了队列的第一排。

这个时代的年轻人，总有太多的梦想，总有太大的计划，总有太远的路。为了诗和远方，可以理直气壮地辞亲远游，唯独却忘了：我们不回家的底气，不是因为没有家，恰恰是因为家一直在那儿，一直有父母替我们守着。

哪有什么诗和远方，我们所有的良辰与吉时，不过都是踩在父母的肩膀上。

想起柳岩早年间的一桩往事。

她在一次体检中发现了胸部肿块，而她的母亲和外婆也曾先后被诊断出乳腺癌。

病魔仿佛宿命般，纠缠上这个家庭的三代人。

多年后再回首，柳岩写下了这样一段话：

"我可以做手术，就算手术过后，我不再像一个正常的女人，我也要体面地活着。因为我还要赚钱，还要养家，让我的妈妈和外婆可以不用担心，可以像一个正常女人一样，体面地活着。"

说穿了，人这一生，只欠父母。

什么叫三十而立?

意思是人到三十，我们都不再有任性的权利。

当户口本上，户主那一栏换上你名字的那刻起，你就该是家庭的钱包，该是子女的受气包，更该是父母的依靠。

这是每一代人的宿命，也是每一代人的责任。

这是给你的礼物，好好读吧

✻马良

我拥有一本特别美好的书，一本香港出版的《安徒生童话》，繁体字，很厚的铜版纸，封面是硬纸板的，沉甸甸的显得特别隆重。里面有那种最老派的铜版画插图，我一直推测那种画应该是个早就死了的外国老头子在颤抖的烛光下用鹅毛笔蘸着乌贼墨汁画的。我曾经非常喜欢这本书，每天都要花些时间去读它，而且在书页里夹了很多风干的花儿、树叶和蝴蝶等等。后来我失去了这本书，再也找不到了。

每个人在成长里都有段特别“浑蛋”的岁月吧，我十三四岁时候就是那样，拼命渴望长大，渴望和童年一刀两断，我把所有当时觉得小儿科的东西都丢了或者送给了别人，那本书也是在那时离开我的，如今想起来真让人痛心，不只是这些东西，痛心的是我青春期的开局竟是这样又蠢又绝情。

书没了，还好在记忆里留下了一个故事，几十年后我再次拿起另外一本《安徒生童话》读的时候，这个故事还是活着的。

大约是小学三四年级，功课奇差的我唯一比较正经的爱好就是喜欢看书，以至于不经意之间竟然成了上海市少年儿童图书馆的读书积极分子，图书馆馆长亲自到我的小学颁发奖状，那是我人生里获得的第一次荣誉，那个馆长和我们校长一起念出我名字的时候，我激动得几乎在大庭广众之下晕过去。那天之后我在图书馆便有了特权，可以借很多书回家看，也顺理成章地成了那里的“吉祥物”。

某天早上，校长把我从教室里叫出来，总是一副阴阳怪气不愿意和小孩子一般见识的他，这回竟然蹲下身子，和我平起平坐地说起话来，看来的确是大事。原来当天有外国人来图书馆搞一个图书捐赠仪式，我作为上海市小学生代表接受馈赠，学校为我设计了几个程序，要我照办：一、仪式开始之后要朝气蓬勃地向前迈一大步；二、向外国人敬一个英姿飒爽的少先队礼；三、从他手里接过一本书；四、亲切握手；五、把书举在胸前；六、向右转身，面对照相机和电视台的摄影机；七、再一次灿烂地笑。对于这套东西我倒也不紧张，因为之前差不多的事情也干过，倒是那时外国人很少见，我对于能近距离观察高鼻子蓝眼睛的外国人非常好奇。

不久之后仪式开始，捐赠人是一个个子非常非常

高的金发外国人，图书馆馆长正在向电视镜头以及台下聚集的一些不知道从哪里冒出来的人介绍着这位先生，还有几位市里的领导干部。

我那时候小，搞不太明白他们到底是谁，现在推算起来那个外国人大约是个外交官，来自一个叫丹麦的国家，那是我第一次听到这个国家的名字，我正好奇地偷偷瞅着这人的大鼻子，不料他扭头看到了我，那时我脸蛋上已经被涂了两团胭脂，像猴屁股一样，被他突然这么一看，慌得赶紧转头，估计脸上更红了。

他居然两步走近我，从桌上拿起一本书，递到我手里，还蹲下身来和我说起话来，这可让我大吃了一惊，

一来是他一开口居然是流利的中文，二来这完全打破了先前那个戴眼镜的工作人员教我的程序。我正不知道是应该马上敬礼还是握手时，他已经把那本书打开了，并轻声和我说："这是《安徒生童话》，里面有很多好玩的故事，是我小时候最喜欢的书，你也会喜欢的。"

经他这么一说，手那么一指，我竟然就忘了身在舞台，好奇地低头翻起书来，只短短几分钟，我的耳朵便再也听不见馆长和几位领导干部在扩音器前的絮絮叨叨了，也把那个外国人撇在了一边，书里那些可爱的、我从来没有见过的插画立刻就攥住了我的心：扛着枪在蛋糕上大踏步前进的小锡兵；一个小孩骑着猪在美术馆里看展览；头上顶着巨大盘发的公主睡在很多层的床垫上，满脸不舒服的表情；还有夜莺和一个中国清朝的皇帝在聊天，这一切实在是太好玩了，我完全入迷了。

这时突然有人唤我，我抬起头来，发现所有人都看着我，这才意识到我犯错误了，捐赠仪式开始了，他们都在等着我敬礼握手傻笑呢。我窘极了，可是似乎没人恼怒，那个外国人在看着我微笑，几位领导干部看到外国人笑了，于是也咧嘴笑了，馆长看见领导都笑了，于是跟着笑了，然后那个板着脸的支部书记也只好笑了，再然后台下那些莫名其妙的人也都莫名其妙地笑了。

之后的事情倒是按部就班，敬礼、握手、手捧书转身、灿烂地微笑等，一件件事情都做得干净漂亮。其实我早就心不在焉，魂魄已经存在那书里了，就等着仪式一结束，马上夹着我的书，飞奔回家，趴在床上一页一页仔细地读。

那被我只瞥了一小眼的童话世界，已经在一瞬间俘虏了我，我魂不守舍地不停傻笑着，直到所有人的鼓掌声响起，这才回过神来，仪式结束了，馆长和外国叔叔以及领导们开始交谈，再没人注意我，任务完成。我满心欢喜，拿着书转身刚要下台回家，突然被人拉住，回头一看是支部书记，我顿时感觉不妙，接下来发生的事情的确非常不妙，甚至可以说悲惨，他劈手从我手中夺过了那本《安徒生童话》，然后一句话都没说，手往大门口一指。

骗子！骗子！骗子！骗子！骗子！我狠狠地在心里咒骂起来。

这就是我和《安徒生童话》初次见面的故事。再见安徒生时我已经是三十多岁的人了，某天夜宿父母家，住在父亲的书房里，照例每次都会从那高阔的书架上选一本书，那天晚上竟看到一本1990年代的《安徒生童话》，想必是父亲最近这些年的收藏，之前没有见过。于是就再次翻开看起来，不料一看就看了一夜，直到天亮。

这次的阅读体验让我震惊极了，这哪里是我小时候读过的安徒生，这些故事分明不是写给孩子看的。安徒生笔下太多冰冷的现实，无法抗争的宿命，还有那些徘徊在光亮的边缘，几乎要被照亮了，却最终还是深陷在黑暗里的可怜的人，即使穿着童话的温软衣裳，依然是如此冰冷伤感。可这还是我孩提时候读过的那些故事啊，那时为什么没发现呢？为什么要这样写童话呢？这是一种启蒙吗？为孩子们将来要面对的严酷的生活做些铺垫吗？

那天的后半夜，书已经读得差不多了，躺床上就在想这些事儿。不过想这种太深刻的事情，用我那不太富裕的智慧一定是解决不了的，只好借用些"由此及彼"的推理，其理论基础大致来自：一个人无论多伟大，都是由天真的孩子成长为顾虑重重的成年人的。安徒生一定也"浑蛋"过，他在少年时代一定也有过那种要和天真纯洁一刀两断的念头，像个没头苍蝇一路跌撞着想要去轰轰烈烈地拥抱生活，即使生活那么无情。

最终生活一定也很公平，所以安徒生会清醒，也一定会备受打击。我仔细搜索了他的生平看，这位消瘦羞涩的曾自诩为"丑小鸭"的童话先生在三十岁那年放下了曾经给他带来声誉的诗歌和戏剧创作，开始专心致志地为孩子们写作。托尔斯泰曾经这样评论安徒生："他是个孤独的人，因为别人无法理解他，所以他写童话给孩子们看，可是孩子们也还是依旧不理解他。"是的，我想也是，三十岁的他一定经历了某种折磨，但有意思的是，最终这痛苦催生的却是个温暖抉择。

天快亮的时候，我突然豁然开朗，也许那些童话本来就不仅仅是写给孩子们的童年的，他早就为我们所有读者长大之后的第二次阅读设下了伏笔，他为我们曾经柔软的天真希冀而写，也为我们如今历经风雨之后的叹息而写。这就是他的方式，他写那些飞升旋转的肥皂泡，写下五彩绚烂，同时也没有忘记写下破灭。

突然就觉得很感动，带着这样的念头再看他的作品，竟觉得其中满是宽厚。原来他是为了我们每一个读他童话的孩子成年之后波澜起伏的一生而写，原来他笔下的残酷和破碎，仅仅为了守护一个“真”字，真实和天真这两个词共有的那个“真”，正是这份难以觉察却不曾磨灭的“真”，陪我们一起长大，教我们直面生活，真正身处现实，勇敢地和所有黑暗同生共存。他孤独一生，却将专注柔情都献给了自己的热爱，也告诉了这个世界，在毫不矫饰的痛苦里，也终究存在着慈悲和爱。

当然，我知道一定有人会说，你又不是安徒生，你怎么知道他怎么想的，也许他写这些故事，仅仅就是想吓唬一下那些无知小孩，直言不讳地说些生活的可怕真相。的确，有人就很是善于用自己的冷漠给别人上课，并自以为是地觉得有资格做这个世界的教导处主任。安徒生怎么想的，我的确不知道，但我知道安徒生一定不是“世界的教导处主任”，我深深地相信这一点。

前面那个故事其实我没有讲完，留了一段想放在最后，我接着讲。那个支部书记一言不发地把我手里的书夺了过去，放回桌上，和那一堆披着红色绸带的赠书放在一起。我难过极了，突然意识到自己只是个小小的傀儡，在他们需要我的时候被拎了出来戏耍一番，配合着演一场戏而已，这世界所有的事情都是假的，都是假的。

我转身要走的时候，突然看见那位金发的高个子外交官在远处摇了下头，他看到了这一幕，快步走了过来，我至今还记得从那一刻起之后的每一个细节，他说的每一个字，我想这一生我都不会忘了的。这位外交官从桌上再次拿起那本书，对那个满脸尴尬的“冷酷教官”正色道：“这一本是我送给这个小朋友的，请不要拿走！”然后他走过来，把那本沉甸甸的书递给了我。

我永远记得那一瞬间，好像突然间我站在了一小束耀眼的光芒里，我看见高大的安徒生先生弯下腰微笑着对我说：“这是给你的礼物，好好读吧。”

我认识过一个比我善良的人

✻笛安

从前，有一个人，他比我善良。可是这又有什么奇怪的，比我善良的人很多。说恒河沙数那是夸张了，但是车载斗量应该是不错的。只是，这些比我善良的人，大隐隐于市——要遇到他们，也没有想象中那么容易。

我骨子里是个刻薄的人，所幸我知道这个。有时候，我不打算帮助别人，或者打算给别人行个方便，并不是因为我没有同理心，只是因为我怕麻烦。比如，我的房客已经拖欠了十个月的房租，我却依然若无其事，因为我不知道赶走一个人要怎么操作，难道真的像电视剧里演的，趁他不在，把他的东西打包丢在楼下吗——一个已经租住了这么些年的人，打包他的所有家当，工作量太大了。于是电视剧里的画面至今没有发生。不过我的房客，章志童，他是个要脸的人。在第十个月零一周的某个晚上，他给我发了一条语音信息：“橘南姐，实在不好意思，我搬去朋友家借住一阵，押金你先留着，欠你的房租我一定会还的。”

他很体贴，没有直接打电话给我，这样就避免了双方的尴尬——他害怕我说“不行”而引起的等待的沉默，或者我因为害怕他为恳求我做出不得体的举动，而不得不说“那好吧”。于是我在半个小时后打了一行字给他："你当时交了两个月的押金，所以你还欠我八个月的房租总计是××元，没问题的话，你写个欠条给我。先拍张照发过来，然后快递到我家。"

我知道即使拿着这张欠条，也没有什么用，可我总不能什么都不做吧。章志童当然不是那种业内有名的编剧。他经常会遇到的情况是：辛苦工作了几个月，好不容易写好了一份大纲，然后这个戏不打算开机了，他已经写完完整的十集剧本，却只能拿到最初的那点定金。或者是：他耗费了一年的时间，算是跟着各位"老师"写完了一个戏，而播出的时候"编剧"那栏里没有他的名字，你会在"联合策划"之类的分类下面看见"章志童"三个字，他还不一定收得到尾款——过去的那十个月里，一定是连这样的工作机会也没了。

房产中介只用了48小时，就替我找到了下一位房客。过去签合同的路上，我想到了章志童，不知道那个朋友能收容他多久，也不知道这个朋友是否真的存在。其实他不是一个多事的房客，如果不是我近来很需要钱，我可以再等等他。三个月前，我的老板正式通知我们几个，接下来的半年里，他每月只能付给我们一半的薪水，想辞职的他会理解，愿意留下来挨过这段日子的——就挨着吧，谁还需要他的感谢呢。我没有跟徐丰说起过这件事，三个月来，照旧用我减半了的薪水负担家里原本归我负责的那些开销，不够的部分用我自己之前的存款来补。我甚至没告诉他章志童拖欠房租的事，跟自己的老公，为什么不能说呢——总之我就是没说，我没想刻意隐瞒，也一直没找到适合的说出来的时间。

租给章志童的那套小房子，在花家地。听起来跟名震江湖的美术学院处于同一个街区，但其实，我买下这里八年了，从不知道美术学院在哪。小公寓一室一厅，不到六十平方米，在十五层。八年前，我站在狭小的厨房里，远远地看到"宜家"的黄色标识，觉得这一带怎么这么荒凉——那时我还年轻，八年前这一带的房价也还没有后来那么夸张。我相信用不了多久，这里会变成一个像CBD一样有城市样子的地带；我还相信，这间不到六十平方米的小公寓不过是我繁花似锦的人生的第一步——月供还很艰难我知道，可是我在这么年轻的时候就拥有自己的第一个物业了，往后的日子只会有各种各样想象不到的好时光在等我，不会出什么岔子的。

八年过去了，当初相信的两件事情，都没有发生。

房产中介小哥姓梁，他站在章志童留下的书桌旁边，说："孙姐，这就是咱们新的租户。"我其实特别讨厌他叫我"孙姐"，但是我一时也想不出该用什么称呼来取代这个。那女孩坐在小客厅的一角，可以打开变成床的沙发明明空着，她却坐在地板上，一只小小的箱子在她身旁。她穿着一件很普通的粗花呢外套，牛角扣子散着，我的第一感觉是这姑娘会不会在发烧，因为她脸上的红晕看起来很突兀。她是那种谈不上漂亮但也绝对不是难看的长相，留给人深刻印象的便是脸颊上的红晕以及开口说话时候的某些颠三倒四的造句方式——让我以为她在发烧的，也许是她讲话的习惯。小梁指指摊在桌上那两份见惯了的租房合同，招呼她过来签字，她像是没听见那样直直地看着我，然后一笑："房东姐姐，房租一定要年付不可吗？可不可以先付半年的？"

她笑起来的样子像只猫。可惜我不喜欢猫。

小梁有点窘迫了："您看，年付房租是说好的，您也没有跟我表示过不同意……您不知道，这位孙姐是吃了上一任租户的亏——那个人连着十个月都不交房租，您换位思考一下——"她又笑了，一只五官端正的杂毛花猫突然成了精："你真幽默，我哪好意思想象自己在北京做房东——怎么换位？"我就看着她，静静地看了两三秒钟，问她："你签还是不签？"她收起了笑容，站起身来，不作声地走到桌边——还算识相。不过，她怎么会这么瘦，我甚至怀疑她那条牛仔裤会不会是童装品牌，她拉开书桌前面唯一的一把椅子，坐下，研究着合同上面的条款，然后把我的身份证拿起来，慢慢地端详。见她已经侧过脸来仰视我了，我不由得稍稍后退几步——她想在仰角的视觉里把我的脸变得庞大臃肿，不能叫她得逞。她这一次的语气里是真的好奇："你是一九八×年的……真看不出来，房东姐姐你好美呢。"

为了少付两万多块钱，不惜昧着良心到这种程度，并且毫无障碍，这样的年轻人——我扫了一眼她的身份证——这个叫洪澄的年轻人不能小看。“没问题就在这儿签字，还有这儿……”小梁的脸红了，我知道他不知道该如何应付这莫名其妙的对话，于是我也配合着小梁，问："章志童的这些家具确定不要了是吗？"

门开了——刚刚我进来的时候没有把门带上——像是现世报一样，章志童出现在门口。十个多月困顿和窘迫的生活也并没有让他瘦下来，那件我见惯了的绛红色冲锋衣下面，依旧勾勒出那个略微悲凉的肚子。他身上带着一点户外深秋的清寒，那副黑色圆框眼镜的镜片蒙了一点雾气，他也不管，径直地望住了我："橘南姐，我现在有钱了！去年那个制片方终于给我结了一半稿费，你看……"他突然安静了下来，惶恐地看着两个陌生人，然后立刻明白发生了什么。我看到小梁放在桌面上的那只手暗暗地攥起了拳头，人们比较容易对一个失望的大块头心生警惕，也是没办法的事。章志童像过去那样懂事，一言不发地，把一沓簇新的现金放在桌上："十个月的房租。"他没有直视我的眼睛。大家安静了片刻，我真害怕那个洪澄此刻说出几句让他更尴尬的话，于是我抢着说："要不要数一下，我看着，这一沓……好像多了点？"他恍然大悟地抬起头，额头已经渗出一层细密的汗珠，章志童的额头格外宽阔，把他的眉毛眼睛都逼得挤在一起瑟瑟发抖："哦，我忘了，这里面本来还有我打算给你的下半年的房租……既然这样，就……"像是放弃了寻找合适的词，他开始颤抖着手指想从那一沓钱里拿走一部分，但是他不知道该不该一张一张地数，于是他只能试探性地拿起几张，放进衣兜里，再估算着下一次能不能多拿几张。他庞大的身躯弯了下来，为了避免尴尬，他的头快要低到桌面上去了，冲锋衣的后背上有个巨大的“蜘蛛侠”，“蜘蛛侠”的身体跟着他隐隐地晃动着。

“用不用我帮你啊？”洪澄试探性地问。章志童充耳不闻，费力地一张张捏着钞票，洪澄果然笑了，一边笑，一边看了小梁一眼，嘲笑同盟就这么轻而易举地达成。小梁没有笑，但是却不得不看着洪澄年轻而生动的脸。若是换个场合，不是在这个空荡荡灰扑扑的小公寓里，而是在某个光线暧昧的酒吧——洪澄对这个男孩子的摆布就已经完成得七七八八了。内向的人总得接受生活的教育，无论男女。

“喂，这样好不好？”章志童似乎听出了我这句话是在对他说，立即抬起了头。我流畅地从那沓钱里数出来三个月的房租，放在他面前。然后我看着洪澄："你不是只想付半年的吗？现在可以，你的房租减半了，原先一年的房租你只需要给我一半。但是前提是，你和他合租。"洪澄和章志童的眼神立即对撞到了一起，像是同时被吓坏了。“你考虑一下。”我看了一眼放在章志童眼前的那点钱，“你身上不能不留一点过日子，房租减半了，原来三个月的现在变成六个月的，半年以后，你再转给我另外六个月的。”

“凭什么他就可以只付半年的，我还是得年付？”洪澄鼓起了腮帮子，一看便知这个有些媚态的小动作她早已烂熟。“因为他租我的房子好几年了，可是我不认识你。”我知道我的语气酷似一个令人生厌的教导主任，但是吧，管用，“章志童，你把卧室让给女孩子，你睡客厅，反正你需要书桌工作。至于怎么轮流打扫，怎么摊水电费，你们俩自己商量。”

他们俩依然面面相觑，洪澄把腮帮子鼓得像是含了两只乒乓球。但是我知道，问题已经解决了。我把章志童迟来十个月的房租收进随身挎包里，心里盘算着如果徐丰今天不需要加班，就跟他去吃一顿我们都喜欢的寿喜锅。可以考虑告诉他这笔钱是奖金，好让他相信我们公司发展态势一如既往。果然，小梁如释重负地叹气："你们真是碰到了好人。"当我走到电梯口的时候，洪澄和章志童一起出来与我挥别的样子，像是一对不那么般配，却有人愿意真心祝福的小夫妻。

这就是故事的开始，我，和那个比我善良的人。我知道，根据每个人对“故事”的理解，这个人要么是洪澄，要么是章志童，只有很少一部分人会以为是小梁——当然不是，我们后来谁也没再见过他了。别笑，这其实是一件非常残酷的事。在任何一个场景，一个事件，或者一个片段的画面里，我们大多数人，一望而知就是配角。但问题是，有的时候我们知道这个，有的时候未必。

……

生活残酷，但你我足够勇敢

✽安 宁

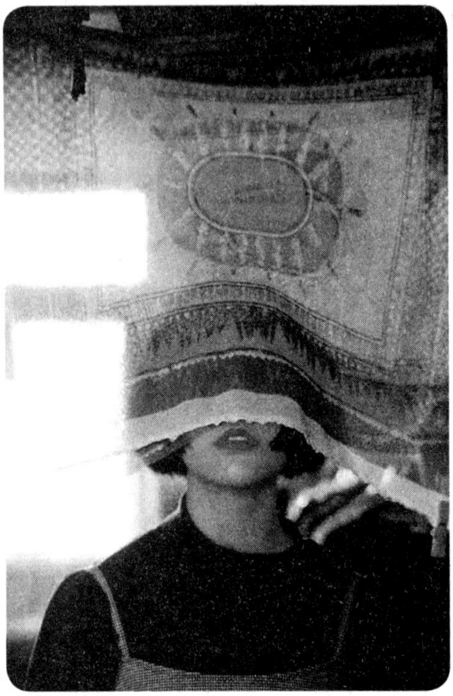

弟弟第一次到北京读大学的时候，与我是同样的年龄。

在父母眼里，17 岁只不过是个孩子，而且，又是没出过县城，连火车也没有见过的农村少年。母亲便打电话给我，说："要不你回来接他吧，我实在是不放心，这么大的北京，走丢了怎么办？"

我想起这么多年来自己走过的路，便很坚决地拒绝了。我说有什么不放心的，一个男孩子，连路都不会走，考上大学有什么用？

弟弟对我的无情很是不悦，但父母目不识丁，也只能依靠自己。

我能想象出他从小县城到市里坐火车，而后在陌生的火车站连票都不知道去哪儿买的种种艰难，但我只淡淡告诉他一句"鼻子下有嘴"，便挂掉了电话。

他是晚上 12 点的火车，怕天黑有人抢包，母亲提前 5 个小时便把他撵去了车站。他一个人提着大包小包，在火车站的候车室里坐到外面的灯火都暗了，终于还是忍不住给我打了电话。

我听着那边的弟弟几乎是以哭诉的语气提起周围几个老绕着他打转的小混混，便劈头问道："车站民警是干什么的？这么晚了还来打扰我睡觉，明天车站见吧。"弟弟也高声丢给我一句："到站也不用你接，用不着求你！"我说："好，正巧我也有事，那我们大学见。"

我举着电话，听见那边嘈杂的声音里弟弟低声的哭泣，有一刹那的心疼，但想起几年前那个到处碰壁又到处寻路的自己，还是忍住了，轻轻将电话挂掉。

弟弟是个不善言谈、略略羞涩的男孩，普通话又说得那么蹩脚，扫一眼眉眼，便知道是乡村里走出来的少年，也应该像我当初那样，不知道使用敬语，恐怕连问路都会被人嫌吧。

他一个人在火车上，不知道有厕所，水都不敢喝。又是个不舍得花钱的孩子，8 个小时的车程，他只啃了两袋方便面。下车后，他不知道怎么走，被人流裹挟着，竟是连出站口都找不到。总算出来后，一路上挤公交，没听到站名，他又坐过了站，重新返回去。

等到在大学门口看见我笑脸迎上来，他的泪一下子流出来。看着这个瘦弱青涩的少年，嘴唇干裂，头发蓬松，满脸的汗水，额头上不知哪儿划破的一道轻微的伤痕，我终于放下心来，抬手给他温暖的一掌，说：“祝贺你，终于可以一个人闯到北京来。”

临走的时候，我只给他留了两个月的生活费。我看他站在一大堆衣着光鲜的学生群里，因为朴素而显得那么落寞和孤单，多么像刚进大学时的我，因为卑微，进而自卑。我笑笑说：“北京是残酷的，也是宽容的，只要你用心且努力，你也会像姐姐这样，自己养活自己。”

我知道年少的弟弟对于这句话不会有太多的理解，他只是难过，为什么那么爱他的姐姐，只是在北京待了几年，便变得如此不近人情？

他之所以千里迢迢地考到北京来，原本是希望像父母设想的那样，从我这里获取物质上和精神上的多方支持，却没想到就连生活费，做姐姐的都要他自己来挣。

一个月后，弟弟打电话过来，求我给他找份兼职。我说：“你的同学也都有姐姐可以找吗？”他是个敏感的男孩，没说什么话，便啪地挂断了电话。顷刻间，母亲的长途电话便打了过来。她几乎是愤怒地说：“你不给他钱也就算了，连份工作也不帮着找，他一个人在北京，又那么小，不依靠你还能依靠谁？”

我不知道怎么给母亲解释，才能让她相信，我所吃过的苦，他也应该能吃。因为我们都是乡村里走出来的孩子，如果不自己走出一条路来，贫困只会把所有的希望都熄灭，而且留下无穷的恐惧给飘荡在城市里的我们。

碰壁，总会有的，但也恰恰因为碰壁，才让我们笨拙的外壳迅速地脱落，长出更坚硬的翼翅。

我最终还是答应母亲，给弟弟一定的帮助，但也只是写了封信，告诉他所有可以收集到兼职信息的方法。这些我用了四年的时间积累起来的无价的“财富”，终于让弟弟在一个星期后，找到了一份在杂志社做校对的兼职。工作不是多么轻松，钱也算不上多，但总可以维持他的生活。我在他领了第一份工资后，去赖他饭吃。他仔细地将要用的钱算好，剩下的只够在学校食堂里吃顿小炒，但我还是很高兴，不住地夸他。

他低头不言语，吃了很长时间后，才像吐沙子似的恨恨地吐出几句话：“同学都可怜我这么辛苦地自己养活自己。别人都上网聊天，我还得熬夜看稿子，连给同学写封信的时间都没有。钱又这么少，连你工资的零头都不到。”

我笑道：“可怜算什么，我还曾经被人耻笑。因为丢掉50元钱，我在宿舍里哭了一天，没有人知道那是我一个月的饭钱，而我又自卑，不愿向人借，可还是抵不住饥饿。在学校食堂里给人帮忙，没有工资，但总算有饭吃。你在现实面前，如果不厚起脸皮，是连走路的力气都没有的。”

那之后的日子，弟弟很少再打电话来，我知道他开始心疼钱，亦知道他依然在生我的气，因为有一次我打电话过去，他不在，我说：“那他回来告诉他，他在大学做老师的姐姐打过电话问他好。”他的舍友很惊讶地说：“他怎么从来没有跟我们说过有个在北京工作的姐姐呢？”我没有给他们解释，我知道他依然无法理解我的无情，且以这样的方式将自己原本可以引以为傲的姐姐淡忘掉。就像我在舍友们谈自己父母多么大方时，会保持沉默且怨恨自己的出身一样。

嘲弄和讽刺，自信与骄傲，都是要经历的，我愿意让它们一点点地在弟弟面前走过，这样他被贫穷折磨着的心，才会愈加坚韧且顽强。

学期末的时候，我们再见面，是弟弟约的我。在一家算是有些档次的咖啡厅里，他很从容地请我“随便点”。我看着面前这个衣着朴素却自信满满的男孩，他的嘴角很持久地上扬着，言语亦是淡定沉稳，眉宇间竟有了点男人的味道。

他终于不再是那个说话吞吐、遇事慌乱的小男生。他在这短短的半年里，卖过杂志，做过校对，当过家教，刷过盘子；而今，他又拿起了笔，记录青春里的欢笑与泪水，并因此换来更高的报酬和荣光。他的成熟，比初到北京的我，整整提前了一年。

我们在开始飘起雪花的北京，慢慢欣赏着这个美丽的城市。

我们在这里，为了有一口饭吃，曾经一次次地碰壁，一次次地被人嘲笑，可它还是温柔地将我们接纳，不仅给我们的胃以足够的米饭，而且给我们的心以那么切实的慰藉和鼓励。

没有残酷，便没有勇气，这是生活教会我的，而我，只是顺手转交给了刚刚成年的弟弟。

我是如何成为腾讯NBA直播员的

✽另 维

…①…

23岁那年，我在NBA做驻队记者。

有一天，一场冷门比赛激战正酣的时候，球员失手，篮球飞进观众席，一个十二三岁的金发小男孩惨叫倒地。

我在媒体席上张大嘴巴。

球赛中止，全场观众齐声惊呼。

一片混乱里，一道消瘦的身影比队医更先上去。

他蹲在伤者身旁，镇定自若，手法娴熟地展开施救。队医带着担架赶来。我远远看他们握手、拍背。队医又认可又感激，他们一起消失在连接球场和外界的通道里。

解说员宣告已确认小男孩没有大碍，感谢刚巧在旁边的医生的专业判断和及时施救。

全场鼓掌。

那是个黑头发的年轻亚裔，戴眼镜，有点弓背，像个中国人，因此，我全程都在留意观察。

多亏了当时印象深刻，事隔两年后再遇到，我还能认出他来。那时我们都在费城76人的客场更衣室。我采访，他在角落里给一名受伤的球员敷冰。间隙里，我说："我好像见过你，就在这个球馆，你那时救了一个美国小男孩。"

他当真是中国人，说英语不带抑扬顿挫，乍一听以为是在讲中文。

他曾是四川一所县城高中里热爱篮球的少年。当时，胆大的男生们把天线藏在课桌里，中午放学集体留在教室看NBA，他是起劲的小跟班。

因为瘦小、戴眼镜，还拖泥带水，他是晚饭时间的篮球场上最不起眼的背景板。

那时候，他们一群男生为新晋"小皇帝"詹姆斯疯狂，发誓有朝一日去了美国，一定要场场不落地看NBA。

高考之后，他因几分之差被调剂，莫名其妙读了医学院。那几年，上海的大学生们掀起GRE热潮，他又莫名其妙硕博连读美国医学院，在青春的尽头穿上白大褂，变成波特兰医院里默默无闻的实习医生。

好多人说要天天看NBA现场，可年龄一过就忘了。他没有。他买波特兰开拓者队的季票，"穿着球衣进场看球"是他必做清单的第一条。

就这样过了六年。他从23岁的愣头青变成29岁的准中年。

他说，美国医院不知道会不会留他，回国做医生薪水又太低。他已经把生活过得太迷茫了，总要有一刻，活得像个有梦的少年。

然后有一天，在承载他少年梦的地方，他碰巧急救了那个小男孩，接触到队医这份职业，拿到推荐信，开始了自己长年跟着球队飞的既劳累又梦幻的生活。

可是，喜欢过NBA的少年那么多，为什么他可以坚持下来呢？

他说，喜欢。喜欢的事他就会一直放在心里，想一直做。不用靠坚持。

他说，大声嚷嚷喜欢的人不一定是真的喜欢，但坚持最久的人一定是。

告别的时候我说："坚持出这么大一个意外惊喜，老天待你可真不薄。"他一笑置之。他坐在场边一季接一季看球的时候，为的是自己开心，没想过意外惊喜。

但是，从长久来看，这种好事不属于他，又该属于谁呢？

····②···· ▶▶

能和他在NBA球员的更衣室相遇，我和篮球的缘分自然也不浅。

少不更事的时候，我从《航海王》里摘抄创作了自己的座右铭："我是要打WNBA的女人！"

11岁，我去体校训练，和队友们一起逃课看NBA，逃不了就拿手机看文字直播，我把科比、奥尼尔的数据背得滚瓜烂熟，《篮球先锋报》更是一期不落。

可是，打篮球的梦想在我的身高止步于160厘米的一刻，结束了。我那时才上初中。

美国人有句俗语，make the most of it，中文翻译成"竭尽全力"，我不喜欢。竭尽全力指努力，而前者是让你"最大化"地提取能量，从所有方面和角度。我想说的是，除了努力，你更需要的是思维方式。

当年，15岁的我在小城高中里痛苦地思考：我花了那么多时间，那么喜欢篮球，就到此为止了吗？只能这样了吗？我还有什么能做的吗？

我想去考裁判，年龄不够。想做篮球宝贝，身高不够。终于在一节数学课上，我对着NBA文字直播又一次灵光一闪——我也懂篮球，我也会打字，那这个在屏幕后描述场上战况的文字主播，为什么不能是我呢？

放学了，我走进网吧，动手了。

在那个人们还充分信任百度的年代，我百度"如何成为一名腾讯NBA直播员"。从一个废弃论坛里翻出一张三四年前的招聘帖，帖末有一个QQ邮箱。我欣喜若狂地记下来。

我想象着工作内容，写下人生第一份简历：

1. 我很懂篮球。有四年的体校篮球队训练经验，熟悉赛场各种状况，熟悉许多NBA球员的数据。

2. 我经常在杂志发表小说，小学时作文获得过"中国少年作家杯"一等奖，因此擅长组织语言文字。

3. 我所有的小说都是用电脑打出来的，打过很多字，因此打字速度应该也还行。

4. 我还是个女生哦！我觉得这是个优势。

配微笑脸。附艺术照一张。发送。

几个月过去，没有回音。

我翻来覆去地研究那个QQ邮箱。加好友不理，没关系，我百度QQ号，搜索QQ空间……翻遍空间信息，我终于发现，这号好像的确是废弃了。

于是我点进每一个留言人的QQ空间，在一张2008年5月12号的照片里找到了线索。

照片里人头攒动，背景是大楼。图片说明写道：地震了，全公司的人都跑下楼了，原来我司有这么多人……

我仔细研究那楼，楼上印着"银科大厦"，我连忙百度银科大厦。果然，腾讯就在里面。

又找到一个腾讯的人！我又欣喜若狂了，添加好友，还无须验证，一连几天放学我都幸福地飘着回家。

他叫"边城浪子"，用的黄色中长发头像，常年在线，大概是为了挂太阳。他的QQ等级有四个太阳，我在小城襄阳长到17岁，头一回见。

我每天看着他的头像，仿佛看着千里之外的腾讯大门。

可是这位浪子也不理我。

不回复我长篇大论的"我辛苦地找你史"、简历和艺术照。只在我的好友列表昼夜不停地亮着头像，给我希望。

于是我每天对他说一句："在吗？"

还经常自我总结：他为什么还不理我呢，难道是我不够礼貌？然后连忙修改措辞。

"你好，在吗？"

"你好，请问在吗？"

不知从哪里听说了北京人都说您，不说你，我仿佛瞬间领悟了问题所在，奔跑回家，再改措辞："您好，请问您在吗？"

我上网一次问一次，到高三，他的头像终于动了。他说："您好，我在。"真是感天动地的一刻。他继续说："可是我已经不在腾讯了。"

我兴奋得双眼冒光，连忙问回去："那请问您认识还在腾讯的人吗？"

他给了我一个QQ号。

"你找这个人吧，可以叫她莎姐，别说是我说的。自求多福。"

莎姐说，给我一次试播机会。

高一那年的灵光一闪，在高中快毕业时有了眉目，我简直要叩头感谢。

文字直播除了有画面可看，还有英文的同步描述参考。我研究流程时觉得不难，谁知道上手就傻眼。同步直播最忌讳跟不上，我不是一般的跟不上。比赛都结束了，我第四节才说到一半。

我没脸找莎姐询问意见。莎姐很有默契，直接消失。

很努力地尝试之后，输了怎么办？

说得好像我有东西可输一样。

我不再年轻之后回头看，才发现“没什么可输”真是年轻最好的礼物，是一无所有让人一往无前。

我本着“反正没东西可输，干脆脸皮厚一点”的态度，盘算着怎么再找莎姐要机会。

实力撑不住，100次工作机会只能换得100次丢脸。我首先要获取实力。

我打开视频，视频里是最受欢迎的主播的页面，旁边是一个Word文档。我开始同屏、同时描述比赛，看看我的速度和内容都差在哪里。

整整两周，我背下了所有篮球术语的英文单词，跟了三个主播的二三十场直播。文档塞满文件夹，每个几万字。我一场一场地写总结——这场比赛速度有提升，那场比赛措辞不够幽默。

我默默地给莎姐留言：“莎姐，感谢您的机会，我觉得上次试播没能发挥出我的实力，这两周我在家学习了一下，这是我的笔记，希望获得您的指点。”

莎姐终于重新出现了。

她说：“进步是挺大的，我再给你一次试播机会吧。”

……③……▶▶

我想得没错，女生是有性别优势的。

在那个还没有视频直播的年代，我居然成了平台上最受欢迎的文字主播。

我成为主力军之后，摸索出了身体的极限：每天至多一场，不能背靠背，否则精神高度集中、连续四小时盯着屏幕打字，眼睛受不了。

于是，18岁的我如何做到14天连跟二十多场比赛还没瞎没死，成了未解之谜。

我只能感叹：把年轻兑换成冲劲真是太好了。

我后来怎么走进了NBA赛场呢？

高中毕业，考完托福、SAT，我带着这份工作来到西雅图，把所有功课选在上午，下课后狂奔回家，每周好几天算着时差播比赛到天黑，就这样过了大一大二和间隔年。

第四年，有一天莎姐忽然问我：“我记得你是在美国？腾讯现在在招海外驻队记者，有兴趣我把你报上去？你有观众基础，还是腾讯体育的老人，有机会的。”

在腾讯兼职六年之后，24岁的我在更衣室里采访库里。

我离他很近，采访的间隙我说：“我以前在中国的一座三线小城里做中文赛事主播，人生第一场试播我播得特别烂，不过好在那场比赛也没什么人看。现在我们在这里面对面，人生好神奇。”

他笑了一下，朝气蓬勃又顽皮，他说：“I feel you.”——我知道你在说什么。

……④……▶▶

社会心理学说，人类有一个本能的思维偏差——基本归因错误。

我们听别人的故事，总觉得他们很幸运，付出都有结果，好时机全没错过，而忽略他们人为的努力，这是因为我们没有深入了解他们的渠道，我们只接触得到明显的事情，比如被展露的“外在结果”。

其实什么结果都只是冰山一角，水下还有我们视线之外的纵横沟壑。

别人所经历的彷徨与挫折，我没法讲，因为外人很难有足够的信息渠道。但我可以调整我的思维偏差，告诉自己，我没看见不代表不存在。能把游戏打出名堂、能漫长地坚持看球，都不容易。

后来呢？

命运充满不可控与偶然，人不是一成不变的，也不会都选择以少年时的爱好为毕生事业。

我读会计学位，目标行业是金融和审计。我在大学毕业这年正式辞去NBA兼职，这段漫长的故事成了简历上，排在普华永道实习之后的几行字。

我不断拿到面试，从投行、私募，到四大，再到亚马逊、微软总部的金融分析师，中奖概率远远高于成绩比我好的同学。

一面试我就知道为什么了。

他们大都这样开头：“我看你生活经历特别丰富，你真的一边上大学一边做NBA现场记者？真的进场馆的那种？”

我说，我不仅进场馆，还进球员更衣室。

然后，许多次，半小时、一小时的面试，都是时间到了，面试官还在依依不舍地追问库里、汤普森、詹姆斯，听我讲我执着不放弃的NBA故事，听我说“这些处事态度会让我把即将开始的全职工作做得更出色”。

我的少年爱好，因为玩出了些名堂，成了我简历上最亮的一笔。

一技之长，到底要多长

✽辉姑娘

小时候我家隔壁有个女孩子，特别喜欢看电影。

那个时候国内电影院还处于赚不到钱的阶段，只要有新片她就会跑去电影院看，特别喜欢的还会刷两遍。那些国内实在没有的片子就到附近的音像店里买盗版碟，为此几乎花光了所有的零花钱。我经常去她家淘几张回来看，从《哥斯拉》到《大逃杀》再到《谋杀绿脚趾》，应有尽有。

后来她在家人的要求下考入上海某所高等院校读金融系。我们始终保持着联系，看得出来，她对电影的爱好始终如一，完成课业之余依然一部接一部地看电影。自从豆瓣有了打卡功能，她每天晚上都会打卡一部新片，写出评分和感受，数年如一日，从无间断。

她大四那年，某知名银行招聘。几千人应聘，只有三个录取名额。她拗不过家人的要求，去报考，凭着优异成绩顺利考上，成为一名正式职员，没多久由于表现出色又升任了经理。高薪收入、福利待遇无一不优厚得让人羡慕。

在所有人看来，这必然就是一辈子的事业了。然而两年后的某一天，我忽然得到消息，她辞职了，到北京某网站做了一名电影记者。

所有人都惊掉了下巴，这份新工作且不说收入相差悬殊，也根本不是她大学学习的对口专业，应聘的时候勉强过关，只能从底层做起，也没人相信她能做好。听说她父母已经气得要跟她断绝关系，声称一分钱也不会资助，说她一定会饿死在北京。

但我对她却有一种莫名其妙的信任，相信她不但不会饿死，而且这一次，才是真正选对了方向。

几年过去，这个女孩从一名小小的电影记者顺利升任副主编，又做到主编。她现在是业内知名的影评人，每年各大电影节海内外飞来飞去，偶尔还客串一下媒体评委。除此之外，她还是各个出品方争相邀请的剧本医生，开一次会议提出几条参考意见，就有丰厚的辛苦费奉上，业余时间也自己创作影视剧本，其中两个项目已经快要开机。最重要的是，比起前些年的平板无趣，这几年她的脸上总是洋溢着笑容和满足感。

我们聊过一次，谈到职业的选择。我说："你喜欢电影所以选择电影行业，现在看来是正确的。"

她想了想说："并不仅仅因为喜欢，而是经过思考以后，觉得电影才是我的一技之长。"

我不太能理解，说："你明明学的是金融啊，那才算一技之长吧。"

她问："你说我喜欢电影多少年？"

我想了想，说："小学的时候，学校发免费电影票，你就把那些不喜欢看电影的同学的票都要来，坐在电影院里一遍一遍地看《妈妈再爱我一次》，那是几岁？记不清了，但要是算到现在，怎么也有二十年了吧。"

她说："对呀，那我是几岁开始学金融的？十八岁上大学，就算再勤奋刻苦，也不过四年而已。"

她笑笑接着问我："二十年和四年，哪个时间更长？哪个根基更深？电影不但是我生活的趣味，更是生存的真正本钱。我做金融，可以得心应手。我做电影，却是如鱼得水。"

我明白了她的意思。

靠一技之长吃一辈子饭的说法是对的，但对于"技"的定位才是关键。

一技之长不仅仅取决于一纸文凭，更取决于最喜欢也擅长的那一门手艺。

否则，就是空有“技”，没有“长”。

曾经收到一封读者来信，一个男孩子说他生活在一座小城，大学刚毕业，父母希望他大学毕业去考个公务员或者找份稳定工作。

他满怀期待地问我：“姐姐，我不想考公务员，我最爱的就是动漫了。听说北京的机会多，我能不能破釜沉舟，去那边找找与动漫的相关工作呢？”

我问他：“你什么时候开始喜欢动漫的？看过多少部动漫？大学是否学的相关专业？有无绘画基础？有没有过发表过原创作品？”

他说：“初中开始喜欢，看过四五十部动漫，已经不少了吧？大学学的是金融，没有绘画基础，偶尔兴趣来了，自己在课本上胡乱涂两笔，没有任何发表过的原创作品。”

我说：“那么我能给你的建议是：先听从父母的话去考公务员或者找一份比较稳定的工作，然后充分利用闲暇时间，加倍努力地去学习绘画，大量阅览世界各地的动漫作品——四五十部实在算不上‘大量’。等到几年后有了成熟的作品，可以投给北京几家优秀的动漫公司，如果技术过硬，机会一定有的。”

喜欢是很可贵的事情，前提是，先问问自己，是不是真的喜欢？

你喜欢一种技能，是像路边看到一朵好看的花那种喜欢？是像早上喝了一杯好喝的果汁那种喜欢？是像遇到一只会撒娇的流浪猫那种喜欢？

你的喜欢有多认真？或者说，认真过吗？是不是今生非它不可？是不是愿意为其付出所有？是不是只有它才能带给你快乐？是不是在追寻它的过程中才会拥有生存的意义？

如果对此毫无天赋，那么你可以付出足够的汗水在后天加以弥补吗？

你以为自己拥有一技之长，却不知道，从一开始，你就搞错了“长”的定义。

不能自食其力，没有资源基础，常识一无所知，前路一片渺茫，然后为了所谓“喜欢”贸然地抛弃一切？

那是对自己和家庭的双重不负责任。

不顾一切的热血故事有许多。“我从崖边跌落，落入星空辽阔”，的确听起来浪漫壮烈。然而不曾做任何准备就一头扎下悬崖，实乃愚蠢莽夫所为，并不代表着拥有落入星空的资格。

——连个降落伞都不记得背，除了粉身碎骨，还会有什么结果呢？

某影视公司招聘，有很多重点院校戏剧影视文学专业的学生前来应聘，其中不乏成绩很好的研究生。面试官常常会问这些未来的编剧们一个问题：你喜欢读书和写东西吗？从什么时候开始喜欢的？

答案分两种：一种答，我考上大学以后，因为课业要求或老师布置开始涉猎的；另一种答，从小就喜欢，是日常爱好。

相比之下，第二种答案比较容易得到关注。

编剧也好，文学策划也罢，都是非常考验“语感”的职业。

拥有一目十行却能精准提炼重点的阅读力和判断力，才能从大量的原著中筛选出可以投拍的项目。当然也需要扎实的创作功底，才可以把厚厚的大部头迅速抽丝剥茧，抓住观众最感兴趣的笑点和泪点，经过二度创作改编成精彩的剧本。

说到底，这更像是一份“只可意会不可言传”的工作。

不曾下过深厚功夫，也没有积攒过大量经验，这种能力是无法在短短几年内学习得淋漓尽致的。

一个从童年就开始海量阅读的孩子，和一个从大学才开始读“必选书目”的学生相比，除非天才，否则以基本功而论，后者已经输了将近二十年。

曾经有一位学生不服，与面试官理论。

他梗着脖子吵：“我会努力，从现在开始多读多写，再过十年，我也可以的。”

面试官答：“再过十年，你有了十年的功底，但是人家也加了十年，足足有了三十年的功底。”

他愤然：“你的意思是，我一辈子也赶不上那些人吗？”

面试官摇头：“当然不是，多努力积累几十年，比如五十年的功底和三十年的功底，其实差距就没有那么大了。相信那个时候，你也可以成为行业翘楚。”

面试官拍拍他的肩膀：“只是很抱歉，这一次，我们来不及等待了。”

听起来的确有几分不公平。

然而在优胜劣汰的社会里，拥有“技”的人实在太多。作为发薪水的选择者，自然会愿意选更“长”的那个。

一技之长的“长”，不是“有点长”，而是“特别长”。

不足的长度谈不上长处，只能算自曝其短。

去一家专门销售妇女卫生用品的快消品公司谈业务，对方的提案 PPT 做得非常漂亮，几乎堪称艺术品。忍不住夸赞了两句，对方负责设计的女孩笑着说谢谢。

我问：“你是不是学过很长时间的美术？”

她惊讶地回道：“你怎么知道？我学了十五年的国画，但是早就不画了。”

我笑起来。

现在画与不画都不重要，是不是从事与此相关的职业也并不重要。

但是曾经习得的熟练技能与艺术感知却是跃然纸上的，也是融入骨血的，谁也抢不走夺不去。无论行至何方，所做何事，哪怕只是一个小小的美甲师或者园艺师，品位都会优于常人。

厚积薄发的光芒，会透过作品映射出来，无法掩饰。

那种在举手投足间自然流露的美感，无论任何一份工作还是生活，都会是最有益的助力。

这就是真正的“长处”所在。

一技之长，到底要多长？

它可能长过了整个青春，大半人生，无数的心思、汗水和情感。

这份技能，和别人一样长，那叫平庸；比别人长几分，那叫出色。

只有长到了旁人为之赞叹的程度，才配称为安身立命的真本事，也是走到天涯海角都砸不烂的铁饭碗。

如果还未曾生长，那便从此刻开始慢慢萌芽。

虽然晚了一些时日，总还算走在懵懂者的前面。

可能

✻辛波斯卡

事情本来会发生。
事情一定会发生。
事情发生得早了些。晚了些。
近了些。远了些。
事情没有发生在你身上。

你幸存，因为你是第一个。
你幸存，因为你是最后一个。
因为你独自一人。因为有很多人。
因为你左转。因为你右转。
因为下雨。因为阴影笼罩。
因为阳光普照。

幸好有座树林。
幸好没有树。
幸好有条铁道，有个挂钩，有根横梁，有座矮树丛，
有个框架，有个弯道，有一毫米，有一秒钟。
幸好有根稻草漂浮水面。

多亏，因为，然而，尽管。
会发生什么事情，若非一只手，一只脚，
一步之隔，一发之差，
凑巧刚好。

所以你在这儿？千钧一发后余悸犹存？
网子上有个小孔，你自中间穿过？
我惊异不已，说不出话来。
你听，
你的心在我体内跳得多快呀。

尝试去做其他的，为什么不呢

✽寂 地

①

你可能真的想不到，我的正职是绘本漫画家，这是一份相当有趣的职业。

大部分时间我的肉身都坐在书桌前，灵魂却不晓得飞到了什么地方。有时下笔有神，有时皱眉冥思苦想，有时烦躁得在地上打滚，有时又一个人得意地笑。

所以作者们都很需要自己单独的房间，免得被人看见自己工作时的状态，因为真的很像神经病。

但这十几年来，我做过一些奇怪的兼职工作，商业广告、电影概念、艺术展览之类的，都不算奇怪。有的事情比创作不顺利在地上打滚的时候，更像神经病。比如说，在车来车往的十字路口玩“我们都是木头人，不能说话不能动”。那是我参加的一个公益广告拍摄，内容是提醒大家注意交通安全。导演想拍我站在十字路口，背后是快速移动的车水马龙。这个几秒钟的镜头，需要我在晚高峰的北京市中心拥堵的十字路口，静止不动地站着，整整二十分钟。

尽管剧组征得了交警的同意，我站的地方也不会妨碍车辆前行，但对司机朋友们来说，这是一件十分讨厌的事情。而且，剧组是在很远的地方用长焦镜头拍我，现场的情况看起来很孤独，我像一个失恋的人想要寻死，又像一个失业的人等着碰瓷。不断有车主对我狂按喇叭，我纹丝不动，也不能跟司机们解释道歉。影响了交通我也很抱歉，但剧组必须完成拍摄。为将影响降到最小，唯有咬紧牙关，一次完成。

接这份工作时，对方只是轻描淡写地说：“我们会拍一些你日常工作的视频。”

我说没问题，到了现场才发现，几十个工作人员在忙碌着。导演说要拍我的一天，从起床开始。三四盏明晃晃的大灯照着我，还有一个工作人员打着灯攀在玻璃窗外，假装自己是初升的太阳。我穿着睡衣睡裤涂着厚厚的粉底贴着假睫毛，轻松自然地起床，一次就过了。

那次兼职让我体会到当个演员真不容易，拍摄过程也很辛苦，除了克服自己内心的羞涩，还要克服一些生理上的痛苦。比如在零下五摄氏度的摄影棚里一直穿着薄衬衣瑟瑟发抖，一开录就要笑着让画面看起来温暖如春；两天没睡觉头晕目眩，还要像刚刚醒来那样神清气爽……结束拍摄的时候，坐在回家的飞机上，我蜷缩在座位上，觉得有个暖和的地方可以坐着就幸福得不得了，一路昏睡到家。

但我还是很开心有这样的经历，毕竟，不是每个人都有机会得到交警的同意，在晚高峰的时候，站在马路中间锻炼自己的心理承受能力。就算一开始就知道这么辛苦，我大概也会说：“为什么不呢？”抱着好奇的心态，接下这份工作。

从很久以前，面对一些新鲜的，莫名其妙的，似乎和我一点关系也没有的工作，如果有人问：“你愿意尝试一下吗？”

我都会说："为什么不呢？"

②

十几年前，我曾在巴黎漫展莫名其妙地成了T台走秀的模特。为了打发签售前等待的时间，我在会场上闲逛，被一个独立服装设计师的摊位吸引了目光。

朋克、哥特，又有些公主风的奇怪融合，裙子上有金属亮片，却又配着羽毛头冠，再搭配一条冰激凌吊坠的项链。

我心想，我的妈呀，这衣服我绝对不会穿。

"这是我设计的衣服，你想试试吗？"一个带着毛毛头饰，涂着黑嘴唇的法国小妹妹从布料里钻出来。她看起来只有十几岁。我忽然就觉得这衣服可爱起来，我十几岁的时候，不也是这样古怪的小女孩吗？

"你真漂亮，我好希望看到你穿我的衣服。"她说。那时候我一头黑直发，留着齐刘海，穿着条纹衣服，画着烟熏妆，很像漫画里的人物。欧洲人看惯了周围的金发碧眼，我这样在中国一般的长相，他们觉得很异国风情，还挺稀罕，觉得我可美了。我也经不起夸，张口就说："Why not？"在帘子后面换了衣服。

镜子里的自己，看起来果然像一个十几岁女孩笔下的胡乱涂鸦，毛毛头饰搭在我的额头上，痒痒的。小妹妹又把冰激凌项链挂在我的脖子上。

"完美！"她说。

我心想，这样的衣服我可不会穿出去的。但还是说了几句"这衣服很有趣你很棒"之类的客套话。

但法国人不懂什么叫客套。听我夸她，她激动地抓起我的手，用不熟练的英语叽叽咕咕说了一通，我只听懂："你喜欢，太好了！求你帮我个小忙……只需要十分钟。"我猜无非就是帮她拍张照片吧。离签售还有一小时，闲着也是闲着，我点点头。反正这里没人认识我，帮助这个小设计师拍照片也是举手之劳。

于是她带着我走过嘈杂的人群，来到一个舞台的后台，撩开幕布。这里是整个漫展最大的中心舞台，台下有上千人，聚光灯照在舞台上一片银白，音乐震耳欲聋。我这才明白，她是要我上去走台步。我问她其他人呢？小妹妹摇摇头说："只有你。"那一瞬间我怀疑自己参加了一个整人游戏，要为自己虚伪的客气付出代价。小妹妹可怜巴巴地看着我，生怕我弃她而去。唉，拼了。尽管它并不是我会穿的衣服，但也是这个小妹妹认认真真设计、一针一线缝出来的啊，这也是她的宝物吧，却愿意让我穿在身上帮她展示。它应该被大家看到，一定会有很多人喜欢它的。

想到这里，我用冬天跳入冰水里的勇气，从幕布后迈了出去，被淹没在一片光晕里。独自在偌大的舞台上绕了一圈，笑着跟台下的观众挥手，余光瞥见了自己傻笑的大特写，正在一块巨大的屏幕上晃动着。

太不真实了。一小时后，我坐在签售台上，告诉自己刚才发生的一切不过是幻觉。一位读者竟然打扮成我作品里的V先生来见我，我心里乐开了花，端正坐姿，尽量表现得像一个文艺作者该有的样子。她打量了我一会儿，问："你刚才在舞台上？"

"对哦，刚才我在大屏幕上看到一个人很像你！"出版社的老板也说。

我背上冷汗直冒，说："怎……怎么可能。我们亚洲人嘛，在你们眼里看起来都挺像，是不是啊？哈哈哈哈哈哈哈哈……"我心虚地笑着，低头用力地画起来，想赶紧把这段对话糊弄过去。

十几年后想起来，还是觉得有点好笑。不知道那位法国小妹妹现在在哪里，是不是还在继续着自己的独立服装设计。展示结束后，她把自己做的冰激凌项链送给了我。

这条项链很多年都放在我的宝物盒里，里面只收藏我喜欢的有趣回忆。

③

大卫·鲍伊去世的时候，到处都在放他的歌。我忽然听见一首曲子，旋律是很熟悉的《China Girl》，惊叹起来："咦？我为这首歌唱过和声！"

员员不解地问："为大卫·鲍伊？"

我说："当然不是！要不我怎么还在这里。"

那是一个法国的摄影记者，还曾给林肯公园和玛丽莲·曼森拍过照。他想翻唱这首歌曲，决定找一个中国女孩来和声，正巧碰见我就问我愿不愿意唱和声。我说："Why not？"就这样进了录音室。

他让我写一段自己的介绍，然后跟着节奏念出来。我记得自己写了：我是一个中国女孩，很喜欢画画，长大后成了漫画家之类的。然后跟着节奏摇头晃脑地念起来。最近几年才晓得，我大概是……唱了一段RAP？

员员听完这个故事，说："等一等，他是摄影记者，为什么要录歌呢？"

我说："为什么不呢？"

这些年，我也常常将自己置身于奇怪的境地，也会想："等一等，我是绘本作者，为什么在做这个？"然后就笑了。

④

在一个工厂里待了半个月，画一个马桶，每天都画到深夜，然后参加了马桶新闻发布会、马桶艺术展，还有马桶酒会。听起来虽然荒谬，但有人那么认认真真地对待马桶，这个每天都被我们使用却轻视的东西，其实有点感动。

参加了纪录片拍摄，在古镇上向老奶奶们学习豆腐的制作技术，认认真真地做了一上午。但豆腐质量依然无法赶上心灵手巧的老奶奶，导致当天有一批劣质豆腐流入市场。

在印刷厂旁边住了一个星期，学习印刷术。每天与印刷工人一起上班吃饭，天天守在他们身旁问东问西，才明白，一个有经验的印刷工人，竟然知道那么多繁琐的数值，一个简单的工艺流程，背后有那么多的学问。

到出版社去体验工作，跟着编辑朝九晚五地上下班，一起挤地铁。自此以后，有任何工作上的事情，下班时间都舍不得打扰，明白他们忙碌辛苦了一天，应该有些自己的时间。

还有一次，停电了，我无法工作，就到楼下朋友的铺面里玩。然后认认真真地帮她卖起衣服来，热情地拿出各种衣服给客人试，却一直说："不买也没事。"一天结束时，竟然帮她卖了四千多元的衣服，是她开业到歇业最好的成绩。自此以后创作不顺利满地打滚儿的时候，我可以安慰自己，实在不行就去卖衣服。

到山区徒步的时候，早晨醒来就去帮客栈老板娘做饭，才明白每天早上她都要去还未化冻的溪流里取水，用冻得红红的手揉着面。"我最怕客人早上点蒸饺啦，这么冷，面都发不起来。"她说。如果我不早起帮忙，又怎么会懂呢？我会以为蒸饺就是蒸饺，饿了就热腾腾地存在。

我爱我的正职，从大学毕业到现在，一直都在做着，未来也将继续做下去。但如果机缘巧合，有人问我，愿不愿意尝试一些和我的正职似乎没什么关系的工作，我会开心地说："为什么不呢？"

43岁那年，妈妈变成了杀马特

✲ 杨树生

她像孩子一样得意地扬起头，马上又吃痛地眯起眼睛。不过看得出她很开心，眼角的鱼尾纹都在笑。

高中时期，每次考完试开家长会，我都特别不情愿我妈来。

只要她一来，就有热心肠的同学跟我说："你妈妈来了！就是爆炸头的那个。""你妈妈的高跟鞋超级高！"

这不废话嘛，我难道不知道我妈是爆炸头？可那个鞋跟要把整栋楼都给戳穿的声音，是她踩出来的吗？热心同学还特意把手臂伸得长长的指给我看："嘿！那是你妈妈，你看到了吗？"

妈妈头顶棕黄色爆炸头，烫着时兴的烟花烫，脚踩十厘米高跟鞋，金色，在阳光下反光的那种。离老远看见我，就喜笑颜开地跑过来，嘴里还不停地大声喊"生生"——我的小名。她身穿破洞牛仔裤和过于浮夸的外套，脸上的烟熏妆在阳光下格外扎眼，瞬间吸引了周围同学的目光。

在一群穿着黑灰的妈妈中间，我妈简直是一种突兀的存在。原本扭头想走的我，只得硬着头皮回应她。

十一点钟，晚自习结束后回到家，家里只有一盏昏黄的灯。弟弟早就睡了，他十岁，不上学的日子，就一个人在家看中央电视台的纪录频道，从第一档节目看到最后一档。妈妈又不知道在哪里唱K到深夜。

这样下去不行，离高考还有一个月，我决定跟她认真谈一次话，我告诉她："你要是不回来，我一直等你。"她给我撂下话："成绩是你的，爱睡不睡。"挂电话之前还不忘嘀咕一句："威胁你老娘，也不看看你威胁的是谁。"

我们家几乎没什么完好无缺的家具：洗手间的门坏了，来了客人只能虚掩着门上厕所；厨房的灯坏了，晚上就摸黑做饭。我每次劝妈妈修，她都说"没钱"，自己却不断地添置新衣服，买香奈儿香水。

谁能想到，我妈在43岁这年变成了非主流杀马特，全然不顾将要高考的我，苍天大地，真是家门不幸。有时，我会偷偷想：要是爸爸在就好了。

年轻的时候，妈妈也是叛逆爱美的。外婆家里孩子多，农活重，没时间管她。小学毕业她就辍了学，在镇上到处晃荡，爱买衣服，爱化妆。外婆开玩笑说，来提亲的人把门槛都踏破了。

20岁，她去广东打工，吃了很多苦，但对家人总是报喜不报忧。当时的男友在派出所工作，妈妈骑着男友的摩托车，车速开太快，碰到石头也不躲，连人带车被甩出去五米多远，路人吓得定住。她爬起来，骑上车冲进派出所，吵了几句嘴后，她又跨上摩托车气冲冲地杀出派出所，门卫拦都拦不住。

没多久，男友就把她甩了。随着年龄增长，她在村子里的相亲市场上一路贬值。外婆着急了，劝她找个老实可靠、知根知底的人嫁了。

妈妈遇上了爸爸，爸爸跟她之前的男友不一样，是个巨蟹座暖男。妈妈心情不好，他拉她去公园或者河边散步。家中抽屉里至今还存着爸爸当年给妈妈写的信，厚厚一摞，开头一句永远是"亲爱的丽"，落款是"你的英"。

他们结婚了，妈妈决定收收性子，做一个好妻子。

爷爷没有留下房子，两人决定一起努力，用十年时间攒下一套房子。十年来，妈妈没买过新衣服，护肤只用大宝和郁美净，埋头扮演着“贤妻良母”的角色。爸爸依旧称呼妈妈“亲爱的丽”，在妈妈每次发火时极尽包容。

2003 年，爸爸妈妈一起到北京打工。妈妈在糖果厂上班，每月三千块，爸爸在科技园一家模具公司，每月约六千块，听起来不少，但去掉每月雷打不动的存进去买房的钱，一家四口的开销没剩多少。

我们一家人租住在北京大兴区的一个四合院，那时，妈妈的人生哲学是要讨人喜欢，先要讨好别人。房东奶奶的菜篮挂在院墙上，妈妈买菜经过时会看看需要添什么菜，房东奶奶和其他人聊天时，说起要做什么菜，她就会“顺路”买回来。那时候，每逢冬至、过年，房东奶奶煮了饺子，总不忘记给我们端来一盘，还让我去她家玩。

妈妈在外人面前总是笑盈盈的，但她心里也很压抑。只要不顺心，她就会寻机打我，或者和爸爸吵架，把压抑的情绪宣泄在家人身上。

2007 年夏天，我上小学，妈妈带我去北京大学游玩，遇见了学生组织的公益活动，在她的鼓励下，我在未名湖畔捐出了人生中的第一张五块钱。

当时，妈妈穿一件浅绿色的衬衣，扎进旧旧的直筒裤。她的头发梳得整整齐齐，用掉色的发夹盘在脑后。我们在北大走到天黑，遇到在树下读英语的学生，她投去羡慕的眼光，拉我走近一点，轻声说：“生生，你要向那个姐姐学习，好好读书……以后像你姨妈一样有文化，有好的工作和收入，人家才看得起你。”

我没有北京户口，上不了中学，妈妈带我和弟弟回乡。我们家在镇上没有房子，只能寄宿在姨妈家。妈妈兄弟姐妹六个，姨妈最有出息，大学毕业，是公务员。在小镇上，做公务员的女人很被人钦羡。

我和表姐一个房间，妈妈和弟弟“住”在客厅沙发上，沙发是可折叠的，平摊开就可以当床。住在客厅，她得早早起来。经济条件不对等，又寄人篱下，妈妈眼疾手快地洗衣做饭，以表达对姨妈的感激。

表姐脾气很大，每次喊她吃饭都得敲好几次门，妈妈终于把她喊出来，她开口第一句是：“饭放这儿我会吃，老敲门烦不烦！”

以后，妈妈要在饭桌前恍惚很久，才鼓起勇气对着房门说：“小雪啊，饭做好了，出来吃啊……”没人应，喊上几分钟表姐不出来，又叫我去喊。我不愿意，妈妈就开始骂我，声音大了，表姐就从房间里出来了。

妈妈一改对我发火的表情对着表姐说：“快来吃饭，都是你喜欢吃的。”表姐拉着脸：“我不吃肉末。”妈妈的脸色再次暗下来。姨妈在旁边，似乎没看见。

为了存钱，妈妈没有买新衣服，总是穿着十年前的旧衣，那些衣服款式过时，洗得发白。

姨妈经营着一家服装店，妈妈在里面做导购。客人来了，妈妈忙迎上去，模仿着姨妈的样子给人推荐穿搭，热情又讨好。客人背对着她，只喊姨妈的名字：“你快过来！”

妈妈在后仓整理货架，无意间听见客人对姨妈说：“上次乱给我推荐，难看死了。我换衣服都嫌麻烦，谁愿意在她手上买衣服，土里土气的，你最好打发她走。”姨妈赔笑道：“我这个妹妹没上过学，是有点上不了台面啦。”

客人走了，姨妈眉头紧蹙，嘱咐妈妈：“以后来人了，你倒水、拖地就行。”

我上高中后，她和爸爸终于在镇上攒下一套一百平方米的房，那时候妈妈已经 43 岁，和爸爸结婚快 20 年了。

我们搬进了自己的家，可镇上的人对妈妈的态度已经形成。积年累月，她的身体终于塞不下自卑和委屈，她开始了报复式的蜕变。

有天回家看到妈妈，我突然发现她画了眼线，涂了眼影。她的床头柜前摆着旧旧的化妆盒，是她十多年前买的化妆品，她用这些给自己化了妆。

没多久，她突然把留了十多年的黑长直，烫成一缕一缕的烟花烫。她发量多，初烫好，我吓了一跳，她像顶着一颗卷心菜一样在家里走来走去。

搬家后，她在镇上的幼儿园找到一份工作，终于脱离了对她冷嘲热讽的姨妈和她的朋友们。妈妈有了自己的朋友，有天她的姐妹来家里，几个和妈妈差不多大的中年妇女，也烫着和妈妈一样的爆炸头。

镇上开始有了关于妈妈的风言风语。姨妈来找我：“你妈以前能存钱，又能持家，带着两个孩子，为人处世滴水不漏。现在怎么变成这样了？”

她拉着我的手，又说：“劝劝你妈，让她别这么疯癫了。你是不知道外面的人议论得多难听。”

爸爸还在北京，和以往一样，活在一心工作存钱供子女上学的世界里。他每天给妈妈来一个电话，问她：“今天吃了什么？做了什么？开心吗？”

后来，他们开始在电话里吵架。妈妈生气地说：“时代变了，现在这些女人哪个不打扮一下？过去为了买房我省吃俭用，现在房子买了，条件也好了，我为什么不能打扮？”

爸爸在电话里只说：“你打扮得这么招摇，邻居们会怎么看？再说我在北京，你打扮给谁看？”爸爸开始怀疑妈妈出轨。

妈妈开始成天不着家，洗衣做饭都得我来。2015年，我在家里打扫，看到妈妈藏在箱子里的离婚证书。我和弟弟在不知情的情况下，变成了单亲家庭的孩子。

妈妈变得漂亮后，常常去镇上的酒吧，还在外头混兄弟姐妹，身边围绕的男人又多了起来。她通过微信摇一摇加了一个同城好友，两人很聊得来，男人为妈妈离了婚，他的原配找过来，把妈妈从店里拖出去，手都打骨折了。

那时候，我觉得妈妈简直是脑子有病，和亲戚站在一边指责她：“你还有个做母亲的样子吗？”

最终，妈妈还是不顾全家人的反对，同那位叔叔结婚了。婚后，叔叔常常来到家里，妈妈很久不做家务，他就帮她洗碗、做饭、晒被子。妈妈在电话里告诉我这些事，声音听起来很幸福。

不到一年，她又风风火火地离婚，说是不喜欢叔叔那样的性格。离完婚的她如获大赦，还告诉我们，以后自己不再结婚，只谈恋爱。

妈妈知道自己的随心所欲会在镇上引发怎样的风波，只是她活了大半辈子，再也不想像以前那样低眉顺眼、任人欺凌。

上大学前，妈妈去车站送我。她很久不管我的学习和生活了，她像是一个出走的母亲突然归来，却不知道怎么面对自己的孩子，不断地问我：“你要不要买什么东西？我给你买。”

进站前，我看着她，真的要离开了，我担心她，不知她还能在镇上生龙活虎多久。

大一上学期，我们半年没有通电话，妈妈似乎对在外求学的我很放心，唯一的联系是她给我打学费、生活费的支付宝收款消息。

有一天，她突然打电话说很想我。我一听就知道不对劲，问她怎么回事，电话里听见她鼻子抽动的声音。她一直说没什么，只是想我了。

那天，我们聊了快两个小时。我终于有机会问妈妈：“你那时候为什么和爸爸结婚？”妈妈倒是挺直接：“你爸好看，对我好。”“可爸爸一直对你很好啊？”

她说：“一开始合得来，是因为我们有共同的目标，买房。我被那些人说土气、寒酸，我想通过烫头和穿好看的衣服证明自己不是一无是处……你爸怀疑我出轨，我突然觉得，在他这儿得不到理解，觉得自己这十几年真没意思。”

其实类似的问题我也问过爸爸，爸爸说：“你妈好看，懂事。”妈妈不再“懂事”，爸爸收回了他的爱情。他们都在适婚年龄为自己挑选了一个合适的对象，轻率选择的代价是，十几年后，猛然发现自己面对的是一个陌路人。

要远离她之后，我才能客观地看待她这些年的遭遇。

“你踏踏实实过日子，我好好读书，以后赚钱给你买个小花园房，你安安心心种菜，没事约你的好朋友来打麻将……好不好？”

她在电话那头哽咽，连声说好。

妈妈答应我之后不久，她突然说要出去玩，却不肯告诉我去哪里，跟谁去。接下来三天，她消失了。那么招摇的人，没有发朋友圈，也没有打电话给我。

姨妈责怪妈妈总是让人不放心，催促我赶紧想办法联系她，可我给她打电话，总是没人接。我决定，如果第五天她还没有任何消息，就报警。

在妈妈失联的第四天，手机显示她的微信给我发来视频邀请，我激动地点开，看见一个脸上缠满纱布和绷带的女人，眼睛周围涂满黄色液体，看起来像某种药物。我整颗心都提到嗓子眼，不敢先说话，也不确定她能不能说话。

女人的嘴在纱布的缝隙中颤抖着：“生儿，你看我。”是我妈的声音。

“我把鼻子垫高了一点，下巴和多余的下颚骨也削了……”妈妈疲惫的眼睛笑得眯起来，“我一直对这个下巴不满意。”我一时间没气晕过去。

她像孩子一样得意地扬起头，马上又吃痛地眯起眼睛。不过看得出她很开心，眼角的鱼尾纹都在笑。

我很无奈：“好的，妈。你开心够了，记得回家。”

我的1000天小树林计划

✽张　萌

1

说到学生其实无非就分两个类型，一个是好学生，一个是差生。如果用这个方式定义我的话，我就是个差生。

初中时，我从来不背书包回家。我是中国第一代电竞玩家，从来不用修改器。每天晚上我都会沉浸在电脑游戏中，一打一通宵，父母拿我没有办法。当然了，他俩最害怕的事情就是去开家长会。每次开家长会他们都要用“剪刀、石头、布”决定谁去，而且每次都要被老师点名问：“谁是张萌家长？”

这个当差生的时代伴随了我挺长时间。其实我能从游戏中收获“我是谁”这个问题的答案。我觉得我是个大侠，因为我在游戏世界中能有取得胜利的王者心态，而在现实世界中往往找不到那种感觉。上初中时我特别喜欢打架，因为我个子很高。我们班有好几个男生都被我打哭了。他们欺负女生，而我总愿意打抱不平，行侠仗义。

在2001年7月13日，北京申奥成功的那天晚上，我的家乡沈阳全城都沸腾了。第二天我们的班主任张老师说：“你们人生当中将发生一件大事，这件大事就是在你们上大学时将有机会成为一名光荣的奥运会志愿者。”说到这儿，老师清了清嗓子，重点冲我说了句话：“就像你那样，张萌，就别想了。你永远也当不上奥运会志愿者。”那时我才十几岁，觉得特别受刺激。于是我就问老师：“怎么才能成为奥运会志愿者？”老师说：“很简单，学习成绩好就可以，你得先考到一所好高中，然后考上好大学，好大学的学生才有机会成为奥运会志愿者。”我说：“懂了。”

接下来，我就“丧心病狂”地开始早起了，从以前的睡觉睡到自然醒，到后来的凌晨两点钟起床，每天早上都这样。经过一段炼狱般的生活，最后我不负众望，考上了沈阳最好的高中。后来一路非常平顺，我一直都是一名好学生。因为我心里一直装着一件事，就是当一名奥运会志愿者。

赌着一口气去学习，和压根儿没有目标的学习是不一样的，后来我考上了浙江大学。我的专业叫生物医学工程，是一个非常有前景的学科。我跟很多同学不一样，大部分同学在入学时都是拎着行李箱去找宿舍，而我第一件事是去问老师怎么当奥运会志愿者。

那时奥运会志愿者报名工作还没有启动。老师说：“你再等等。”可是当北京开始招募志愿者时，我特别焦急地问老师：“什么时候能开始报名？”老师跟我说：“唉，你别想了，因为我们地处杭州，这里不是奥运会主场地，所以你可能没办法当志愿者了。”不过老师又安慰我：“没关系，只要你心向往之，下次北京申奥成功时，你依然可以成为奥运会志愿者。”于是我问老师：“什么时候？”老师说：“大概有生之年吧。”

我觉得我得做点儿什么了。我当时脑中就想到两个字——退学。当然我没那么大胆，大家都知道浙大特别难考，我宿舍的下铺室友考了三年才考上。我如果退学，她恐怕要疯了吧。但是慢慢地这个想法就像种子一样开始长大，变成了参天大树。

一天，我跑到学校教导处，我说：“老师，我是来退学的。”他说：“什么理由啊？”我说专业不是特别喜欢。如果我说因为想当奥运会志愿者而退学，老师会觉得我有病。老师说：“专业不喜欢，我们学校是可以调整专业的，你喜欢什么专业？”我说：“我喜欢学英语。”老师又说：“好，这样，我查一下你的高考分数。”查完后他说：“没问题，你的分数符合调整专业的门槛，我们大概会在下个月帮你操作。”我回答：“老师稍等一下，我其实不是对专业不满，我是对这个学校不满。我现在要立即退学。”老师提高嗓门说：“你想干吗？”我说：“我想当奥运会志愿者。”老师终于急了，说：“这位同学，我在浙大工作几十年了，你是第一个想以这种理由退学的同学。这样，你明天再来，我们领导在。”

第二天一大早我就等在教导处门口。教导处主任接待了我，他说：“张萌，听说你是因为想当奥运会志愿者才退学？”我说：“是的。你看很快就要高考了，时间紧，任务重，请赶紧放我走。”教导处主任对我说了一段话，这么多年来我依然记得，他说：“你知道吗？高考不代表一定会胜，在大多数情况下都会输。我觉得你一定会后悔的。”说完他就帮我办了退学手续。

2

就这样，我从浙大退了学，立即回去复读。我是理科生，如果想去北京读英语专业，必须读文科才行。所以大概还有两个月就高考时，我好不容易才以文科生的身份报上名，而那一刻，我还不知道历史、地理、政治在讲什么。那两个月我不断刷题，经历着备考的煎熬。而且，还有一种煎熬，就是在我脑海里不断回响的“张萌，你一定会后悔的”。这种煎熬一直在我心中。

好多个夜晚我的枕头都是被泪水浸湿的，我好像已经后悔了。我怎么就退了学？就为那个无知而年少时期种下的梦想？到底它值不值得我这样做？其实那个时候压力最大的应该是我妈，她都不敢吱声，怕我压力大。不过她从来都没埋怨过我，一直默默支持着我。

最后，我考到了北京师范大学的英语系。北师大的传统是大一新生入学第一件事要进行综合素质考试。英语系的学生就要考察一下英文能力，我自以为英语一直是我从来不用学就可以学得很好的科目。全年级 120 人，放榜那天我看到榜单时，找了半天自己的名字都没找到。于是我就问老师：“你是不是把我忘了？”老师说：“没有啊。你看，这不 89 名吗？”120 人，我考了 89 名，我可从来没考过这种成绩。

那天晚上回到宿舍，我久久难以入眠。我在想我怎么就这么差，好像比周围的人都差了很多。我觉得我得做一件事。现在不行，但是毕业时不见得依旧会不行，我有三年时间可以努力。三年，1000 天，我跟自己做了个约定：别人在睡觉时我起来，别人在荒废时间时我去珍惜它。每天早上五点钟起床，从早上五点读书到八点或十点，一天保证三到五小时。如果连续 1000 天都能坚持的话，那么三年时间我将获得三千到五千小时的多余时间。如果用来学习英语的话，我将是很厉害的一个人吧，于是我就开始行动了。

刚开始的时候我觉得特别孤单，因为孤零零的小树林是情侣们谈恋爱的地方。我之所以选择这个地方，是因为我一口东北腔英语，我怕丢人。

我仍然记得快到三九天时北京特别冷，户外已经零下十几度了。小树林是户外的，我就在这样的环境中每天站三到五个小时。一个瘦弱的女孩站在如此冰冷的地方，我至今都能想象到那种冷。当我读完英语走进温暖的教室里，我的身体时常要用三十分钟才能被暖热。我甚至拿不起笔来，全身只有眼珠是能看黑板的，剩下的都僵住了。

三九天时我终于忍不住了，觉得自己要放弃了。因为屡次发烧，我觉得 1000 天小树林计划制订得太失败了，这简直是非人类的行动。正当我要放弃时，第一学期期末考试来了，成绩一出来，我照例从排行榜下面往上找我的名字。下面看半天没看到我，所以又开始焦虑了。这一次难道排行榜都放弃我了吗？

这时同宿舍的一个姑娘跟我说：“我的天哪！张萌，统计错了吧，你怎么跑第一名去了。”那一刻我也在怀疑是不是统计错了，我不敢相信自己。我知道努力会获得回报，但没想到这么快。好像小树林计划让我的人生开挂了。从第一学期以后，我拿了北师大所有的奖学金，于是就拿上了瘾。

3

考到北京师范大学，我做了谁都可以想象到的一件事，就是问老师有没有机会报名当奥运会志愿者。老师说：“马上开始报名了，我们很快就会组织第一批。”我终于如愿以偿成为中国第一批奥运会志愿者。那时候还发生了一件特别的事，我居然得知相关部门正在招募奥运会火炬手。中央电视台还举办了一档叫《你就是火炬手》的节目。全北京 3 万多名市民参选，共选 70 位，其中只有一位是大学生。我一轮一轮参加 PK，到最后非常荣幸获得了这个殊荣。

我是在内蒙古赤峰传递火炬的，第 93 号。我拿着火炬的那一刻，不禁回忆起过去：我是一个差生，喜欢打架，喜欢打游戏，好像周围所有的领导、同学都不太喜欢我。最后，我逆袭成功，其实一步步走来都是看得见的，每一段路都看得见，这可能就是成长吧。

你配得上更好的人生

✽沈嘉柯

你踏遍山河，一路修行，成为强大的人，从此自己对自己温柔。

1

他是一个生于1993年的北方男孩，三年前在北京一家文化出版公司实习。那家公司的老总恰好是我的一个老朋友。近两年我开始跨界到新媒体行业，特别需要一个兼职的年轻人，我就让老朋友推荐一下，他给我推荐了这个男孩。

当时我只问了他一个问题："如果你过往接受的教育以及实习的工作经验所形成的思维模式，和我告诉你的截然相反，你会怎么面对呢？"他当时有点犹豫，又有点困惑，但他还是回答我，他可以试一试。

我把我十几年来在传统媒体的工作经验，倾囊相授。我的经验有效的部分，他统统都用上。我的经验当中跟不上时代的部分，他靠自己摸索，直接把事情做好，不争辩，不浪费时间，直接用事实说服我。我特别喜欢他这一点。

短短几个月，我交给他的自媒体号，就达到了几千万次的阅读量。于是，我放心地把这个自媒体号交给了他。他踌躇满志，梦想着抵达更高的地方。

然而在这一年春夏之交的时候，他的父亲离开这个世界，走得特别突然，他毫无防备，不知所措。

那时候，他一个人运营起来的自媒体号，仅仅是流量广告，一个月就有一万多元收入。拿到第一笔分成的时候，隔着手机屏幕，我都能感觉到他的开心。一个人把属于自己的事情做出成绩，本身就是莫大的快乐。

他向我请辞，去处理家里的事情。我马上答应他，对他说："什么时候休养好了，觉得可以回来接着做，你再回来，一切由你自己决定。"

半年以后，某一个晚上，他突然来找我，我们没有谈工作，只是谈一谈人生。对一个男孩来说，失去了父亲，自己就成为家里的顶梁柱，面对这个世界的态度，跟从前再也不会一样了。如果普通人是按部就班地成长，那么他已经选择了更快地成长。

现在，他自己开了公司，把他所学到的东西用在了自己的创业之路上。而我，选择继续向他投放资源，为他介绍了一个新的项目，支持他又创办了一个新媒体。曾经的实习生，踏入江湖去闯荡，从此要独当一面。

少年何惧岁月长，将悲伤化作勇气和力量，再出发的时候，会更加坚定。

2

2016年的夏天，我应邀去参加一个分享会。

当时我第一个出场，讲了自己的成长。我用10年时间去准备，登上了中国影响力作家文学贡献榜，出了很多畅销书，创办的新媒体虽然刚刚起步，但已经一年营收百万。我所有的努力，是为了一个梦想，让自己有积累，可以去过自己想要的生活。

按道理，我已经衣食无忧，拥有了声名和不错的收入，继续这样生活下去就行了。

但不知道为什么，看着网络大时代来临，曾经在报刊工作多年的我，做过主编的我，心里开始蠢蠢欲动。都说传统媒体衰败，新媒体崛起，是否我这样的老家伙，落后于时代了？

我跟朋友合伙创办了一个新媒体品牌，我们再战江湖，没日没夜地挖掘热点。我们各自发挥所长，有的写影评，有的写人物专访，有的写行业观察。一年时间，我们就成了营收百万的大号。我想这事对我来说，最大的收获是，一个人拥有的专业能力，从来不会过时。

我结束了自己的分享，坐在观众席上休息，后来听到了他的故事。

3

他是一个70后，也是我们本地音乐广播电台的主持人。我第一次见到他，是在一场音乐选秀比赛上。我一直以为他就是那种人生开挂的典型，毕业于一所传统的师范类名校，轻轻松松进入了效益不错的传媒单位。

广播电台曾经有多受欢迎，我是亲身经历过的。再加上他主持风格特别幽默，功力扎实，所以很容易成为大腕，属于理所当然的高收入群体。

隔了几年之后，我们再次碰面，就是在这次分享会上，他最后一个演讲，说了他自己的青春故事，颠覆了我对他所有的印象，也让我找到了深刻的共鸣。

大学时代，他渴望进入传媒单位工作，但是一直没有机会。学生时代特别穷，喜欢的音乐卡带，都舍不得买，因为没钱。他第一次赚到几百块酬劳的时候，欣喜若狂。

毕业以后真正入了行，当他在电视上有了自己的节目之后，有一次经过天桥，一个路人转过身来，冲着他大喊了一声："哎哟，你不是那个谁吗？"他心情万分激动，期待这个观众喊出自己的名字。结果那个路人说："你就是那个阿星吧！"他是阿喆。

当时他还年轻，不服气。他想，总有一天，他要让观众都准确地记住他。

随着网络的繁荣，传统媒体从纸媒到电台，都面临着巨大的危机。他也遭遇了人生的低谷期，上完夜班，回家路上看着万家灯火，他心中觉得，真的不甘心就这样平淡到老。

他开始策划各种活动，主动出击。在中国最长的那条步行街上，创造了音乐电台透明直播间。他从主持人跨界去创业。不服输的性格再次帮了他，没有条件自己创造条件，想方设法也要做好。

就这么一路走过来，承办了各种演出活动。他负责公司的诸多事情，创业型公司需要摸索道路，还要事事亲力亲为，但他一点也没耽误主持工作。

那个曾经为几百块钱主持费欣喜若狂的小青年，如今一次出场费至少五位数。他的演讲结束语是，事情就要先去做，有了问题再解决。人总要折腾，最怕的是什么都不做。

我惊讶地张大了嘴巴。一个人到了中年，依然怀着赤诚的热情，这太难得了。

4

真正喜欢做事情的人，眼睛里都有光。

我特别熟悉那种光，绝对骗不了人。因为曾经也有前辈说，在我的眼睛里看见过光芒。

年少的我不知道自己会走到什么样的境地，我只是模模糊糊地觉得，我愿意为自己想要的东西，付出努力，我想拥有更好的人生。

甚至这个"更好的人生"，也不再由别人来定义，而是我自己说了算。

我想要热血沸腾、热泪盈眶的时候，我就去做这样的事情，哪怕每天昏天黑地工作16个小时累得不行。我想要内心安定，我也有资本回到自己一个人的王国当中，写不需要任何人赞美的诗，视功名如浮云。

你对自己那么凶狠，世界才对你稍露温柔。这看起来很不公平，但也无所谓。你踏遍山河，一路修行，成为强大的人，从此自己对自己温柔。

不管你从哪里出发，都得出发——就像所有的河流都流向海。你配得上更好的人生。

大学给我上的最残忍的一课

✻黛 西

"你对你的大学生活失望吗？"

这个问题我问过很多人，他们第一反应是想张嘴说点什么，却又默默咽了回去，只能轻轻地点了点头。

我很明白这种感受，那是对自己在大学放纵的失望。

所以微博热搜话题"假如重返大一"，很多人都选择回去重修一次。

大学最好，也最坏的地方，在于它太过自由。

这是一群被长期压迫着学习的迷茫少年，渴望但操控不了的自由。

我很喜欢"自由是给优秀的人最大的礼物"这种说法，因为优秀的人知道自己要什么、需要做什么，会最好地分配自己的时间让自己进步；而"自由是给落后的人最大的灾难"，因为落后的人只会被越落越远。

四年期间，没有人有权利干涉你的选择，偷懒也好学习也罢，你想怎么活，便怎么活，想想很爽是吧?

然而，这就是大学给我上的最残忍的一课：废掉一个人最简单的方法——给他无法驾驭的自由。

01

知乎有个热门话题：一个人是怎样一步一步废掉的? 我给一个回答点了个赞："懒、闲、不思考、不学习，四者结合必废，神仙都不换。"

因为大一时，我就是这个回答的典型代表：全宿舍睡得最晚、起得也最晚。醒来有时间，就赶去教室玩一天手机；没时间，就让宿友帮忙签到，在宿舍肥宅一天。

被自由操控的日子里，我甘愿做着无脑娱乐的奴隶，身体和脑子被榨得一干二净：

每天忙着和网友热聊，了解明星八卦：谁出轨了，谁整容了……

每天看着大量泡沫剧和综艺，吃着炸鸡辣条蛋糕薯片，用三层游泳圈的身材幻想遇到类似韩剧《来自星星的你》里都教授一样的神力男友。

每天伴着宿友的鼾声打游戏看爽文，偶尔发条矫情伤感的说说，第二天再删掉。

就这样，我用"透支式"的舒服方式过完了大一。1 年期间长胖 20 斤，挂了 3 科，求老师手下留情险过 2 科，表白被拒 1 次……

听说人一旦堕落，上帝就会用最快的速度，收回你所有的天赋和曾经所有成绩。原来是真的。

"闲"会让人失去斗志，也是真的。

那时的我即使又胖又丑成绩又烂，也依然沉浸在乐呵呵的"纵欲式自由"中，就连看到爱因斯坦的一句名言："我从来不把安逸和快乐看作是生活目的本身——这种伦理基础，我叫它猪栏的理想。"

心里也觉得，当猪挺好的啊。

02

直到有一次，看见当时最好的朋友小元嘲讽的眼神，才狠狠打醒了我。

原来当猪是会被直接杀掉的。

当时学校正在举办专业比赛初选，班主任要求班上每个人都参加，要求6人一队。

我赶紧退出游戏界面，给小元发了消息："大神，记得带我一个啊！"然后，继续打开游戏。

心想着：幸好经常和小元一起吃饭上课，培养出了感情，嘿嘿嘿……

当天晚上，班群发送了很多团队名单，我快速看了小元的战队，个个都是大神，美滋滋啊，稳赢了。

开心地再确认一遍名单：小元、A、B、C、D、E。不相信自己眼睛的我关掉手机再看一遍，怎么没有我啊?

不知道哪来的勇气，我跑去对面宿舍

找到小元，质问她为什么不选我。

她可惜地说道："团队需要写文、演讲、视频剪辑等，你好像都不会，我不好意思拉你进来，他们会怪我的，对不起啊……"说完捧着衣服与我擦肩而过，那微微扬起的讥笑和不屑眼神，无形地往我脸上大力地扇了一巴掌，火辣火辣的。

自那以后，我再也没和小元走在一块了，因为落选，我和垫底差生组成一队，早早就被淘汰。

原本觉得只有自己一个人的宿舍，是自由且洒脱的，自己想干什么就干什么。现在觉得，下午到晚上 9 点都没宿友的宿舍，好冷清啊。

大学像一只老鹰，把我们这群幼崽逼到悬崖边上，再把我们推下去。

你可以待在谷底，也可以被迫飞翔，你有选择的自由权。

而跌入谷底的我，开始想飞出去了。

03

可待在舒适圈太久，我早已失去了飞翔的能力。只能先忍着剧痛，吭哧吭哧地爬到地面。

但这种从低谷把自己一点点撑起来的力量，成了我真正的人生支撑点。

大二开始，我戒掉了言情和武侠小说、浪漫主义的偶像剧、毫无意义的开黑，笨拙地学着学霸宿友的优秀习惯，像高三一样过日子：

她们晨跑，于是我先跟着每天慢跑半小时，渐渐发现自己更适合瘦身操，于是下载了 Keep，半年瘦了 20 斤；

她们看书，于是我先同步阅读她们看过的书，在图书馆从下午 3 点待到晚上 5 点，一年看了 100 本书；

她们写日记，于是我也开始记录，从复盘日记——观 / 读后感——跟公众号学着表达观点——自由输出文章，大学三年到现在，没有暂停过一天；

她们参加社团，于是根据自己喜欢读书和写作的爱好，只参加了读书社和新媒体官微社团，成了部门领导层；

她们考证，于是我大三前考完四六级，半年拿下 N1，之后考了心理咨询师等。

就这样，我好像成了一个还不错的人。

而我这只不会飞的幼崽，在一次次奔跑起飞，又无数次跌倒再站起的坚持下，从大三开始，终于学会了飞翔。

为什么这么说呢？

因为那年的专业比赛，我作为队长领着团队，拿到校级第一名，再代表学校参加省赛，拿到团队第二名。

而小元，在复赛时就被筛掉了。呼，扬眉吐气。

说实话，那段和自己欲望抗争的日子，真的很累，会因为看到体重不减而伤心、看不下书而抓狂、写不出文章而头疼、考不到理想分数而受伤……

但是哭着也要坚持、身负重伤也要前行，才是青春应有的样子啊。

而这种驾驭住自由、管控好欲望的高级快感，是用语言表达不出的，只能说痛并快乐着。

04

毕业后的那个夏天，我正式从学校飞出去了，来到更大的世界——社会。

幸运的是，我拿到了心仪公司的 offer。

那一瞬间，我感觉好像回到高考结束，拿到录取通知书的那个夏天一样，雀跃地在地上乱蹦起来，觉得西瓜很甜，空调很凉。

我开始将自己打扮成大人模样，就像是踏进大学一样，轻快地推开公司的大门，准备迎接无限可能的未来。

我知道，"现实社会"会再次像一只老鹰，把我们这群年轻人逼到悬崖边上，再次把我们推下去。

我们依旧有自由的选择权：待在谷底，或被迫飞翔。

希望你成为后者，得到自由的礼物。

如果你不小心跌入谷底，也不要伤心，这是我们常犯的错误。

但我希望你记住这段话：

"有的人，一辈子只做两件事，不服，争取，所以越过越好，一直在成长；也有人，一辈子只做两件事，等待，后悔，所以越混越差，人生凄惨了。人耐不住琢磨自己，看看自己到底是哪种人，如果做得不理想不到位，当你痛下决心改变自己时，未来就跟着就变了。"

希望你，有勇气从谷底爬出来。

没有退路，才会义无反顾

李娜

在北漂的路上，我曾是一名逃兵。

那是我头一回来北京，却得到了一个血淋淋的教训。当时是2008年，我刚参加工作，起点不算低，当同龄人还拿着2500块的工资时，我已经月薪过万了。工作还算体面，但心里总有一种犹豫——每次在工作和生活中遇到压力时，就想要回老家。

这是人类的共性，也是生物的本能，遇到困难，就想退缩，遇到痛苦，就会逃避。很多时候我们不会选择迎难而上，而是习惯性地给自己找好退路。北漂青年尤其如此，每次遇到压力，首先想到的就是自己还有退路——如果北京混不下去，我还有一个可以包容自己的老家。

但是，当我真正回去的时候，才发现，那个老家，早已不是“家”。

在北京我月薪接近两万，回老家却贬值到1200块，还不是合适的工作。我的学历、一技之长，没有任何人需要，也得不到任何人的认可。

北京的生活节奏快，不知不觉间，我走路的速度也逐渐加快了。但大家都快的时候，你不觉得。可回老家以后，一对比，就特别明显了。不止一次，老家的人问我：“李娜，你是闹肚子了吗？”我说：“不是啊，为什么这么问？”他们疑惑地说：“不是的话，你干吗走那么快？”

是的，老家一切都慢，因为老家里的人，最不缺的就是时间。

在北京，我习惯了晚睡；在老家，大家习惯早起。我一下子没适应过来，有了两个习惯，晚睡加上早起，所以我突然多出来很多很多的时间。

有一天，在百无聊赖的时候，我跟朋友说：“我是不是该找点事情打发一下时间？”

朋友特别淡定地说：“那你可以像我妈一样，没事去跳跳广场舞啊。”

我说：“我不喜欢跳舞啊！还能做什么呢？”

朋友继续淡淡地说：“那你可以像我一样，嫁个人，生个孩子玩一玩啊。”

我瞬间感到绝望，我想，我才二十多岁，难道要提前步入老年生活吗？我才二十多岁，难道我生命的意义，就只剩下结婚生子了吗？

我继续问自己：“李娜，这是你想要的生活吗？”

答案很肯定，不是。那一刹那，我做了一个决定，重回北京。

这是我改变的开始。

它让我明白，环境只能影响一个人，不会改变一个人。能改变一个人的，永远只有你自己。你只有经常询问自己的内心，才能找到正确的路。

我以为重回北京，最低的起点，不过是回到五年前刚毕业，来北京找第一份工作时那样。

可是，回是回来了，却远远没有我想象中那么容易。

我所在的行业瞬息万变，行业里的每一个人，每天都被要求快速升级更新。

所谓三天不练手生，在老家待了大半年的我，颓废度日，业务生疏。行业里早已没有了我的位置。怎么办？难道我要这样等着被淘汰吗？

我开始从头到脚地改变自己，我试着去掉多年纠缠在身上的陋习，放下原来的自卑。我不再妄自菲薄，不再自怨自艾，也不再逃避——照镜子看到自己胖，马上到健身房办了年卡请了私教减重瘦身；觉得自己打扮土气，马上买了书报了课学习形象管理；觉得自己竞争力不足，马上找到行业翘楚拜师学艺……

重回北京的几年，很多人觉得我活成了“励志”的典范。但我认为，我并不是什么典范，我只是按照自己的想法，马上行动，去做一个女生这辈子最该做的事情：变瘦、变美、变职业、变成你自己。而不是嫁人、生子、辞职、带娃，最后丢了自己。

短短4年的时间，我从月薪3000，到年收入超过7位数；从毫无课程开发经验，到做出百万级销量的课程，最后又捧红了很多知识型IP。

很多人觉得我幸运，其实不是。你只是不知道，我有多少次为了加班工作，每天只睡一两个小时。很多次，我在最后一班回家的地铁上，强忍着泪水，告诉自己不能输，很多次，我被机会无情地挡在门外，听不到任何鼓励，却有一个声音一直在重复：算了吧，这不可能！

生活从来不会无缘无故犒赏任何一个人，尤其是没有资源，没有背景，没有金钱，也没有人脉的人。前路漫漫，我们能依靠的只有自己。

回北京最困难的时期，就是我的新人期。作为一个图书编辑，我手上没有作者，就好像一个销售，手上没有客户。但在销售中，经常会提起二八法则。他们说，如果你联系100个客户，可能有20%的客户有意向，而有意向的人中又只有20%可能会签约。

这似乎与我签作者是一样的。我也在心里默默地盘算，如果能联系100个作者，就有4~5个可能签约。而且如果100个不行，那就再来100个。

于是，我开始打电话，发微信，在微博搜索符合我要求的作者类型，没日没夜地联系作者，只要有一丝机会，就不放过。

念念不忘，终有回响。就在微信号即将加满的时候，有一个作者对我的策划方案表达了意向。但同时抢她新书的，还有几家实力非常强的出版公司。当时我们公司的报价没有竞争对手高，我又没有做书的经验，偏偏赶上领导出差，想跟公司申请提价，获得竞争优势完全不可能。

屋漏偏逢连夜雨，我开始感冒发烧，体温升到了39度，脸红得跟猴屁股似的。但即便这样，我心里也想，无论如何，一定要把书签下来。我赶紧订了去作者家里的高铁票，几个小时后，出现在了她面前。

她看到我时很惊讶。

我来不及进门，扶着门框，用尽最后一丝力气，对她说："我们公司不比对方差，整个项目组也不比对方弱，只差在了我这儿。因为我是一个新编辑，没有对方老到，了解做书的套路。可是我太需要一本畅销书来证明我自己，所以为了做好这本书，我会拼命！"

话音刚落，我就瘫坐在地上。作者吓坏了，连忙扶我进屋，给我倒了热水，拿了药。

吃过药，我就在她家的大沙发上，迷迷糊糊地睡着了。沉睡了一夜，第二天醒来，作者把书签给了我。她就是我签的第一位作者，我们也一直合作到了现在。

这次之后，我学会了三件事，那就是：永远不是机会不够多，而是你尝试得不够多；当有1%的机会时，也要付出100%的努力；今天能粉身碎骨，明天才能刀枪不入。

到了2016年，一切都变得顺利。收入稳定，不用再费力找作者，凭着已有的经验，就能轻松搞定所有的工作，生活也因此变得清闲。

我妈说："你熬了这么多年，终于可以消停会儿了吧！"

朋友说："你辛苦那么多年，终于可以轻松一下了吧！"

我那个不安分的自己，又开始跳出来了，她发出的，是另外一个声音。于是，我开始着手准备自己的新计划——创业。

2016年底，我组建了自己的公司。

很多人不理解，他们觉得我不安分，爱折腾，不知道自己几斤几两；他们认为我不会见好就收，自讨苦吃。

但我还是选择相信自己，听从自己内心的声音。因为我知道，最容易杀死一个人的，就是他的舒适区。在安逸里待久了，你会以为所有的收获，都是理所当然。你忙于享乐，却忘了自己还有不足，忘了要不断提升自己，才不会被时代淘汰。

可是我曾在安逸里，丢了赖以生存的技能，也差点丢掉了自己。所以，我知道一个女生，需要用多少心思，耗费多少气力，才能重建自己。

好在，付出总有回报。2016年，正好知识付费刚刚兴起，不到两年的时间，我的公司发展成了国内知识付费领域知名的MCN公司。有人说我逆袭，丑小鸭终于有机会站上绚丽的舞台，展翅高飞。但我觉得，自己更像一条毛毛虫，用尽全力，破茧而出。

最终我明白了，你不能改变环境，你只能改变你自己。而往往，当你自己开始改变的时候，环境也跟着改变了。你最终丢掉了那个不想要的自己，换回来一个想要的未来。

袁隆平：他依然是全世界最厉害的老头之一

✻世相君

2019年9月7日，袁隆平90岁生日上了热搜。很多人当他是自家爷爷一样，祝他生日快乐。他也确实像养活了很多人的爷爷。

为什么这么说——数据显示，近年来我国杂交水稻年种植面积是1700万公顷，每年能养活4.7亿人。如果没有杂交水稻，粮食产量就会下降，玉米、小麦价格就会上涨，衣食住行成本就提高了。所以，就算没吃大米的人，也受着老爷爷带来的好处。

有人评估，仅“袁隆平”三个字，价值高达1008亿人民币。袁隆平不是很看重这些，还把杂交水稻的技术在世界范围内共享了，他觉得这是好事。他可爱又大气，默默关心所有人，简直像国宝大熊猫一样珍贵。

袁隆平长得就很像爷爷，满脸褶子还有点儿黑，总是笑呵呵的，一脸慈祥。平时挺严肃的他，犯点小错就激动地拍大腿：“我怎么又抽烟了呢？”看球，球没进，他更激动了：“啊，这球打输了。”他走路时一晃一晃的，但有精气神，身子骨硬朗。

他爱打排球，和整个研究中心的人一起每晚八点半准时开赛，输了做俯卧撑。他从不示弱：“只要我接球，大部分时候都不掉链子。”输了他也不会耍赖皮。

他还有个全天下爷爷共有的小毛病：爱抽烟。但爷爷到底是爷爷。82岁时身体大不如前，为了还有精力工作，产更多粮，有63年烟龄、一天一包烟的他，硬是花两年时间戒了烟。

这样可爱又硬核的“90后”爷爷网友太爱了，大家给他取名“魔稻祖师”“当代神农”，什么厉害叫什么。有网友说自己在国外读博，菲律宾同学问他认识袁隆平吗，说自己特别敬佩他。网友觉得自家爷爷被夸了，很有面子。

但袁隆平本人没把自己当爷爷，甚至觉得跟我们是同龄人。有次上节目，主持人问他年纪，袁隆平说：“I am 83 years young，我是年轻的80后呢！”

不过，就在2019年，他成功成为“90后”。

袁隆平是亲切的，上一秒他是传说中的熊猫爷爷，下一秒就背着手笑吟吟地出现在你面前。时不时会有人偶遇他，在超市，在学校。

袁隆平曾被邀请回母校做演讲。有人回忆说，他一上台就一口乡音，和同学们讲自己小时候跟大家一样，脱了裤子就在旁边河里玩。他的亲切，让人觉得传说中的院士，原来和隔壁的老爷爷差不多。

全世界都好像在偶遇袁隆平，农田里绝对是偶遇他次数最多的地方。他曾说："我如果不在家，就一定在试验田。"

袁隆平花了一辈子，努力让所有人吃饱饭，而且做到了极致。年轻时，他遇上自然灾害，亲眼看到5个人饿倒，他当时就想喂饱所有人，但这比西天取经还难。先是找种子，好不容易发现了几颗，当宝贝一样护着。种出来后，高的高，矮的矮，早的早，迟的迟。发现"不是龙，是个虫"。当时可谓是诸事不顺。

第一次种的试验田，丰收时他发现，水稻被人连根拔了。有人说是袁隆平自己拔的，怕做不出实验，自己下不了台。他也没解释，找了仅存的5株幼苗，重新开始。

这次他把种子绑在身上，用体温催芽，谁也破坏不了。种子终于长出来了，结果地里的草比长出的稻谷还多。又有人说风凉话："可惜人们不吃草。"直到1970年，助理意外在海南发现一株野生水稻，才有了杂交水稻的开端。几年后杂交水稻实验成功，中国水稻产量增长20%。这次袁隆平不仅做到了让人有得吃，还一定要让人吃得饱饱的。

他做过一个梦："我的超级稻长得比高粱还高，穗子像扫帚一样大，籽粒有花生米那么大。我和我的助手们一块在稻田里散步，在水稻下面乘凉。"

"好高兴的，是吧？"袁隆平一高兴就夸下海口，开始说要突破亩产700公斤，然后是800公斤，900公斤，最后1000公斤都觉得不够。光种现在的地还不够。2014年，他开始研究海水稻，到2018年试种，亩产500公斤。

袁隆平不仅跟自己比，还跟别的国家比——日本有种很好吃的米叫"越光"，在北京超市卖80块钱一斤。袁隆平不服气，趁日本稻米专家来，请人家吃自己种的超级稻。吃完对方连夸不错，可以跟"越光"媲美。他跟老小孩一样，特别得意。

袁隆平还很大方，家里有好东西，绝不藏着掖着，杂交水稻的专利，世界共享。不仅养活自家孩子，还要操心全世界的娃。

20世纪80年代以来，袁隆平通过杂交水稻培训国际班，培训了来自80多个发展中国家14000多名杂交水稻技术人才。这门课叫"东方魔稻"，而袁隆平就是"魔稻祖师"。

袁隆平还去长不出庄稼的马达加斯加帮忙开荒，去仙人掌都种不出的迪拜种水稻。

出门工作，有非洲人遇到他，争着跟他合影。被这么多人感激，袁隆平也没觉得有啥。他用英语录了段视频，让他们不要太在意，吃饱喝饱，他挺乐意干这事儿的。最后招呼大家："欢迎你们来湖南找我玩啊。"

爷爷之所以一直是爷爷，是因为他总在背后默默伟大着。

袁隆平有很多头衔，1999年，我国发现的一颗小行星被命名为"袁隆平星"；2006年，他成为美国国家科学院的外籍院士；2008年，他成为北京奥运会001号火炬手……

世界上只有两个人可以无证驾驶，一个是伊丽莎白女王，另一个就是袁隆平。有人说他是湖南省首富，说他身价1008亿，他一笑置之。

之前他接受采访，记者身体往前倾，声音又大又慢地问："您觉得我还需要离您再近点吗？"袁隆平把身子往前探了探，主持人又问了一遍。袁隆平这才说："不要，可以听得见，听得清楚。"

这时我恍然，那个在我记忆里出现在小学教科书上，蹲在田里盯着水稻看的爷爷，肉眼可见地老了，出门开始坐轮椅了，下楼开始需要人扶了。

前几年上节目，他靠着墙打盹，跟观众说："我86岁了，身体不好了。"

2019年他90岁生日那天，网上一群人祝这个新晋"90后"生日快乐。他自己也说要健康快乐超百岁。那么就请他在接下来的几年里，健健康康的，准备学习如何做一个"00后"吧。

钟南山：永不折服的中国脊梁

✲ 斜杠先生

有人曾说："中国总是被他们最勇敢的人保护得很好。"这群勇士中，一定有一个叫作钟南山的人。

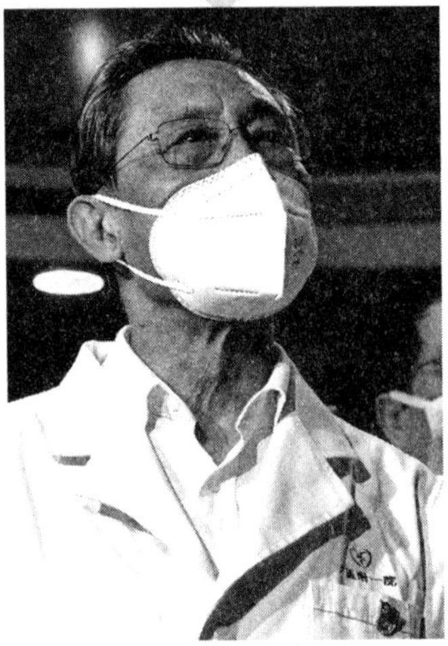

我不考虑失败

钟南山这个名字，曾和"非典"连在一起。2003年，他担任广东省防治非典型肺炎医疗救护专家指导小组组长，一下被推上"非典"战场的最前沿。短短几天，广州地区不明原因的肺炎病人急剧增多，看着攀升的数字，连一些医生也开始对"非典"病人避之不及。

明知"非典"传染性极强，钟南山还是挺身而出："把重病人都送到我这里来。"

多年后有记者问他："当时有没有考虑过治疗未达到理想效果给您带来的负面影响？"

钟南山坦言："有考虑，但更多的时候我想我们会搞好。我做任何事都是这样，只要有一定的把握的话，我首先考虑成功，不考虑失败。"

作为"非典"战役中的核心人物，钟南山很清楚如何领导好自己的团队。他力求做到两点：一是要透明，告诉大家为什么要这么做；二是让别人看到自己在做，不能让别人做自己却不做。

他亲自给每个病人量体温，不放过每一个观察的机会。曾连续工作38小时未合眼，直到病倒在床。为了不影响同事和病人的情绪，他隐瞒了病情，悄悄回家治疗。

几天后，身体虚弱的钟南山回到研究所，看到主心骨回来了，大家都很振奋。尽管他连东西都拿不稳，但还是让同事帮他穿戴好口罩、大褂、帽子，随后就往病房冲。等着他的病人立刻就认出他来："尽管我意识模糊，我知道那是他，我的心在他面前，踏实了下来。"

人最可贵的是讲心里话

2003年抗击"非典"，充当中流砥柱的钟南山一战成名，但自古英雄多坎坷，如今他身上披着的每一道光环，无一不是靠着刚正和果敢换来的。

十几年前，官方将"非典"病原体确定为衣原体，称"'非典'已经得到控制"，是他站出来揭开真相："衣原体很容易治疗，我试过了根本没有用。病情还在传染，连医护人员的防护都没到位，怎么能说是控制了？"

两个月后，世界卫生组织宣布，引起"非典"的病原体是冠状病毒的变种，"非典"被命名为SARS。

他曾在两会上质问药监局领导："一药多名，换个名字就涨价，批号是怎么拿到的？"

他曾批评珠三角有严重的空气污染："50岁以上的广州人，肺都是黑色的。"

一个烟草公司的专家当选院士，他直言不讳："这太荒谬了！企业用降焦的噱头做宣传，卖得还更好了！"

2020年，新型冠状病毒来势汹汹，又是他，首先披露十几名医务人员感染，揭露了存在人传人现象。

“人最可贵的是讲心里话，心里话不一定都是对的，你拿出来批判也没关系，但是能够启发大家思考就达到目的了，就很好。”一生铿锵刚直，钟南山的自信劲儿从未消失过。他不相信盲目的传言，不屈从所谓权威，只相信实践和时间检验过的真理。

35岁了，真可怕

钟南山骨子里的“刚”，从小就埋下了。他是家中长子，做事霸道，吃鸡蛋要最大的，吃肉要最大块的。他性格“顽劣”，学习成绩也很差，升级考试过不了关，还留过两次级。

12岁那年，他偷偷找来一把大伞，从三楼一跃而下，幻想像武侠片中的豪杰一样凌云腾空。没想到，伞边翻卷，支撑力不足，钟南山狠狠摔在地上。所幸他坠在草地上，全身并无大碍，瘫坐了一个多小时才缓过来。

这么刚硬的男孩，如何管教得好？钟南山有个更不好惹的父亲。父亲钟世藩是有名的儿科专家，性子比钟南山更刚烈。钟南山挪用要交给学校的饭钱，偷偷买零食，父亲也不讲大道理，只是问：“南山，你想一想，这样做对吗？”一句话噎得钟南山说不出话来，再也不敢乱来。

成年之后，钟南山和父亲一样投入到了医学行业。有一天，父亲突然问他：“南山，你多大了？”他回答：“35了。”父亲淡淡地补了一句：“35岁了，真可怕。”轻飘飘几个字，一下击中钟南山的心。

父亲从北京协和医学院毕业时，已经是一个年轻有为的大夫了。他和父亲，还差得太远。

父亲直到生命尽头之时，都在为工作鞠躬尽瘁。

钟南山成长为一个敢医敢言的“钢铁直男”，和父亲的言传身教有莫大的关系。父亲生前曾告诫他：“一个人要在世界上留下一点东西，那么他这辈子就算没白活了。”

钟南山一直把父亲的劝告谨记于心，也带着父亲身上那股刚硬的劲头，在医学的荆棘丛里走出一条坦途。

中国人也有值得学习的地方

钟南山当过辅导员，待过教研室，也去过农村，做过工人。1971年进入广州第四人民医院时，他已落下很多功课，是医院里功底最差的大夫。因为一次医疗诊断失误，钟南山被科室的医师们揶揄嘲讽。他羞愧难当，每天见缝插针研读医学术语和专业英语。几个月内，他写下了4大本医疗工作笔记，暴瘦24斤，很快胜任了临床工作。

43岁时，他通过了选拔考试，赢得了到英国留学的机会。当时，中国医生没有资格直接参与临床手术，钟南山只能做一些查房、参观实验的“边角活儿”。他知道，只用眼睛看根本不能做出成绩，导师也不看好他，只允许他待8个月。钟南山不服气，决定改变局面。

为了观察真实的实验过程，他在自己身上抽血三十多次，记录好实验数据；为了研究“一氧化碳对人体影响”的课题，他狂吸一氧化碳，血液中一氧化碳含量高达22%，相当于连抽六十多支香烟。他成功了，不仅证实了导师的演算公式，还指出了推导的不完整性。

导师心服口服，他告诉钟南山：“你想待多久都可以。”

毕业时，英国一家大学极力挽留钟南山，希望他在皇家医院工作，钟南山则执意要回国。

导师弗兰里给中国驻英国大使馆写信，热情赞扬钟南山：“我从未遇到过一个学生，像钟医生这样勤奋，合作得这样好，这么有成效。”

而钟南山在他的日记里写道：“我终于让他们明白了，中国人也有值得别人学习的地方。我第一次感觉到做中国人的骄傲。”

中国脊梁，国士无双

这样一个刚的猛士，心底却藏着极致的温柔。武汉疫情凶猛，他叮嘱我们“没有特殊情况，不要出门”，自己却毅然踏上前往武汉的列车，只因情况特殊。

历经多少疫情，被疲倦和疾病百般折磨，他都不曾落泪，却在听闻武汉街头无数市民齐声高唱国歌的消息时，眼眶泛红，哽咽失声。

鲁迅说：“我们从古以来，就有埋头苦干的人，有拼命硬干的人，有为民请命的人，有舍身求法的人……这就是中国的脊梁。”

钟南山，就是那刚硬坚强、永不弯折的中国脊梁。

王小波：有趣的灵魂只能独行

✻老金 牛皮明明

十几年前，“老炮儿”王朔复出。有一天，别人跟他说：“在你沉寂的这些年里，出来一个叫王小波的，人家都说他把你给盖了。”王朔想也没想脱口而出，“小波是好样的。”半秒过后，他咽了口唾沫接着说，“我也是好样的，我俩不存在谁盖了谁。王小波要是活着，我觉着他更牛。他好不意味着我不好，我们交相辉映可以吧？”

1

1952年5月，王小波出生在北京一个知识分子家庭。4岁过后，天真可爱逐渐从他脸上消失。9岁时，他就大概长成了岳母口中“小波实在太丑了，我拿不出手”的样子。从那以后，岳母与孔孟一样，被列入他小说里经常调侃的对象。

王小波有个脾气暴躁、吼声如雷的父亲，不让孩子们学文科。当然，他老人家也是屋内饮酒，门外劝水的人，自己本身就是文科教授，但他又经常坦白地承认自己择术不正，不足为训。就此，王小波兄弟姐妹五个全学了理科，只有他哥哥王小平例外。

1978年考大学时，王小平是北京木城涧煤矿最强壮的矿工，据说吼起来比他父亲的音量还大。无论是动手揍他，还是冲他吼叫，他父亲都挺不好意思的，就任凭他去学了哲学，在逻辑学界的泰斗门下当了研究生。

王小波从小到大身体都不算强壮，吼起来音量也不够大，所以一直本分做人。尽管如此，他身上总有一股要写作的“危险”情绪。

13岁时，王小波就跟着哥哥到父亲的书柜里偷书看。哥哥自认为阅读速度奇快，有一次，他把王小波叫来，二人比赛阅读，后来发现自己刚读一大半，王小波已经读完，经过计算发现，王小波的阅读速度是常人的七倍。

16岁那年，有天晚上大家都睡了，王小波从蚊帐里钻出来，用钢笔在月光下的一面镜子上写诗，写完趁墨水未干又涂了，然后又写，直到涂得镜子全变蓝了。

2

同是16岁那年，上级号召青年到广阔天地里“滚一身泥巴，炼一颗红心”。王小波插队去了3000公里外的云南。干农活儿的间隙，他的手总是忍不住伸向别着书的腰间。

当年，插队知青大多会在自己偷看的书外包一层“鲁迅著”的书皮。不幸的是，王小波遇上一个无恶不作的领导，连“鲁迅著”也不让看。为此，王小波给领导编了一个故事，描写他从尾骨开始一寸寸变成了一头驴，以泄心头之愤。后来，他发现外国小说家卡夫卡也写了类似的事，有些不好意思，就学着卡夫卡，把那些作品烧得一干二净。

王小波是自带优秀作家气质的人，敏感中夹杂幽默，孤独中蕴含忧郁，他总想和世界谈谈。

插队时，他已经长到了 1.84 米，他这个大个子在水田里，插一整天的秧，腰都快累断了，他却说“后腰像是给猪八戒筑了两耙”。有一阵子，他每天要用独轮车推很重的猪粪上山。他以为这活儿难不倒他，哪知道才干了三天，胆汁差点儿吐出来。他仍不忘调侃说，还好那些猪没有思想，不然它们看到人类不遗余力地要把它们的粪便推上山，肯定要笑死。

自少年起，王小波便看到，这是一个无趣的世界，有趣却暗含其中，而他能做的就是把有趣讲出来。愚蠢的人于世界暧昧，而聪明的人于世界冷眼。在他的记忆中，这一段在别人心中无法抹去的特殊时期，却被他称为自己的黄金时代。

3

恢复高考后，1978 年，26 岁的王小波考进了人大。

在高考之前，王小波面临选科问题。他文科和理科都擅长，且两者都喜欢，于是选什么就很伤脑筋。当时他已经和李银河相恋，李银河认为王小波在文学上有极高天赋，力主他学文科，甚至跟他说“好好写，将来诺贝尔文学奖是你的”，但这一主张违背王小波家的家训。他父亲早就郑重告诫过孩子们，尽量不要学文科。

后来王小波去征询哥哥王小平的意见，哥哥说“真传一张纸，假传万卷书”，如果得了假传，在万卷书间忙得团团转，还要当一辈子糊涂人。无论何时，理科的东西基本上都属真传，文科则未必。王小波最终选了理科。

现在看来，王小波当时的选择不无道理，倘若他选了文科，毕业后会一路进到文坛，像他这样的“文坛外高手”，一旦被放到文坛内栽培，以他的心高气傲，恐怕会很不自在，也许会像鲁智深上五台山出家一样，惹是生非。

什么样的灵魂就需要什么样的养料，越悲怆的时候人就会越想嬉皮笑脸，而书便是王小波灵魂的全部养料。

踏进大学门槛后，他发现有个同学跟他很像，这个人长得人高马大，而且能言善辩。课间，王小波主动过去搭话，后来才知道，这人叫刘晓阳，刚从内蒙古插队回来，二人不仅同班，还同宿舍，于是关系格外要好。

此后的日子，每天吃完晚饭，王小波都要在校园里散步，刘晓阳必在路口等他，伸出手臂说:“王兄请！”王小波接一句:“请！”两人便一路走，一路高谈阔论。

改革开放之初，社会上百废待兴，王小波和刘晓阳就像小说《热爱生命》里那个刚获救、饿疯了的生还者不顾一切地寻找和藏匿食物一样，到各处搜寻可读的书。两人每个周末回到宿舍都带回一捆刚买的书。

两人当年看书的习惯，是先看文学史和文学评论，目的是为了知道哪些书是在文学史上有一笔的，然后照单全收。之后的日子，越来越多的同学跟在他们后面，听他们从纪晓岚一路侃到爱因斯坦。刘晓阳擅长引经据典，胡扯则是王小波的专长。到了晚上，总有人提议“走啊，咱听王小波说书去”。一次，王小波编了一个故事，其中讲到一只小羊，故事结尾处，有人要把羊牵走，故事的主角就喊“留小羊，小羊是我儿”。大家愣了半天才反应过来，原来他是在捉弄刘晓阳，于是都哈哈大笑。

对爱书的人来说，手里有本好书在读的日子就像天天过节，王小波的四年大学生活，就如同过年一般，他和刘晓阳的友谊也持续了一生。

4

如果聊王小波，就绕不开李银河。1977 年，李银河在光明日报社当编辑。那时的王小波只是一名街道工人，用“前者居庙堂之高，后者隐市井之巷”来形容，一点儿也不为过。

当年，25 岁的王小波已经回城好几年，先后在仪器厂和半导体厂当工人，但心中那股子写作的欲望从未熄灭。当时他完成了《绿毛水怪》的初稿，把稿子用他那大大的、并不好看的字整齐地抄写在一个本子上，通过朋友流传了出去。有一天，传到了李银河的朋友手里，她看得直掉眼泪。李银河在旁边纳闷儿，接过来一读，登时心中一紧。30年后，她还清晰地记得当时的感觉："写作手法虽然稚嫩，却有什么东西深深拨动了我的心弦。"从此，她记住了这个名字——王小波。

之后，李银河跟随朋友到王小波家，明里是去问王小波父亲学术问题，实际上是想会会这位光是文字就让她揪心的王小波。这一面，不说是失望透顶，起码也算断了李银河心里那点儿悸动的念想。后来，据李银河回忆："当时真是吓了一跳，没想到这么丑……不但丑，丑中还带着一点凶样。"

不承想，几天后，王小波找上门来，将李银河堵在光明日报社门口。二人见面后大谈文学，正谈得火热，王小波来了一句："你有男朋友吗？"李银河如实相告"没有"。王小波接下来的一句话，几乎吓了李银河一跳，"你看我怎么样？"李银河一回头，满眼都是王小波那张丑脸，吓坏了。多年后，李银河每每想起这件事，还会羞涩地说："那才是我们第一次见面呀！"

之后的日子，李银河不断收到王小波寄来的情书："你的名字美极了。真的，单单你的名字就够我爱一世的了。"李银河念着念着，泪水淌了一脸。王小波在追女孩方面，像写小说一样天赋异禀。最终，李银河没能扛住王小波的热烈和率真，两人相恋了。

在一起后，因芝麻绿豆的小事，李银河就跟王小波提分手。王小波一直不懂为什么，追问下去，李银河憋不住了说："你确实长得太难看了。"王小波却说："我要去爬虫馆和那些爬虫比一比，看看我是不是真有那么难看。"这一下子就把李银河逗乐了。

一来二去，王小波总是能用自己的有趣，让李银河化掉心底那些对长相的不满，从而让李银河愈发崇拜他。

这个世界上，好女人都异常矫情，有人被才华吸引，有人被有趣吸引，还有人被坦荡的内心吸引。王小波虽然长相不好，但内心坦荡、才华出众、有趣天成，李银河实在扛不住。

大学期间，王小波和李银河结为夫妻。二人没有办酒席，双方父母各自摆了一桌，就算结婚了。既然灵魂都可以当饭吃，那还要什么自行车呢！在王小波和李银河的爱情中，两个人从不在乎形式。

5

1982年，李银河申请去美国学习。当年的出国政策是，大学毕业后至少服务两年才能申请出国，也还未允许夫妻二人同时出国。李银河一走，王小波成了留守丈夫。那两年，他熬夜写作，苦闷上头，把长相弄得更加"坦荡"了。两年后，王小波终于以伴读身份去美国寻老婆。

刚到美国的王小波英语惨不忍睹，经常听不懂别人在说什么，只好灰溜溜地到录像店里租影碟，回家苦练，看了将近一千部美国电影。后来，他英语说得稍有长进，学业却不顺畅。在大学咨询时，外国老师告诉他："你不是要上学，而是要资助！我们系本来资金就少，连同事的饭碗都保不住，更没钱管中国人。"

当时，王小波联系了一大批学校，只等来四个回信，三个拒绝，一个同意但要自费。没有钱，他动了打零工的念头——去餐厅当服务员。到了餐厅后，他什么也不会，只能在后厨刷碗。下班后，他看见美国服务员大口吃着剩菜。"即使在高度发达的美国，依然有那么多人活得没有尊严。"王小波不愿意过这种生活，他厌恶极了。回到家，他很失落，李银河不声不响地走过来，对他说："你踏实在家写小说吧，我来解决钱的事。"

那个年代出国留学的人，没几个能拿得出钱来上学。当年王小波夫妇在美国期间的生活费，全靠李银河的400美元奖学金，日子过得真难。

有一段时间，哥哥王小平也看不下去了，对李银河说："小波靠写小说没法维生啊。"李银河却很坚定："小波是天才，文学才能荒废了太可惜，而文学是他的命，不写小说，他就是行尸走肉，那样的话，即使物质生活水平再高也没有任何意义。"

在李银河的庇护下，王小波在美国四年期间，大把时间都在积累知识素材。他先是看遍了罗素的著作，后来又读遍西方哲学，终日沐浴在"欧风美雨"中。之后，他看书专挑野的看。后来，他的杂文出版后，一些朋友问他从哪里听来这么多有趣的故事，他说都是在美国图书馆的禁书区看的，此外，他还写出了《唐人故事》，完成了大量《黄金时代》的写作架构。

后来的事实证明，李银河的坚持是值得的。

6

青年的动人之处，就在于勇气，和他们的远大前程。

1988年，王小波夫妇回国。李银河去北大攻读博士后，王小波在北大当帮闲讲师，教研究生使用社会统计软件。三年后，他又厌倦了，扔下一句“我要到人大去”，便离开北大，回母校任教。

那段时间，王小波自己都觉得活得窝囊，哀乐中年，大概就是这个样子。每到这时，李银河都会像母亲一样，用情地捧起他那张丑脸：“小波，好好写小说吧，你是无价之宝。”

人世间真的就是一种庸俗势力的大合唱，谁一旦对它屈服，那就永远沉沦了。当时也许李银河自己也没想到，她庇护的不只是自己的爱人，还有中国的文学。事实证明，不论她对王小波的爱，还是她对中国文学的期待，都没有让她寒心。

终于，1991年，《黄金时代》获奖并出版，王小波获得了一大笔奖金。在过去的十几年，王小波好像是个在黑夜里赶路的人，前方没有一点烛火，只有他一个人孤孤单单地走。《黄金时代》的发表好像让他看到了一点希望。拿到钱后，他马上从人大辞职。此后，他便一门心思在家写作。然而，之后的四五年间，他并没有得到更大的成功，相反，挨在脸上的巴掌远比响起的掌声要多。

这个自立山头的自由撰稿者，始终是个游离在文坛之外的局外人。后来的几年，王小波只是发表了一些杂文和随笔。

在这个世界上，大多数人都是俗人，你在这个世界上活得越久，越会发现大多数人的一生如同梦游。审美如此，读书如此，人生也如此。

7

到了1996年，一个叫李静的研究生被招到文学杂志社。上任没多久，她就打了鸡血似的给王小波写了一封信：“王老师，我可能要从您的作品爱好者升为文学责编了。我已到《北京文学》当编辑，把最好的小说留给我吧！”

当时王小波写了几部长篇小说，试过几家出版社，都不被接受。“有一个编辑说我在小说里搞影射，还猜出了在影射谁，我有那么无聊吗？”聊天时，王小波总爱苦笑。可李静很坚持，问：“能把小说给我看看吗？我怎么专好这一口呢？”王小波乐了：“行，你拿去看看，发不发都没关系，光这篇幅在你们那里就够呛。”王小波把书稿打印出来，交到李静手里。李静低头一瞧，扉页上写着“红拂夜奔”四个字。李静把书稿抱回家，边看边怪笑不止。

几经周折，李静所在的杂志社终于表示可以发表，提出的条件是字数需要从18万删到3万。王小波忍了，一口气删了“王二”所在的主线，留下红拂的故事，递交上去。而李静心有不甘，私藏了《红拂夜奔》全稿，交给在文学系读研究生的朋友传看。那哥们儿读完，声称“三月不知肉味”，又给同宿舍的哥们儿传看，一时间在那个小范围内，无人不谈王小波。可两周后，连三万字的书稿也被退回。

当时，王小波大量压箱底的作品都和《红拂夜奔》有着相同的命运，每一部都巧思密布，用尽心血，结果都是一样，发不出来。他说：“人都是为了要表演，失去了自己的存在。我坚决不改了。以后我宁可写有滋有味发不出来的东西，也不写自我约束得不成样子的文章了。”

之后，他去考了个货车司机驾照。他自嘲道：“以后活不下去，就当个货车司机吧。”可他终归连货车司机都没有当成。

1997年4月10日，晚上11点半左右，邻居突然听到王小波屋里传来惨叫声。第二天下午，邻居还不见他出门，觉得不妙，便赶紧推开房门，只见王小波倒在地上，身体已经冰冷。

当时李银河正在美国做访问，她接到了家人的电话：“小波出事了，快回来吧。”从机场回家的路上，李银河脑海里跳出的画面全是王小波去年10月在机场送她时的样子，“他用劲搂了我肩膀一下作为道别……我万万没有想到，这一别竟是永别”。

王小波去世后，李银河看了许多墓地都不满意，因为那里的墓碑大都横平竖直，不符合王小波特立独行的气质。后来，她找到昌平佛山陵园的一块儿天然大石，它天然、不羁，恰似王小波的性情，便定了下来，又找人在上面刻了“王小波之墓”五个字以及生卒年，底下凿了一个洞，把他的骨灰放了进去。

王小波生前的一点名头是靠着杂文打出来的，但对他来说，你要是评价他“王小波是个杂文作家”，相当于拿铁棍子戳他的肺，因为小说才是王小波的命。

王小波去世一个月后，他一生最看重的《时代三部曲》得以出版，只是人已经长眠。一切都来得太晚了。人世间最可怜的人，最可怜的事，莫过于当他躺在坟墓里，他的作品才得以流传。

前些年，有一个《新京报》的记者对李银河说：“我身边出色的男士都有个共同点，就是喜欢王小波，他们的共同特点都是有智、有趣。”其实说来并不夸张，这么多年来，有太多人喜欢王小波，喜欢王小波相当于喜欢那个叛逆、特立独行、恪守内心、追寻自由的自己。

还有人问李银河：“如果有机会，你最想问王小波一个什么问题？”李银河说：“早上我去给小波扫墓的时候，有一些读者在墓前放了鲜花、二锅头、香烟，有一个人放了一篇王小波的文字，一只蝴蝶就一直贴在上面。我很想问问小波，你走得太急了，你走后，时代里每一个人都在变，太多人没有灵魂，而你呢？你的灵魂还在不在？”

人的外表其实什么都不是，皮囊而已。在时间里，皮囊终会老去，最后所有的光鲜都会被褶皱吞噬，而灵魂不会，这灵魂里包括你走过的路、经历过的事，还有你一生的思考。就像王小波生前对人生的注解：“我活在世上，无非想要明白些道理，遇见些有趣的事。倘能如我所愿，我的一生就算成功。”

柴可夫斯基，就是俄罗斯本身

张佳玮

1840年暮春，彼得·伊里奇·柴可夫斯基生于俄罗斯的沃特金斯克。

而这好像是个上帝垂顾艺术的年份：稍早几周，法国大作家爱弥尔·左拉出生；稍后一点，英国大诗人哈代出生；更晚一些，印象派代表人物和创始人之一的克劳德·莫奈出生于法国巴黎；以及，在浙江山阴，任伯年先生诞生了。

距离今时今日，也一百八十年了。

我们都知道柴可夫斯基，知道他是大音乐家。

哪怕不熟悉他交响乐作品的人，也能随口哼出《天鹅湖》和《胡桃夹子》部分片断。

前者大概是史上最有名的芭蕾舞剧——我有不止一位朋友，只知道这么一出芭蕾舞剧。

后者用我一个朋友的说法：好多人一辈子没用过胡桃夹子，但至少听说过《胡桃夹子》。

比起巴赫、莫扎特、贝多芬这样的大神，柴可夫斯基似乎没那么高不可攀。但换个角度，也可以这么说：哪怕不是一个资深古典乐迷，您也很容易欣赏柴可夫斯基。

不用说每个人都能信口哼出来的《天鹅湖》和《胡桃夹子》，他有太多“我们听着很是耳熟，一查才知道其实是他作品”的旋律。

老牌古典乐迷会对柴可夫斯基的结构与动机之类是否顶尖有争议，但说柴可夫斯基是古典音乐史上最卓越的旋律大师之一，大概无人会反对。他的音乐优美多情、多愁善感、富有戏剧性、表现力卓越，你很容易从他的乐符中感受到“哦，这就是柴可夫斯基”。

如果您不是那种坐在一堆音响前，“今天我要听一个结构严谨的交响乐”、“今天我想感受一下纯音乐王国的美”，而是在阳台上看着冬日阳光，“我想听一段让我悲欣交集的旋律”，那柴可夫斯基大概是最好的选择。

那么，这样的一个人，是怎么炼成的呢?

如上所述，1840年，柴可夫斯基出生在沃特金斯克。他从小在母亲教导下学习钢琴。14岁那年，母亲病死，他做了一首圆舞曲纪念母亲。这个细节是他人生的关键时刻：他失去了母爱，展现了音乐才华，流淌出他贯彻一生的忧伤——然后就被干扰了。

他的父亲不太理解他的音乐之路，让他去法律学校学习。

我们都知道法学和音乐是何等截然不同的世界，然而柴可夫斯基没被这个环境困住。19岁的他毕业后进入司法部任职，然后因地制宜，加入了司法部的合唱团。

——在我想象中，如果当时有类似于俄罗斯好声音的节目，他会对司法部的合唱团团长说：“谁都无法阻止我的音乐梦想，请您为我转身！”

——22岁时他进入圣彼得堡音乐学院学习，当时他的老师是交响乐大师安东·鲁宾斯坦。安东的弟弟尼古拉·鲁宾斯坦，更成了柴可夫斯基的终生好友。1866年，柴可夫斯基接受尼古拉的邀请，迁居莫斯科，并成为莫斯科音乐学院第一位引人注目的年轻教授。

到现在为止，一个很典型的艺术天才故事成形了：温柔早丧的母亲，粗暴固执的父亲，逃离家庭桎梏的天才音乐家。

但我们得补充一些细节。

一般传记作者和学者都相信，柴可夫斯基喜欢男性。莫斯科近郊的柴可夫斯基博物馆馆长波莉达·韦德曼女士也如此认为：柴可夫斯基的信函与日记中，这一点明确无误。

本来这是他的私事，艺术家们的隐私大可以无关作品。

但柴可夫斯基特殊一点。

韦德曼女士认为，柴可夫斯基的所有作品，都有浓厚的自传色彩。

他人格上的重要内涵，当然在作品中起到了作用。

柴可夫斯基从来不算开朗。据说年轻时的他常想方设法，推诿不去指挥自己所做的曲子——众所周知，贝多芬在全聋之后，还指挥了传奇的《第九交响乐》呢，柴可夫斯基却经常犹豫：大概，他的性格与他的曲风一样忧郁。

母亲的早逝、父亲的压力、他自己的性取向，都让他苦闷莫名。他是个感性的天才，一切情绪都会折射到他的作品之上。很多年后，他给梅克夫人——我们一会儿会说到她——的信里，驳斥了那些认定音乐作曲是冷漠理性工作的论断。

他认为：“只有从艺术家受灵感所激发的精神深处流露出来的音乐才能感动、震动和触动人。”大概在灵感迸发时，艺术家会陷入疯狂，内心战栗，不断追逐乐思。

——大概，他自己就是这么作曲的吧。

1877年他匆忙地结过一次婚，娶了一位疯狂追求他的女学生米柳科娃。有说法认为，这个姑娘让柴可夫斯基想起了普希金作品《叶甫盖尼·奥涅金》里的少女达吉亚娜。

这次婚姻看似浪漫，但很短促。

两人于夏天结婚，婚后不久，回到莫斯科时，柴可夫斯基已濒临崩溃，试图跳河自杀，未遂，却得了肺炎。

据说这段婚姻结束后，柴可夫斯基依然定期寄生活费给米柳科娃，只是再也没与她见面。又过了些年，到柴可夫斯基逝世三年后，米柳科娃被诊断出精神病，然后她继续活了下去：她比柴可夫斯基活得久多了。

在信函与日记中，柴可夫斯基似乎认为，自己的婚姻是命中注定的悲剧。他之所以匆忙结婚，除了米柳科娃的狂热追求，大概还有他的某些心结：他曾在给兄弟的信里提到，他希望被一个女人温柔地触摸与疼爱，幻想被一个慈爱的女人拥抱。

这让人忍不住猜想：这个他渴望的温柔女性，是他早逝母亲的形象吗?

大概就在这一期间，一位有钱的寡妇进入他的生活，即梅克夫人。

说进入生活并不确切，因为他俩从未见面，只是梅克夫人给柴可夫斯基提供了丰厚的经济赞助，两人之间互通了超过千封的信件。

我们常安慰人说，苦难是艺术家的养料。这句话对柴可夫斯基这样多愁善感的人来说，似乎是可行的。适当的经济赞助，能让他免为稻粱谋。

于是，柴可夫斯基进入了作品多产期。

他逝世前的十几年间，完成了四部交响乐。1878年他完成了歌剧《叶甫盖尼・奥涅金》，两年后他最脍炙人口的曲目之一《1812序曲》完成，同年完成的还有《意大利随想曲》。1885年他临阵登台指挥了自己的歌剧《女妖》，自此就能够上台从容面对人群了。1890年他完成了芭蕾舞剧《睡美人》。

他的名声开始遍及欧洲。

与此同时，他一直保持着自己的个性。

身为德奥音乐文化的中心，维也纳对柴可夫斯基最初并不算友好。大评论家汉斯利克就认为，柴可夫斯基有点粗野。然而柴可夫斯基认为，当时在维也纳被许多人认为是贝多芬继承人的勃拉姆斯的音乐风格才是冷漠晦涩，自命不凡。他还认为法国的浪漫主义天才柏辽兹缺乏旋律，太多和声。

他当然有自己的偏好，比如，他认定歌剧大师瓦格纳是个天才；他也承认，自己的《第四交响曲》，灵感来自贝多芬的《命运交响曲》。

不难发现，柴可夫斯基并不中意那些以结构与思想著称的大师，却对瓦格纳和贝多芬这两位力量十足的王者推崇备至。

虽然对维也纳有点不满意，但柴可夫斯基对莫扎特，却崇拜备至。他也承认，莫扎特和自己的气质全然不同——莫扎特素来以才华横溢、圆润完美、旋律优美著称——但柴可夫斯基认为，自己能在莫扎特的音乐中获得安慰。

跟维也纳闹不愉快的柴可夫斯基，跟俄罗斯的关系好吗？

也不尽然。

他一度跟俄罗斯民族乐派走得很近，但后来，当他在意大利和巴黎居住，在美国演出后，也开始跟俄罗斯本土产生隔阂。

一个小故事：他曾将《第一钢琴协奏曲》献给好朋友尼古拉・鲁宾斯坦，遭到鲁宾斯坦的非议。柴可夫斯基执拗的一面发作了，一度拒绝修改曲子，跟尼古拉闹得很不愉快。

可是几年后，尼古拉过世了，柴可夫斯基还是把《a小调钢琴三重奏》献给了他。

这份执拗，这份深情，大概就是所谓……老俄罗斯风骨？

柴可夫斯基熟悉西欧，但他也承认，他喜欢贫穷的老俄罗斯，他喜欢那里的森林、草原与小教堂。他的多情，他的优美，他的浪漫，他深深寄托在作品中的情感，都是如此真诚，而这就是俄罗斯。

20世纪最卓越的古典乐作曲家之一、俄国大地诞生过的最伟大作曲家之一斯特拉文斯基先生，提到柴可夫斯基时这么说：“他是我们之中，最为俄罗斯的。”

说柴可夫斯基最为俄罗斯，指的不仅仅是《1812序曲》里那些俄罗斯民歌的成分。

而是他的整个性格、做派与他作品的融合，甚至他的命运，都很俄罗斯。

他的曲子忧伤、优美且绝望。

他怀旧，他感情纤细，维也纳人觉得他粗野但其实他敏感至极。

他并不热爱将感情包裹起来，做成结构严谨的曲目。

他更愿意将自己内心的痛苦、与世界的冲突，都体现在曲目中。

他的优美中经常会出现不和谐，他热爱莫扎特却不追求莫扎特式的完美，他热爱贝多芬和瓦格纳澎湃的、个人化的力量。

他自己是旋律大师，是破裂的、痛楚的、美好的，但又是浪漫的。

1891年柴可夫斯基完成了歌剧《黑桃皇后》，1892年完成《胡桃夹子》，1893年完成《第六交响曲“悲怆”》。之后没多久，他就过世了。

有人认为他因饮水不洁，而死于霍乱，也有人认为他是自杀，更有人认为，他的死因是死前三年，梅克夫人不再与他通信了。

但这些都是后话了。

重要的是，53岁的柴可夫斯基连故去的方式，都很像个俄罗斯故事：突兀、感伤、忧郁，浪漫又纤细，冲突又优美，真诚到不加掩饰，将自己的美好与破碎都留了下来，以及一份悲怆的遗作。

这就是柴可夫斯基。

这就是俄罗斯。

祝福你那可爱的前途光明

✽李 诚

张大飞的一生，在我心中，如同一朵昙花，在最黑暗的夜里绽放，迅速阖上，落地。那般灿烂洁净，那般无以言说的高贵。

1

1936年，齐邦媛12岁，张大飞18岁——那年，他们第一次见面。

九一八事变后，大批东北学生流亡关内。1934年，齐邦媛的父亲申请到一笔拨款，在北平创办了中山中学。两年后，中山中学迁至南京郊外的板桥镇。这些青春期的孩子，家乡沦陷，亲人离散，无家可归。每到星期天，许多孩子就被齐邦媛的哥哥（当时也在中山中学读书）带到宁海路的家中吃饭，张大飞是其中的一个。齐邦媛印象中，张大飞很少说话，总是静静地坐着。吃饭时，母亲总叫他坐在自己旁边，不断地给他夹菜。

那年冬天，张大飞和齐邦媛的哥哥回家。那天下了雪，很冷，屋里生了火。在母亲的询问下，张大飞开始说起自己的身世：他的父亲是伪满洲国成立之初的沈阳县警察局局长，因为接济且放走不少抗日的地下同志，被日本人浇上油漆活活烧死。一家八口四散而逃，他和弟弟妹妹连夜逃往营口投奔姑姑，并进了当地一所教会办的中学。在教会的影响下，他开始信奉基督教。在伪满洲国，日本人推行奴化教育。他又一个人逃到北平，考进食宿费用全免的中山中学，这才有了安身之所。

齐邦媛永远记得那个夜晚——一个18岁的男子用一切自尊忍住号啕，在温暖的火炉前，叙述家破人亡的故事。从此，张大飞经常去齐邦媛家。

南京的生活，是短暂的宁静。一天中午，齐邦媛和哥哥，还有他的几个同学去爬附近的小山。“下午四点钟开始下山的时候，突然起了风，我比他们走得慢，渐渐一个人落后了。哥哥和那些大男生已跑下山，我仍在半山抱着一块小岩顶，进退两难。山风吹着尖锐的哨音，我在寒风与恐惧中开始哭泣。这时，我看到张大飞在山的隘口回头看我。天已渐渐暗了，他竟然回头，往山上攀登，把我牵下山。到了隘口，他用学生的棉大衣裹住我三十多公斤的身躯，说：'别哭，别哭，到了大路就好了。'"那一刻，齐邦媛永远记住了他眼中的温情和关怀。

2

两人再次见面，已经是 1937 年 10 月。南京遭到轰炸，齐邦媛和家人乘船撤往汉口。在船上，齐邦媛的母亲大量出血，到汉口下船时已经昏迷，被送往医院抢救。祸不单行的是，齐邦媛的妹妹也吐泻不止，医生诊断是急性肠炎。两天后，瘦骨嶙峋的妹妹身体变得冰冷……13 岁的齐邦媛见到妹妹被一床白色的毯子包着送出，恐惧而又忧伤地去母亲的病房时，正碰上医生对她的舅舅说："你们准备一下吧……希望不大。"齐邦媛就站在病房门口，听着舅舅的呼唤，寒冷、孤单、惊恐一齐袭上心头。

这时，她突然看见张大飞从大门进来，跑着过来，齐邦媛刚停的眼泪又倾泻而出。"他对我说：'我已经报名军校……十一点钟要去码头集合，临走一定要看看妈妈，你告诉哥哥，我能写信时会立刻写信给你们。'接着他拿出一个小包放在我手里说：'你好好保存着吧，这是我要对你说的话。'然后他疾步走出了医院大门。"

那是一本全新的《圣经》，扉页上有一段话，其中一句让齐邦媛深感温暖——"祝福你那可爱的前途光明"。母亲最终转危为安。

同年 12 月，父亲来到武汉，那是齐邦媛第一次看见他流泪，他说："我们真是国破家亡了。"战局异常惨烈，国土接连沦丧。很快，武汉危急，齐邦媛一家又转往湖南的湘乡。两个月后，齐邦媛收到张大飞的信，第一句便问她母亲的身体如何，他还说起参军的原因：报效国家，为父亲复仇。此后，齐邦媛一家辗转桂林、贵州，最后在重庆安顿下来。

齐邦媛和张大飞的通信一直没断，两人几乎无话不谈，诗词、理想、人生……从张大飞信中，齐邦媛得知他投军后以优良成绩入选空军军官学校，毕业后参加了重庆上空的保卫战。1941 年，他被派往美国受训，第二年回国，加入中美混合大队，这支驻扎在云南、由美国人陈纳德指挥的空军部队，便是让日军闻之胆寒的"飞虎队"。张大飞写给齐邦媛的信，用的都是浅蓝色的航空信纸，装在浅蓝色的信封里。信封上，有很多奇怪的地名：云南驿、个旧、蒙自……沿着滇缅铁路南下——那些地点，是飞虎队驻防之地。

3

1943 年 4 月的重庆，19 岁的南开中学女生齐邦媛正在准备报考大学。有一天近黄昏时，一个小女孩跑来对齐邦媛说，有人在操场等她。

"我出去，看到他由梅林走过来，穿着一件很大的军雨衣。他走了一半突然站住，说：'邦媛，你怎么一年就长这么大、这么好看了呢？'这是我第一次听到他赞美我，那种心情是忘不了的。"

"我跟着他往校门走，走了一半。骤雨落下，他拉着我跑到门口范孙楼，在一块屋檐下站住，把我拢进他掩盖全身戎装的大雨衣里，撑着我靠近他的胸膛。隔着军装和皮带，我听见他心跳如鼓声。只有片刻，他松手叫我快回宿舍，说：'我必须走了。'雨中，我看到他半跑步到了门口，上了车，疾驰而去。"

多年以后，齐邦媛禁不住喟叹："今生，我未再见他一面。"

那年夏天，齐邦媛考入四川乐山的武汉大学。人还没住进宿舍，张大飞的信已经到了。

大学时光，情愫萌生。同样浅蓝色的航空信纸，内容却多了一缕牵挂。一次"落地"（平安归来），张大飞难掩相思，写道："我无法飞到大佛脚下三江交汇的山城看你，但是，我多么爱你，多么想你！"

但两人宛如生活在两个世界。齐邦媛这边，生活虽然艰苦，却弦歌不辍；而张大飞那边，每天都面临血淋淋的宣誓，每次出任务，都在生死线上徘徊。

最坏的结果，在胜利前夕到来。

1945 年 6 月，离日军投降还有两个月。月初，齐邦媛收到了一封哥哥的来信，两页纸。信中说，张大飞在5月18日豫南会战时为掩护友机殉国于河南信阳上空……

齐邦媛的家，是张大飞的战时通信地址。张大飞牺牲后，航空队寄来一个很大的包裹，用美军的帆布袋装着，里面是齐邦媛写给张大飞的一百多封信。

哥哥的信中，还附有一封信，是张大飞写给哥哥的诀别信。

至今，这封信的字字句句，都烙在齐邦媛心上：

“你收到此信时，我已经死了。八年前和我一起考上航校的七个人都走了……我知道下一个就轮到我了……”

“那天看到她自南开的操场走来，我竟然在惊讶中脱口而出说出心意，我怎么会终于说我爱她呢？这些年中，我一直告诉自己，只能是兄妹之情，否则，我死了会害她，我活着也是害她……以我这必死之身，怎能对她说‘我爱你’呢？……秋天驻防桂林时，在礼拜堂认识一位和我同年的中学老师。她到云南来找我，圣诞节和我在驻地结婚，我死之后抚恤金一半给我弟弟，请他在胜利后回家乡奉养母亲。请你委婉劝邦媛忘了我吧，我生前死后只盼望她一生幸福。”

暑假，齐邦媛回到重庆家中。

她面对书桌上那个深绿色的军邮袋时，即使母亲也难以分辨她脸上流的是泪还是汗。

两天后，她才打开那邮包。里面有一封陌生笔迹的信，上面写着：“张大飞队长已于五月十八日在河南上空殉职。这一包信，他移防时都随身带着。两个月前他交给我，说有一天他若上去了回不来，请我按这个地址寄给你。我在队上担任修护工作，跟随他已经两年，他是很体恤人的好长官。我们都很伤心。从他留在待命室的上装口袋里找到一封你的信。也一并寄上。望你节哀。周xx敬上。”

山河破碎，抗日军兴。即便是最平凡普通的情感，一经烙上战火的印记，也会变得慷慨悲壮。

如果，它是爱情呢？

那是张大飞的地勤同事。

信封里，装了一张折了多次、汗渍斑斑、浅蓝已褪至黄白色的信纸。是齐邦媛在南开高二时写的信，一封纯粹的文艺青年的信：“很羡慕你在天空……因为在蓝天白云间，没有‘死亡的幽谷’……你说那天夜里回航，从云堆中出来，蓦地看到月亮又大又亮就在眼前，飞机似乎要撞上去了。如果你真的撞上了月亮，李白都要妒忌你了……”

4

1945年8月15日，日本投降，只有经历过国破家亡的人，才能真正体会到这意味着什么。那天，重庆陷入狂欢，万人空巷，所有人都跑上街头，互相拥抱，又跳又笑，声嘶力竭地唱着“山川壮丽，国旗飞舞……”这样的爱国歌，盛大的火炬燃亮了所有的街道。

胜利之夜，齐邦媛却在昏天黑地的恸哭中度过。那天过后，齐邦媛郑重地把两人所有的来信都包在一起，她想，总有一天她会坚强起来再好好看看。没想到第二年，在一次迁移中，这些信却不慎遗失，这成了齐邦媛心中永远的痛。

在那年11月，齐邦媛成为一名基督徒——她经过长期思考后，决定以这样严肃的方式，永远地纪念张大飞。此后，齐邦媛的一生成了那个时代颠沛流离的缩影。国共内战期间，她去了台湾，在大学里任教，嫁人生子。

岁月流逝，她成了知名的学者。再之后……齐邦媛的故事，似乎到这里就可以结束了。但冥冥之中，似乎真有天意。1999年5月，齐邦媛去南京，偶然在地图上看到，南京有一座航空烈士公墓。她让出租车师傅带她过去看看。56年后，在这片肃穆的墓园里，她和张大飞再次重逢。只不过，往日那个拥她入怀的英俊青年，如今却成了黑色大理石碑上的一个名字——“张大飞，上尉，辽宁营口人，一九一八年生，一九四五年殉职。”那天，阳光灿烂，齐邦媛站在石碑旁拍照留念，无限温馨。

“张大飞的一生，在我心中，如同一朵昙花，在最黑暗的夜里绽放，迅速阖上，落地。那般灿烂洁净，那般无以言说地高贵。”

张文宏：你若性命相托，我必全力以赴

✲曾祥伍

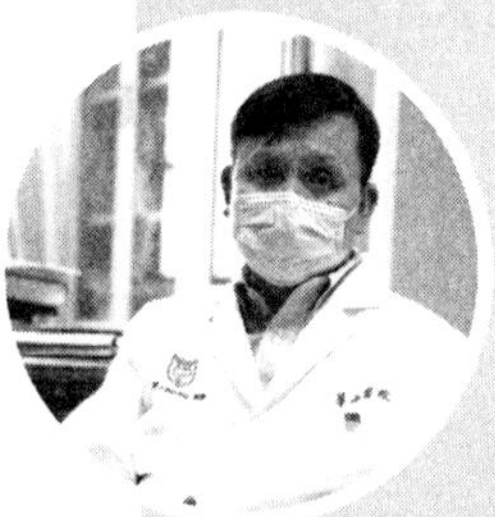

2020 年 1 月 29 日，一段新闻视频被刷屏，面对数十位记者，张文宏说：“共产党员的口号你平时喊喊可以，这个时候，我不管你有什么想法，对不起，现在你马上给我上去，不管你同意或者不同意，你都得上去。没有讨价还价，肯定是上去。”短短 100 秒的视频一夜之间播放量高达数千万，让张文宏火遍大江南北。

身披“战袍”，奔走一线的“病毒猎手”

浙江瑞安人张文宏，是个不折不扣的学霸，1987 年考入上海医科大学临床医学专业就读，2000 年获得复旦大学博士学位，后又到香港大学、美国哈佛大学医学院以及芝加哥州立大学微生物学系从事访问学者和博士后工作，现担任复旦大学附属华山医院感染科主任。

如果说医生是高风险职业，那么感染科医生就是险中之险。但翻开张文宏的履历，中国最重要的几场对抗疫情的硬仗，他每次都冲在最前线。

2003 年非典肆虐时，他的导师翁心华担任上海市传染性非典临床救治专家组组长，张文宏的任务是在华山医院处理疑似病例。因为疫情来得突然，病床非常紧张，张文宏和同事们就用铁皮、木板临时搭建起简易病房收治病人。

那一年，上海市常住人口 1700 万，却创造了无医护人员感染、无社区传播、无群体暴发的奇迹。在艰苦的条件下，取得如此不俗的战绩，让前来实地采访的外国记者连连赞叹“不敢想象”。

2013 年，上海有很多人患上了肺炎，人们以为是“非典”卷土重来，但最终检测却发现是一种未知的病毒。

病毒未知意味着防控难度大，一旦蔓延，就会造成可怕的后果。关键时刻，张文宏不顾个人安危，主动接触十余例病例，和同事一道花了一个多月时间，终于把病毒鉴定出来，这就是 H7N9 禽流感。由于这场胜仗，张文宏被评为“国家防控 H7N9 先进个人”。

国内疫情防控他冲在最前线，在国际上张文宏同样如此。2014 年，当埃博拉病毒肆虐非洲时，张文宏主动报名参加援助西非紧急救援队。

当时，他遇到一名曾经去非洲务工，被昆虫叮咬后患上无名疾病的工人。这名工人在医院见到张文宏时，他已经在病床上躺了 6 个多月，整天昏昏欲睡。经过诊断张文宏得出结论，患者生的是罕见的昏睡病。尤为不利的是，如果再过 72 小时得不到有效治疗，患者就有可能永远不会醒来。而治疗的药物，只有世界卫生组织才有。

如何证明自己的判断，说服世界卫生组织救治病人？张文宏立即和住院医师一起，在病人骨髓、大脑、全血里搜寻，找到了一种寄生锥虫。接着大家又争分夺秒地查找虫子的基因序列，最终锁定是冈比亚锥虫。当张文宏拨通世界卫生组织的电话，发出证据拿到药时，正好72个小时。在与死神的赛跑中，张文宏笑到了最后，他也由此获得了“病毒猎手”的称号。

或许正是有多年与病毒作战的经验，新冠肺炎疫情刚有苗头，张文宏就闻到了“战争”的气息。他在第一时间决定，将感染科的病房全部腾空，为防疫做准备，确保华山医院在处置疫情时能够有条不紊。

铁骨柔肠，乐于助人的“张爸”

在华山医院，张文宏还有一个名字“张爸”。说起这称呼的来历，与他共事多年的同事邵凌云说：“在科室里，他什么事都考虑得很周全，连一起坐车谁先下谁后下都要管到位，就像家里的爸爸一样。”所以，“张爸”之名并不是因为年纪大，而是主心骨的意思。只要有他在，就让人放心。

因为有他坐镇，华山医院感染科连续九年稳居全国医院感染科专科排名第一。他的个人医疗评分，在科室中更是遥遥领先。

特别是新冠肺炎疫情扩散后，在极短的时间内，他凭借精湛的医技和成熟经验，优化就诊流程，制订病人留观标准，明确哪类病人需要留下观察，哪类病人可以解除留观，他都说一不二。“按照这些标准来，出了事我来承担。”俨然就是一位有责任有担当的“老爸”。

“张爸”的关怀还体现在督促党员上岗的事上，他强调没有讨价还价余地的同时，也提出要关心爱护医务人员，“没有防护，你可以拒绝上岗。”话语掷地有声，不容置疑。按照职责规定，他本不需要查房，但为了消除一线医生的恐惧感，他仍然坚持每星期至少查房两次。他说：“我为什么坚持一有空就去病房？主要是为了给团队鼓劲加油。”

凡此种种，让感染科的年轻医生们倍受鼓舞：“张爸护着我们，更要卖力干。”从而激发出惊人的力量。

事实上，张文宏不仅让人放心，更让人暖心。上海一位叫徐如洋的市民曾分享过一个故事。有一次她的母亲去看病，遇到张文宏，询问完病情后张文宏发现老人年纪大，腿脚不便，听力也不太好，身边又没有年轻人陪伴时，张文宏就在处方纸的后面写道：1. 先去挂号收费处缴费；2. 去1楼抽血；3. 下礼拜一再到1楼拿报告单；4. 拿到报告单后到×诊室给我看；5. 不要再挂号。为了让老人家看清楚，他一笔一画写得极其工整，而且特意把字写得很大。

“无情未必真豪杰，怜子如何不丈夫”，这话用在张文宏身上再恰当不过，他面对病毒时铮铮铁骨的外表下，怀揣着一颗柔软仁爱的心。

生命至上，敢于直言的“张真人”

作为一名医生，张文宏更令人佩服的是说真话的品性。2020年初，新冠肺炎疫情尚不十分明朗时，有记者请他谈谈防控前景，他既不遮掩，也不夸大：“有三种可能性：第一，最理想情况是取得完全成功，元宵节前控制住武汉疫情，四个月内结束战斗；第二，胶着，疫情出现反复，但最终被控制；第三，失败，像2009年墨西哥猪流感那样，波及全球。”虽然是大实话，但说出来需要极大的勇气。

而在2月6日给网民讲解为什么要隔离时，张文宏又变身段子手：“现在开始，每个人都是战士。你在家里不是隔离，是在战斗！你觉得很闷，病毒也给你闷死了。”他提醒企业老板们的话更有意思：“可以不给我们捐物资，让员工在家里办公，隔离观察，还给人家发工资，就是对国家做贡献了。”

除本职工作外，疫情防控期间，张文宏还做着一件分外事——坚持撰写疫情分析文章，发表在微信公众号上。其中关于大众如何预防、为什么要封城、节后日子怎么过等文章阅读量超过10万，最高的一篇甚至超过了千万。

已经忙到几乎没有时间睡觉，有记者问他为什么还要做科普时，张文宏说：“你必须让公众了解真相，打败传染病需要全民的科学共识。”所以他宁可牺牲睡眠时间，也要更新一篇篇文章。

从医多年，出于感激，很多被张文宏治愈的病人给他送来锦旗，他都一一拒绝了。他唯一挂出来的，是一位重症患者康复后送的，因为他喜欢锦旗上的那句话：“我只是你们工作的匆匆过客，而你们是我的人生转折。”张文宏觉得这句话可以鞭策自己，并且与他“你若性命相托，我必全力以赴”的从业准则相通。

辜鸿铭：坐拥13个博士学位的旷世奇才

✻关山远

在中华民族近代最耻辱的那段历史上，辜鸿铭是一个对中华文化充满强烈自信的爱国者。

辜鸿铭是一百多年前的人物了，很多人已不再知道他，略微知道他的，也多是些可笑的言行，比如他在民国还留着辫子、用茶壶茶杯的比喻为纳妾辩护，以及牙尖嘴利，什么人都骂等。他的形象，贴着“迂腐”“守旧”的标签。

但是，我们真正了解辜鸿铭吗？这些标签，又如何能够解释：一个中西混血儿，在中国国运衰微的年代，却对中华文化拥有那么坚定的自信。

坐拥13个博士学位的旷世奇才辜鸿铭是个混血儿，1857年7月18日生于南洋英属马来西亚槟榔屿，他的父亲辜紫云是祖籍福建泉州惠安的华人，母亲是葡萄牙人，养父母是英国人。

辜鸿铭是辜氏在马来西亚的第五代，父亲辜紫云在英国人经营的橡胶园任总管，操流利的闽南话，还能讲英语、马来语，母亲讲英语和葡萄牙语。没有子女的橡胶园主、英国人布朗夫妇非常喜欢辜鸿铭，将他收为义子。1867年，布朗夫妇返回英国时，把10岁的辜鸿铭带到了当时最强大的西方帝国学习。

1870年，13岁的辜鸿铭被送往德国学习科学，后回到英国，以优异的成绩被著名的爱丁堡大学录取。1877年，辜鸿铭获得文学硕士学位后，又赴德国莱比锡大学等著名学府研究文学、哲学……欧洲的学习经历，让辜鸿铭获得文、哲、理、神等13个博士学位，加上汉语，他掌握了英文、德文、法文、拉丁文、希腊文共计10种语言。

时任湖广总督的张之洞很欣赏辜鸿铭，1885年将其纳入麾下，委任为“洋文案”（即外文秘书）。辜鸿铭从此为张之洞服务了24年，直到张之洞病逝。

史载，1891年，俄国皇储尼古拉和其表弟希腊亲王来华，访问武昌时，辜鸿铭先是以熟练的俄语与尼古拉交流，后来跟希腊亲王说起了希腊语，这两名欧洲皇室成员均惊叹不已，尼古拉特地赠给辜鸿铭一只刻有皇冠的金表，张之洞也感觉大有面子。

当面训斥英国大文豪

20世纪20年代，英国大文豪毛姆来华访问，慕名登门拜访辜鸿铭。毛姆以《人性的枷锁》《月亮和六便士》等作品至今著称于世。

毛姆来中国时，提出想见辜鸿铭，于是相关人士给辜鸿铭写了个条子，约辜鸿铭出来见毛姆，但如石沉大海，辜鸿铭根本不睬。毛姆只好亲自写信，请求登门拜访。获许后，他在客厅坐了一会儿，辜鸿铭才出来，但一见面就训毛姆："你们英国人以为中国人就是苦力或者买办？只消招招手，我们就得来？"

此时的辜鸿铭已经六十多岁了。《辜鸿铭访问记》中写道，辜鸿铭这么教育毛姆："你们凭什么理由说你们比我们好呢？你们艺术或文字比我们的优美吗？我们的思想家不及你们的深奥吗？我们的文化不及你们的精巧，不及你们的繁复，不及你们的细微吗？呶，当你们穴居野处茹毛饮血的时候，我们已经是进化的人类了。你可晓得我们试过一个在世界的历史上是唯我独尊的实验？我们从来不以武力管理世界，而用智慧……"

毛姆不是受虐狂，他拜访辜鸿铭，是因为彼时辜鸿铭声名在外。辜鸿铭当时在国外多有名？其一，俄国大文豪托尔斯泰给他写信，探讨如何在物质主义大举侵蚀的背景下，坚守中国文化所说的"道"；其二，1913年，辜鸿铭和泰戈尔一起获诺贝尔文学奖提名，他俩当时被誉为在西方最有名的两位东方人；其三，林语堂来到著名的德国莱比锡大学留学时，他读的学校必读书目中，就有辜鸿铭的作品。

辜鸿铭在西方的名气，远不只是他学贯中西，也不仅仅是他擅长用西方人接受的方式来普及中国文化，譬如他常常能够熟练引用德国大文豪歌德的名言，向德国人阐释孔子的思想。辜鸿铭在西方的影响力，在于他通过中西文化的比较研究，告诉人们：西方文明的缺陷，以及中华文明的生命力。

在孔子的时代，社会礼崩乐坏，辜鸿铭形容说，当中国文明这个建筑即将毁于大火时，孔子抢救出了这个建筑的图纸，将其保存在中国的"四书五经"之中，并按照文明的蓝图做了新的综合与阐发，影响了中国人两千多年。辜鸿铭认为，中国跟西方不一样，没有西方意义上的宗教，但儒学能代替宗教感化人，"在欧洲，政治成了一门科学，而在中国自有儒学以来，政治则成为一种宗教"。

他的一些观点，放在今天，仍然不过时。

日本首相被他怼得哑口无言

在电影《建党伟业》中，由刘佩琦饰演的辜鸿铭虽然只亮相三次，但让人印象深刻，比如，当北大教授们辩论中国应学哪个国家的制度，认为中华传统儒家思想尽是糟粕时，辜鸿铭怒道："三三得九，在两千年前是三三得九，在两千年后，仍然是三三得九，而不是三三得八，老祖宗留下的东西没有错，只是子孙后代没有学精，就怪老祖宗的东西不好。"

这一段精彩台词的出处，是在中日甲午战争后，日本权臣伊藤博文到中国漫游，在武昌时，辜鸿铭作为张之洞的幕僚，送给伊藤一本刚出版的《论语》英译本。伊藤嘲讽道："听说你精通西洋学术，难道还不清楚孔子之教能行于两千多年前，却不能行于20世纪的今天吗？"辜鸿铭答道："孔子教人的方法，就好比数学家的加减乘除，在数千年前，其法是三三得九，如今20世纪，其法仍然是三三得九，并不会三三得八。"伊藤一时语塞。

在学习方面，辜鸿铭堪称一个不世出的天才，游学欧洲苦学西学后，他花费了大量的心血精力来学习中国的典籍，中西学融会贯通，两种文明互相比较，辜鸿铭的视野要远超当时只懂西学或只懂中学的人。他对中国传统文化的热爱，不是投机，不是"半桶水"，更不是标新立异，他认为每一种文明都有其核心生命力，都是这个民族的根，不能丢。

1924年，辜鸿铭受邀访问日本，他在日本刊物上撰文道："这养育滋润我们的东方文明，即便不优越于西方文明，至少也不比他们低劣……实际上，中日两国的青年都是通过望远镜来观察西方文明的，因而使得欧洲的一切都变得比实体伟大、卓越。而他们在观察自身时，却将望远镜倒过来，这当然就把一切都看小了……"

无论走到哪里都不能忘本

1867年，10岁的辜鸿铭跟着养父母去英国读书，临行前，他的父亲在祖先牌位前焚香，告诫他说："不论你走到哪里，不论你身边是英国人、德国人还是法国人，都不要忘了，你是中国人。"

从欧洲学成回到马来西亚后，辜鸿铭一度在英属新加坡殖民地政府工作，对中华文化了解并不多，直到他碰到了一个关键人物：马建忠。马建忠也是一个学贯中西的高人，留学法国期间，曾借鉴拉丁文的语法研究古代汉语，写出了中国第一部比较系统的语法著作《马氏文通》，他还参与了韩国国旗的设计。

马建忠在新加坡初遇辜鸿铭时，给他讲中国的“四大发明”，讲两千年前的“百家争鸣”，告诉他：中华文化博大精深，要想学习了解，就得到中国去。辜鸿铭因此放弃了殖民地政府工作来到了中国，学习中国文化，尔后传播中国文化。

辜鸿铭努力向世界表述真实的中国人，通过《中国人的精神》一书，揭示中国人的精神生活，阐发中国传统文化的永恒价值。

他曾用毛笔来形象地比喻中国心灵生活与精神文化的智慧：“中国的毛笔或许可以被视为中国人的精神象征。用毛笔书写绘画非常困难，好像也不容易精确，但一旦掌握了它，你就能得心应手，创造出美妙优雅的书画来，而用西方坚硬的钢笔是无法获得这种效果的。”

《中国人的精神》1915年在北京首次出版，并很快由德国学者奥斯卡·A.H.施密茨译成德文，一时轰动西方。用今天的话来说，辜鸿铭是个杰出的“外宣专家”，他致力于沟通中西文化并诉诸翻译事业，将中国经典古籍《论语》《中庸》《大学》等译成英文，同时将自己的思考写成一本又一本著作，且多用流利的英文写成。

辜鸿铭是研究清末与民国初年思想学术时不可绕过的人物。但是，辜鸿铭又是孤独的，清朝早已亡了，他还留着辫子。他曾对毛姆说过：“你看我留着发辫，那是一个标记，我是老大中华的末了的一个代表。”

在今天，揣摩辜鸿铭的心理，应该是孤傲、苍凉与逆反的，他因为孤独，甚至走向了一个极端，显示出时人难以理解的怪异来，例如对于中国传统文化的一些糟粕，他也叫好。辜鸿铭有他的各种局限，今人也无法超越历史来苛求辜鸿铭，但无法否认的是：在中华民族近代最耻辱的那段历史上，辜鸿铭是一个对中华文化充满强烈自信的爱国者。

提香是一种什么色

✻肖复兴

自古出名的画家有两种：一种爱钱甚于艺术，一种爱艺术甚于钱。文艺复兴时期意大利画家提香，属于前者。起码在当时的画家之中，没有比提香更嗜钱如命的了。钱，是他唯一的信仰。那时候的人们，不客气地批评他是一个不信教的教士，是一个不愿意祈祷的人。

不像梵高一样生前潦倒但死后画稿价值连城，提香在世时早就富可敌国，可比王公贵族。他为罗马帝国国王查理五世画的一幅肖像，报酬就够买下威尼斯一座亲水豪宅。因得到帝王宠爱，从此，他的人生就开了挂，找他来画肖像的王公贵族络绎不绝。

按理说，他并不缺钱花。但是，仅靠卖画赚钱，他并不满足，还要见缝就钻，挤进政府部门担任个职务，官饭照吃不误，脚踩两条船，官府江湖通吃。他在威尼斯海关担任职务，每年的薪金一分不少年年拿，一天班却没有上。他与海关的交换条件是，为市政大厅画满一幅壁画。可是，过去了21年，提香也没有画上一笔。一直到海关愤怒了，命令他必须赶紧完成壁画，否则，不能再让他吃空饷。

爱财如命的提香，虽然已经腰缠万贯，还是舍不得让自己这笔薪金旁落。他为市政大厅画出的这幅壁画，便是他的名作《卡道莱之战》。这是一个史诗性的历史题材，被提香处理得惊心动魄，为世人所惊叹。作为威尼斯画派的领军人物，提香有这样的本事，无论宗教题材，还是历史题材，或是世俗题材，他都能够处理得得心应手。正因为他有这样的本事，让他成为威尼斯长盛不衰的一棵老树精，赚得盆满钵溢。但他并不满足，并没有想就此收手，颐养天年。只要有一分钱的赚项，他依然会伸出他那如枯枝般的老手，握住一支他那胜过千军万马的画笔。

八十多岁的提香，还在精力充沛地不断接活儿。威尼斯，乃至整个意大利那些贵妇，也舍得一掷千金，慕名而来，请提香为她们画像。那个时期，上至国王王后，下至王公贵妇，都喜欢画家为之画像。提香将这些贵妇的心思揣摩得透透的，为了多赚她们腰包里的钱，在为这些年老色衰或本来就丑陋不堪的贵妇画像的时候，他会巧妙地施展小小的策略，把她们画得好看一些，年轻一些，摆在客厅里，光彩照人一些。

对提香来说，这不是什么难事。他在为西班牙的菲利普国王——这个长得矮小丑陋且是罗圈儿腿的混世魔王画像的时候，特意把他画得英俊一些，尤其是把他的罗圈腿遮掩起来。画像画好，连菲利普的未婚妻都觉得画得比本人好，她带着揶揄的口吻风趣地说："尽管我无法容忍这个人，但我喜欢这幅肖像画。"

早些年，提香还画过一幅画，是日后有名的《乌尔比诺的维纳斯》。这里的维纳斯，是为乌尔比诺公爵夫人造像的蓝本。他将女神维纳斯从云端请入家中，躺在家中的床上，和公爵夫人进行了穿越式的嫁接和置换。他让维纳斯有了人间烟火气，有了人性化的欲求与梦幻。同时，他让乌尔比诺伯爵夫人平步青云画魂成仙，有了维纳斯一样的神性，那么美好，充满画外之意的想象。然后，心满意足地赢得了为数可观的金钱。

晚年的提香更爱用一种金橙色，来为这些贵妇造像时增添光彩。这是提香创造出的一种能够点石成金的神奇色彩。后来，人们称这种漂亮的色彩为"提香色"。而迪奥香水广告里那个衣裙飘飘的女郎的裙子，就是这种提香色。提香色，当时为那些贵妇的脸上增添了不少笑容，也为提香的钱袋里增添了不少金币。提香色，可以让艺术降格，趋奉权势，臣服金钱。在提香那里，提香色，其实就是金钱闪烁之色。

关于提香，最搞笑的事情，发生在他临终之前。1575年，一场瘟疫席卷威尼斯，城内死亡者成千上万。垂垂老矣的提香，自知命危旦夕，难逃此劫，便开始着手后事安排。首先想到的是找好墓地。别看提香此时灯油将要熬尽，命悬一线，却思维活力不减，居然突发奇想，找到天主教方济会管辖的一个教堂，对牧师说，你如果能够免费给我一块墓地，我愿意给你们画一幅宗教题材的油画。牧师同意了他的这个交换条件。

他为教堂画了一幅圣母抱着死去的耶稣的油画，便是有名的《圣母哀悼耶稣》。画完之后，提香忽然又想，这么好的画，如果我不给他们，拿画作为筹码，跟他们讨价还价，能不能跟他们多要一点面积的土地，作为我的墓地？他真的就跟牧师讨价还价，牧师看着这个风烛残年的老头儿，临死之际，还如此斤斤计较，锱铢必较，不知是出于敬重还是可怜，或是不愿意再跟一个垂死的老人纠缠，答应了他的要求，多给了他一点儿土地。

他心满意足了。提香一生都在用画和别人做交易，这是他人生的最后一笔交易。

第二年瘟疫卷土重来，这一次比上一次还要厉害，威尼斯全城人死了一半。不幸的是，这一半人中包括了声名显赫腰缠万贯的提香。他躺在为自己多要了一点儿土地的墓地里，可以心安理得地舒展一下腰身。只是墓地里黑乎乎的，再没有了耀眼的提香色。

小酒桶

✻莫泊桑

埃佩维尔镇上开客店的希科老板在玛格卢瓦尔老婆婆的农庄门前停下了他的两轮轻便马车，他是一个高大的汉子，40岁，满面红光，腆着个大肚子，本地人都知道他阴险狡猾。

他把马拴在栅栏门的木桩上，进了院子。他有一块地紧挨着这位老婆婆的地，许久以来他就看中了她这份产业。他曾经数十次地试图把它买下来，可是老婆婆总是固执地拒绝。

“我生在这块地上，我也要死在这块地上。”她说。

他进去的时候，她正在屋门前削土豆。她72岁了，满脸皱纹，全身干瘪，佝偻着腰，却像个年轻姑娘一样，永远不懂什么叫累。希科像好朋友似的拍了拍她的背，然后坐在她旁边的一张小矮凳上。

“喂！老婆婆，身子骨儿还是这么硬朗？”

“还算不错。您怎么样，普罗斯佩老板？”

“唉，唉！就是有点儿风湿病，要不然可就称心如意了。”

“那太好了，太好了。”

她再也不说什么。希科看着她干活。她那像钩子似的、满是筋疙瘩的、和螃蟹爪子一样坚硬的指头，跟钳子一样从筐子里钳起了一块灰色的土豆，飞快地转动，另一只手拿着一把旧刀子削着，长条的皮就挨着刀刃被削下来了。等土豆整个都变成黄色时，她就把它扔在一个水桶里。三只胆大的老母鸡一个跟着一个走过来，一直走到她的裙子底下拾土豆皮，然后叼着食急急逃开。

希科好像很为难，迟疑不决，心神不定，他话已经到了嘴边，却又不便说出口来。最后，他下了决心：“我说，玛格卢瓦尔老婆婆……”

“您有什么吩咐？”

“这座农庄，您还是不肯卖给我？”

“这件事不行，您别指望了。已经说过的事，别再啰唆了。”

“可是我想出了一个办法，对我们双方都合适。”

“什么办法？”

“就是这么个办法。您把地交给我，可是地还归您保管。您不明白吗？那就听我把道理讲出来。”

老婆婆停止了削土豆，从起皱的眼皮底下露出一对亮闪闪的眼睛死盯着客店老板。

他接下去说：“我来讲清楚吧。我每月给您

150法郎。听清楚了吧！每个月，我坐着我的小马车给您送来30枚5法郎一个的银币，可是一切都不改样儿，一点样儿也不改。您还照旧住在您的家里，我这边，丝毫用不着您操心，您什么也不欠我的。您只管拿我的钱就是了。这样行吗？”

他说完很愉快地、心平气和地看着她。

老婆婆露出不放心的样子仔细打量他，琢磨这里头有没有什么圈套，她问道：“这是我这边，您那边呢？这座农庄，您还是不能到手啊。”

“这个，您不用操心。老天爷让您活一天，您就在这儿住一天。这是您的家。不过您得到公证人那儿给我立个字据，等您百年之后，农庄就归到我名下。您没有亲生儿女，只有几个侄子，您根本就没把他们当回事儿。这样行了吧？您生前保留着您的产业，我每月给您30枚5法郎一个的银币。这完全是您在赚啊。”

老婆婆很吃惊也很忐忑，可是心里活动了。

她回答说：“这倒不是不可以。不过我得在这事上好好琢磨一下。下星期您再来一趟，咱们谈一谈。我再把我的意思告诉您。”

希科老板起身走了，非常高兴，就像一个国王刚刚征服了另一个帝国。

玛格卢瓦尔老婆婆可就心事重重了。当夜她就没睡着。整整四天，她拿不定主意，非常苦恼。她确实感觉到这里边有对她不利的地方，可是一想到每月有30枚银币，叮当作响的白花花的银币会流到自己的围裙兜里，什么事也不用做，天上会掉下这笔钱来，贪心就跟虫子似的在她心里乱钻乱咬了。

她于是跑去找公证人，把事情说给他听。他劝她答应希科老板的建议，不过应该要求50枚银币，而不是30枚，因为她的农庄起码值6万法郎。

“如果您再活上15年，”公证人说，“按照这种付款的方式，他也只要付出四五万法郎。”

老婆婆一听说每月可以拿到50枚5法郎一个的银币，惊得直哆嗦。不过她还是不放心，既怕那些预料不到的事，又怕暗藏着的阴谋诡计，她总也不肯走，一直待到天黑，不住地问长问短。最后，她才吩咐公证人准备字据，回了家，头脑昏乱得仿佛喝了4罐新酿成的苹果酒。

等希科来听回音的时候，她先是百般装腔作势，声称不干了，可是心里又犯嘀咕，生怕他不同意给50枚5法郎一个的银币，他一个劲儿地逼，她于是把她的希望提了出来。

他失望得跳了起来，一口拒绝。

为了说服他，她讲了好多道理，说明她可能活不久了。“我顶多再活上五六年。我现在快73岁了，身子骨儿并不结实。有天晚上，我还当我要死了呢。就好像有人把我身体里的东西都掏出去了，后来人家只好把我抬上床去。”

不过希科不上她的当。

“别说了，别说了，您这个老滑头，您跟教堂的钟楼一样结实。您至少可以活到110岁。您一定死在我后头。”

一整天的时间就消磨在这种争论中。老婆婆始终也不让步，到后来客店老板只好答应了。

第二天，他们在字据上签了字。老婆婆还额外要了10枚银币的酒钱。

3年过去了。这位老太太非常健壮。她好像一天也没见老，希科可就悲观失望极了。他觉着这笔钱好像已经付了半个世纪了，他觉着自己受了骗，上了当，快要破产了。过一阵子他就要去看望一下那个老婆婆，就好比人们7月间到地里看麦子，是否已经熟得可以开镰收割。她用狡猾的眼光接待他，简直可以说她因为自己能够这样捉弄他而在那里自鸣得意。他呢，总是立刻就回到他的小马车上走了，并嘟嘟囔囔地说：“你这个瘦猴，就永远不死啦？”

他束手无策，一看见她，就恨不得把她掐死。他对她怀有一种凶狠的、阴险的恨，是乡下人挨了偷以后的那种恨。

他于是琢磨起办法来了。

终于有一天，他又来看她，像第一次来商议买卖的时候那样，兴高采烈地搓着手。闲聊了几分钟以后，他说：“我说，老婆婆，您到埃佩维尔来的时候，为什么不上我那儿去吃饭呢？外边有人说闲话，说咱们的交情破裂了，我听了心里很难受。您知道，亲爱的老婆婆，上我那儿吃饭，一个钱也不用花。吃顿饭，我是不会计较的。您只要想来，就别客气，尽管来好啦，这反倒叫我高兴。”

玛格卢瓦尔老婆婆用不着他第二次邀请，第三天，她坐着她的马车，让长工塞勒斯坦赶着，上市场买东西，毫无顾忌地把马放在希科老板的马棚里，叫他们喂着，自己就理所当然地要求那份店主人已经许下的午饭。

客店老板心花怒放，像招待贵妇人似的招待了她，又是仔鸡，又是灌肠，还有鳗鱼、羊腿和肥肉片儿白菜。可是她几乎什么也没有吃，因为她从小过的是俭朴生活，一向只是吃一块抹黄油的面包就行了。

希科大失所望，只好一个劲儿地劝她吃。而且她什么也不喝，就连咖啡也不肯喝。

他问道："您总可以喝一小杯吧？"

"这倒行，可以的，我不拒绝。"

他于是使足了劲向客店的那一头喊道："罗萨丽，快拿白兰地来，要上等的！最纯的！"

女侍出现了，手里拿着一个长瓶子，瓶子上贴着一张葡萄叶形的商标。

他斟了两小杯。

"尝尝这个吧，老婆婆，这可是好东西。"

那位老太太慢慢地喝起来，一小口一小口地喝着，为的是多享受一会儿。等把那杯喝完，她把剩下的点点滴滴也倒在嘴里，然后表示："一点儿不错，真是好酒。"

她话还没说完，希科已经给她斟上了第二杯。她想拒绝，可已经来不及了，她跟喝第一杯一样品了好久。

他于是邀请她喝第三杯，她拒绝了。他一再地劝说："你看，这简直是牛奶嘛。我喝十杯、十二杯，都不费劲，跟糖似的下去了，既不胀肚，也不上头，简直可以说在舌尖儿上就化成气了。没有比这对健康更有益处的了。"

她原来就很想喝，所以也就没有坚持拒绝，不过她只喝了半杯。

这时候，希科忽然一下子变得非常慷慨，大声说："好吧。您既然喜欢这个酒，我就送您一小桶吧，不为别的，就是为了让您看看，咱们始终是好朋友。"

那位老婆婆也没有表示不要，就走了，她已经多少有了一点醉意。

第二天，客店老板进入玛格卢瓦尔老婆婆的院子，然后从车子里拉出一个箍着铁圈的小木桶。他要她立刻尝尝，为的是证明完全是一模一样的好白兰地。等他们每人喝了三杯，他就一面起身一面表示："您也知道，喝完了，咱们那儿还有，别客气，我不是斤斤计较的人。您喝得越快，我越高兴。"

他又爬上了他的轻便马车。

4天以后他又来了，老婆婆正在门前切面包。

他走上前，问了好，几乎挨着她的鼻子跟她说闲话，为的是闻闻她哈气的味道。他闻出了酒香，于是眉开眼笑。

"您就不请我喝一杯？"他说。他们于是一起碰了杯，喝了两三杯。

可是隔不了多久，当地的消息就传开了，说玛格卢瓦尔老婆婆常常独自一人喝得烂醉如泥。有时候躺在她的厨房里，有时候躺在她的院子里，有时候躺在附近的路上，一动不动地跟死尸一样，别人只好把她抬回去。

希科不再上她家去了，有人跟他谈到这个乡下女人，他总要愁容满面地嘟囔着说："她这把年纪，竟沾上了这种嗜好，这不是太不幸了吗？您瞧，一个人上了年纪，就无法可想了。早晚她得上个大当才算完。"

果然，她上了个大当。第二年冬天，她喝得烂醉，跌在雪地里死了。

希科老板继承了玛格卢瓦尔老婆婆的农庄，他对人说："她要是不贪杯，总还有10年好活吧。"

没有归还的一天

✲帕皮尼

我曾有幸结识许多上了年岁但依旧容貌姣好的公爵夫人。我经常在沙龙里遇到她们，她们向我絮絮私语了多少异乎寻常的隐私啊!

一天下午，在一座别墅的客厅里，我坐在一张帝国时代的老式沙发上，旁边的茶几上放着仆人递给我的一杯清茶。我默默无声地陪伴着公爵夫人中年岁最大、最美丽优雅的一位。她向我讲述着她丰富的罗曼史中的一段。我直率地告诉她，我乐意听她叙述比这更曲折、更令人难以置信的故事。公爵夫人落落大方，欣然表示，愿意满足我提出的要求。

“看来，您要迫使我揭开我所保守的最后一个秘密，”她说道，“它之所以一直是一个秘密，就因为它在我所经历的全部罗曼史中是最难令人置信的，但我明白要不了几个月，兴许在春天来临之前，我就要与世长辞了，也许我再也找不到一个能像您这样饶有兴趣地对待荒唐可笑的事情的男人了……

“事情发生在我22岁那年年末，一个上了年岁但没有胡须，曾经获得过勋章的老人来拜访。我接待了他。他要求秘密地跟我交谈几分钟。

“当只剩下我们两个人的时候，他对我说：‘我有一个视若掌上明珠的女儿，她现在身患重病。我必须赋予她生命和力量。因此，我正在到处奔波，以购买或借取的方式寻求青春的年龄。如果您能慷慨允诺，借给我一年的青春，我将在您生命结束以前，逐步地一天一天地归还给您。比方说，在您满22周岁的时候，您不是进入23岁，而是跳过一年，直接进入24岁。您仍然风华正茂，丝毫不会察觉这一年龄上的跳跃带来的影响。我以后将把这一年的365天，每次2天或3天地如数归还给您，直到最后一天。这样，当您衰老的时候，您可以根据自己的愿望，再度获得真正的青春年华，重新享有失去的健康和美貌。请您不要以为您是在跟一个爱说瞎话的骗子或者一个魔鬼谈话。我是一个普通却不幸的父亲，我向上天祈祷了许久，上天慈悲地准许我做别人所不能做的事情。我费了很大的周折，总算筹借到了3年，但是我还需要许多年。请把您的青春借给我1年吧，您永远不会因为这一慷慨的行为而懊悔!’

“在那以前，我对各种离奇古怪的冒险行为早已司空见惯，在我生活的上流社会，没有任何事情会被认为是不可能发生的。于是，我欣然同意了他的特殊要求。

“几天以后，我比正常的情况下多长了一岁，但几乎谁都没有察觉到这一点。一直到我40岁，我都异常快活地生活着，根本不需要索回我储蓄着的、有朝一日应该归还给我的那一年。

“那位老人给我留下了一份合同，还有他的地址。他对我说，如果我希望得到一天或一个星期的青春，我必须至少提前一个月通知他。他向我许下了诺言，我会在我希望的日子获得青春。

“40岁后我的花容月貌逐渐消逝，我便回到我的家族留下来的一座城堡中隐居，一年只前往维也纳两三次。我事先向我的债务人写信，然后，既年轻又漂亮、好像只有23岁妙龄的我便去参加宫廷舞会和首都的沙龙，这使得那些知道我年龄的人大吃一惊。

“青春再现的前夕，是多么激动人心啊!前一天晚上，我犹如一朵凋谢的花儿，像往常那样疲倦地熟睡了。翌日清晨，我苏醒以后，却仿佛一只刚刚学会飞翔的小鸟，轻松愉快地奔到穿衣镜跟前，脸上的皱纹消失殆尽。我的身躯

轻盈灵巧而又柔软丰腴，头发重新闪现出金黄色的熠熠光彩，嘴唇如此娇艳红润，以至于我自己都恨不得想发狂似的吻它。

“在维也纳，崇拜者们将我团团围住，发出惊奇的赞叹。当归还给我的青春期限快结束时，我便登上马车，急匆匆地返回城堡。在那里，我谢绝一切登门拜访的客人。

“一次，一个来自波希米亚的年轻伯爵，在我某次重返维也纳参加社交活动的时候认识了我，并如醉如痴地爱上了我。后来，不知怎么回事，他突然闯进我的城堡。当他看到我跟他在维也纳大街上一见倾心的女人是如此相像，但又如此难看和衰老的时候，顿时惊愕失色，几乎昏厥了过去。

“打那以后，再也没有人能够闯入我心甘情愿选择的与世隔绝的生活。您想象得出我在那漫长、孤独的生活中，每每由于少许几天的美貌和激情而突然迸发出火焰所产生的奇妙情景吗？

“开始时，我满以为那 365 天是取之不尽用之不竭的，因此我恣意挥霍，经常给那位神秘的生命债务人写信，然而他是一个惊人地恪守诺言的人。有一次，我上他那儿去，瞧见了一堆账单。我发现，我并不是唯一跟他签订这类合同的人，看得出来，他非常精确地记载着他不断偿还的债务。我还瞧见了他的女儿，一个脸色异常苍白的女人，正坐在鲜花盛开的阳台上。

“我压根儿不晓得他是从哪里得到的生命年月，从而使他能够如此准确无误地按日子分批偿还他的债务的，但我有某种理由相信，他为此又积欠了新的债务。他从哪些女人那里借到日子来偿还给我呢？也许，她们并不是我想象的那种陌生人……

“您简直难以想象，当他以一个银行家才有的冷静向我宣布，他欠我的日子只剩下一天时，我的生活变得多么凄惨可怕。自那以后，我没有给他写过一封信。我一度萌发过这样的念头，把这剩下的一天馈赠给他算了，免得再痛苦地折磨自己。您当然能够明白这是为什么。每一次，当青春昙花一现之后，理智苏醒的时刻便愈发令我黯然神伤。因为随着岁月的流逝，我眼下的情况跟我 23 岁时的差距是愈来愈大了。

“从另一方面来说，我又无法抗拒它的诱惑。您可以设想一下，一个可怜的孤独的老太婆怎能拒绝哪怕只有一天或两三天的美貌、爱情和欢乐呢？她需要被人宠爱，虽然只有一天的时间；她需要被人追求，哪怕只有一个时辰；她需要获得幸福，尽管只有片刻的时光！

“然而，我借给那老头儿的日子快用完了，那笔债务即将结清了。请您想想，我能够支配的青春的日子仅仅剩下一天了！这一天一旦消逝，我将最终成为垂暮的老太婆，眼睁睁地等待死神的召唤……

“可是，我应该什么时候要求归还这一天呢？我将用这一天来做些什么呢？三年多来，我没有再恢复过青春，在维也纳兴许已经没有任何人记得我，我的美妙风姿似乎已化为幻影，然而我仍然需要一个恋人，一个全心全意地以火一般的激情爱慕我的恋人。

“可是，我不知道如何做出我的抉择。我没有勇气去花掉这最后一天——仅有的一笔微不足道的财富，我也不知道应该如何耗费这笔财富，但我发狂似的渴望把它挥霍殆尽……”

这位公爵夫人深深激起了我的恻隐之心！她揭开黑面纱已经有好几分钟了，泪水在她涂抹着香粉的脸上犁下两条细细的沟痕。

于是，我不禁产生了一种强烈的、不惜一切代价去安慰这位仪态优雅的老太婆的愿望。我跪倒在她的脚下，跪倒在一位满脸皱纹、身穿黑衣的公爵夫人的脚下。我对她说，我要以远远胜过任何一个疯狂的绅士的热情来爱她，我用最甜蜜的话语请求她允许我，仅仅允许我一个人享受她的美妙青春的最后一天。

公爵夫人大为感动，对我许诺说，我将是她最后一个情人，但仅仅只有一天的缘分，而且是一个月以后。接下来的一个月显得异常漫长。我答应在约定日以前，不再去见她。

翘首盼望的这一天终于来到了，夜幕也终于降临了。我尽可能地穿戴打扮了一番，便怀着一颗激动不安的心，迈着迟疑不决的步子，朝那座别墅走去。

我远远地瞧见，明亮的灯光照耀着别墅的窗户，栅栏门敞开，阳台上一朵朵硕大的花儿开得十分艳丽。我走进别墅，来到客厅，大厅里两只奇异的烛台上燃着明灿灿的蜡烛。

我等待着。没有任何人出来，整座别墅静悄悄的。

我焦躁不安地等了大约一个小时。我再也耐不住性子了，便走进餐厅。餐桌上摆着两副餐具、几簇鲜花和丰盛的水果。越过餐厅，我在一扇房门前站住，这里应该是公爵夫人的卧室。我在门上敲了两三下，但是没人应声。我鼓起勇气，推开了门。

房间里仿佛经历了一场浩劫，到处是随意乱扔的豪华服饰。公爵夫人身穿一件我未曾看见过的最漂亮的衣服，仰面坐在穿衣镜前的安乐椅上。

我轻声地叫她，但她没回应。我走上前去，用手轻轻碰了碰她，她也毫无反应。我这才发现，她的脸庞像往常一样苍老、干瘦而又苍白，表情像是受了惊吓。

可怜的公爵夫人已经死去。她是坐在穿衣镜前面，欣喜地期待着青春的再临时猝然去世的。我在她脚下的地板上捡起一封信，信中只有几行字。

尊敬的公爵夫人：

请原谅我不能立即把我积欠您的最后一天青春归还给您。这次，我没能物色到像您一样通情达理、信赖我的诺言的女人，没能借到新的青春，而我的女儿已处于生命垂危之中。

我仍将不遗余力地继续寻找合适的对象，一旦获得结果，当即向您禀告。善始善终地让您享受最后一天的青春快乐，是我真挚的意愿。

尊贵的公爵夫人，请您相信我……

书信末尾的签名，字迹难以辨认。

此刻

✲博尔赫斯

如果我能够重新活一次
在下一生——我将试着
——犯更多的错误，
我不再设法做得这样完美，
我将让自己多一点放松，
我将变得更加愚蠢——比起我现在，
事实上，我将认真地做更少的事，
我将不那么讲卫生，
我将冒更多的风险，
我将更多地去旅行，
我将看更多的落日，
我将爬更多的高山，
我将在更多的河水中游泳，
我将去更多地方——那些我没有去过的，
我将吃更多的冰奶酪和更少的酸橙豆，
我将问更多真实的问题——少问那些假想的。

就像那些人中间的一个，
我会谨慎而丰富地
活在我生命里的每一时刻，
当然，我也会有许多欢乐的瞬间——可是，
如果我能重新活着，
我将试着只要那些好的瞬间，
如果你不知道——怎样建造那样的生活，
那就不要丢掉了现在！

我是那些人中间的一个：他们哪儿也没有去过，
没有一支温度计，
没有一个热水袋，
没有一把雨伞，也没有降落伞。

如果我能重新活一次——我将向着光明旅行，
如果我能再活一次——我将赤脚行走，
从春天的开端一直走到
秋天结束，
我将坐更多的马车，
我将看更多的黎明，和更多的孩子游戏，
如果我还有生命去活着——可是我现在八十五岁了
——我知道我即将死去……

呼喊特丽莎的人

✽ 卡尔维诺

我迈出人行道，朝后退几步，抬起头，然后，在街中央，双手放在嘴上做喇叭状，对着这一街区的最高建筑物喊："特丽莎！"

我的影子受到了月亮的惊吓，蜷缩在我的两脚之间。

有人走过。我又叫了一声："特丽莎！"那人走近我，问："你不叫得响一点，她是听不到的。让我们一起来吧。这样，数一二三，数到三时我们一起叫。"于是他数"一，二，三"，然后我们一齐吼："特丽丽丽莎莎！"

一小撮从电影院或咖啡馆里出来的人走过，看见了我们。他们说："来，我们帮你们一起喊。"他们就在街中心加入了我们的行列，第一个人数一二三，然后大家一齐喊："特——丽丽——莎莎！"

又有过路人加入我们的行列；一刻钟后，就成了一大群人，大约有20个吧。而且还不时地有新成员加入。

要把我们这么一群人组织起来同时喊叫可不容易。总是有人在没数到"三"之前就叫了，还有人尾音拖得太长，但最后我们却相当有效地组织起来了。大家达成一致，就是发"特"音时要低而长，"丽"音高而长，"莎"音低而短。这样听上去就很不错。当有人退出时，不时地会有些小口角。

正当我们渐入佳境时，突然有人——如果是从他的嗓音判断，他一定是个满脸雀斑的人——问道："可是，你确定她在家吗？"

"不确定。"我说。

"那就太糟了，"另一个说，"你是忘了带钥匙，对不对？"

"其实，"我说，"我带着钥匙。"

"那么，"他们问，"你为什么不上去呢？"

"哦，可我不住这儿，"我说，"我住在城市的另一头。"

"那，恕我好奇，"满脸雀斑的声音很小心地问，"那到底是谁住在这儿？"

"其实我也不知道。"我说。

人群似乎有些失望。

"那能不能请你解释一下，"一个牙齿暴露的声音问，"你为什么站在这儿的楼下喊'特丽莎'呢？"

"对我来说，"我说，"我们可以喊其他名字，或换个地方叫喊。这并不重要。"

他们有些恼怒了。

"我希望你没有耍我们？"那雀斑声音很狐疑地问。

"什么？"我恨恨地说，然后转向其他人希望他们能为我的诚意做证。那些人什么也没说，表明他们没接受暗示。

接下来有一阵子尴尬。

"要不，"有人好心地说，"我们一起来最后叫一次特丽莎，然后回家。"

这样我们就又叫了一次。"一二三，特丽莎！"但这次叫得不太好。然后人们就纷纷回家了，一些人往东，一些人往西。

我快要拐到广场的时候，我想我还听到有声音在叫："特——丽——莎！"

一定是还有人留在那儿继续叫。

有些人很顽固。

九个里面挑哪个呢

✽约卡伊·莫尔

从前，有个叫约翰的穷鞋匠住在佩斯这个大城市里，独自抚养他的九个孩子。

要是做鞋，他不得不做九双；要是切面包，他不得不切九片；要是铺床，整个房间从门到窗都摆满了床。当他为了养活这许多小家伙，半夜还得在条凳边忙着做鞋的时候，当他哄着这个或那个不老实睡觉的孩子入睡的时候，这个好心的手艺人常常独自叹息。

一个节日的晚上，约翰师傅因事回家晚了点。他带回各种现成的皮子，还拿回来一小笔钱款——刚够继续他的手艺和维持一家的日常需要。在他匆忙回家的路上，他看见小摊上摆满了镀金镀银的糖娃娃，女摊贩在每个街角兜售这些东西，她们只卖给品行端正的孩子们。约翰师傅在好几个摊子前停下来，要不要买点什么呢？可是九个孩子统统都买？那他负担不起！总不能只给一个孩子买礼物呀，这会叫别的孩子难受的。不，他得给他们另外一种礼物！这个礼物既要漂亮又要好玩，打不破、玩不坏，要他们个个都喜欢，而且谁也不能从谁那里抢走。

"喂，孩子们——一、二、三、四……你们都在这儿吗？"约翰师傅回到他那有九个孩子的家里，大声问道，"你们知道今天是节日吗？今天晚上我们什么活儿都不做，我们大家要一起快活快活。"

孩子们简直高兴得把房子都闹翻了。

"等一等，我教你们唱很好听的歌，算是我送给你们的节日礼物。"

小家伙们爬上爸爸的膝盖，张开小胳膊搂着他的脖子。为了这首好听的歌，他们差点儿把爸爸的椅子弄倒了。

"我说什么来着！你们放规矩点！你们要排队。小的在前，大的在后。"

约翰帮他们排好队，像风琴管子似的。最小的两个，一个抱着爸爸的膝盖，一个抱着爸爸的胳膊。

"现在别作声了！我唱一句，你们跟着唱一句。"于是，约翰师傅显出一副严肃而虔诚的样子，脱下他的帽子，唱起那首好听的歌来："听呵，天使高声唱……"

这个调子，大的几个男孩、女孩一听就学会了，小的几个比较麻烦，他们老唱走调，也不合拍子。最后，他们全都会唱了，听他们九个合唱这首好听的歌，真叫人打心眼里高兴。这首歌原是天使们在那值得纪念的晚上唱的，也许此刻还在唱呢，因为这九个天真漂亮的小家伙唱着这首和谐快乐的歌寻求着天上的应和。当然，天使们在天上是欢迎孩子们歌唱的。

不过，这歌声却没有受到楼上主人的欢迎。一个有钱的单身汉住在那儿，他孤零零的一个人，却住着九间房。他没有老婆，也没有孩子，可是有数不清的钱。

那天晚上，这个有钱人正坐在第八个房间里纳闷儿：为什么他吃的东西这样没有味道？为什么报纸上全是这样一些没趣的新闻？为什么宽敞的房间会这样气闷？为什么在弹簧床上不能安睡？

这时，楼下约翰师傅居住的那个房间却传来热情的、愉快的歌声，起先，歌声只是隐隐约约听得见，之后就愈来愈响了。最初他尽可能不去听，希望歌声很快便会停止，可是当他们周而复始地唱到第十遍的时候，他再也忍受不住了。他弄灭了雪茄，穿着睡衣就冲进鞋匠的房间。他推开门，这时他们刚唱完第一节。约翰师傅恭敬地从他那个三脚凳上站起来，迎接这位有钱人。

“你就是约翰师傅吗？”有钱人问。

“是的，先生，您有什么吩咐？要定做一双漆皮靴吗？”

“我不是为这个来的。你有一大帮孩子？”

“是的，先生。大大小小，我有好多张嘴得养活。”

“就是唱起来也有好多张嘴啊。听我说，约翰师傅，我要让你走运。把你的儿子给我一个吧，我收养他做儿子，供他念书，带他一同到国外旅行。我要把他教育成一个上等人，以后，他就有钱接济别的孩子了。”

约翰师傅听了这番话，眼睛瞪得很大。把一个穷手艺人的儿子变成上等人——这是一桩大事情。谁都得认真想想！当然，他愿意把一个孩子送给这个有钱人，这是个好运气。

“那么在他们当中挑一个给我好了，我们这就去吧。”

挑谁好呢？约翰师傅心里暗自思量：“这是小山陀尔，不能让他去，他是个好学生，将来前景很好。老二是个姑娘，这位先生不要女孩子。再就是费伦茨，他已经可以帮我一把了，没有他，做起买卖来真不知怎么办。这是小约翰，他的名字和我一样，我舍不得他。小约瑟呢，模样儿活像他的妈妈，他总使我想起她来，他一定得留在家里。下一个又是个姑娘，用不着考虑了。再就是小帕里，他妈妈最疼爱的孩子。唉，要是我把他交给陌生人，这可怜的女人准会在坟墓里睡不安心的。这两个还太小，你拿他们怎么办呢？”

就这样，他把孩子们全考虑了一遍，可还是拿不定主意。随后他又重新考虑，这一次从最小的考虑起，不过结果完全一样，他不知道该送哪一个，因为他个个都爱。

“这样吧，孩子们，你们就自己决定吧。你们哪一个愿意离开家，去做有钱人，去坐马车呀？来，说吧，谁愿意去就站出来吧！”

可怜的约翰师傅说到这里，几乎要流泪了，孩子们全都躲到他的背后。他们一个个拉着他的手，抱着他的腿，揪着他的皮围裙，把他偎得紧紧的，避开那位陌生的先生。

最后，约翰师傅再也忍不住了，他张开胳膊把孩子们统统抱住，紧紧地搂着他们，眼泪落到他们头上，孩子们也跟着哭起来了。

“这是办不到的，亲爱的先生，这是办不到的！哪一个孩子我都不能舍弃。”

那个有钱人表示这一点他已经明白了，不过，鞋匠至少可以同意不要和他的孩子们再唱下去了，这样他将获得一千美元。约翰师傅有生以来还没有见过一千美元这么多的钱。

那位先生又上楼回到他那沉闷的房间去了。约翰师傅查看了从未见过的一千美元的钞票，然后不安地把它锁进箱子，把钥匙放进口袋，随后就沉默起来了。

小家伙们也都不吱声了，他们是不准唱歌的。几个大的闷闷地蜷坐在椅子上，要弟弟妹妹们不要唱，告诉他们千万不要唱歌，因为楼上那位有钱的先生会听见的。

约翰师傅自己不声不响地在屋里踱来踱去。他老婆生前最宠爱的儿子走过来，央求他把那首最好听的歌再教一遍，因为他已经忘记了，可是约翰师傅粗暴地把他推开，“不准唱歌！”

随后他绷着脸在条凳旁边坐下来，开始使劲地捶打一双皮靴子，他埋头干活，什么也不想，直到后来他不知不觉地哼了起来：“听呵，天使高声唱……”

起先他打自己的嘴巴，过后又变得非常生气。他扔下锤子，一脚踢开原先坐着的小凳，打开箱子，拿出那一千美元的钞票，冲上楼去找那位有钱的先生。

“亲爱的先生，求您收回这笔钱吧，我用不着这笔钱。让我想唱的时候就唱吧，这比一千美元重要得多。”

他把钞票放在桌子上，就飞也似的回到自己的家，一个挨一个吻过了所有的孩子，然后把他们排好队，像一排风琴管子似的，自己坐在他们中间的矮凳上，嘹亮地唱起来了：“听呵，天使高声唱……”

他们十分快乐，仿佛整幢大房子都是属于他们的。这幢大房子的主人，却孤独地在他那九个房间里踱来踱去，他只是纳闷儿：在这无聊的世界上，别人为什么这样快乐？

有时候，你以为的投机取巧，

恰恰是弄巧成拙。

礼物

✽梅亚·格林

阿诺德走进病房，却突然收住了脚步。他看见了伯吉斯先生，左边第六床便是。他还发现伯吉斯先生的病床旁边站着一个人。糟糕！阿诺德心里咯噔一下，史迪威可能会发现他的。

他是无意中听到，史迪威可能要去医院探望伯吉斯先生的。得知这一消息，阿诺德马上意识到自己也应该去医院看望一下。于是，他匆匆朝医院奔去。然而，史迪威还是先到了。

阿诺德买了一些葡萄！可是，他看见床边的储柜上竟也放着一大串葡萄，好像是无核的小葡萄，属于价钱比较贵的那种，肯定是该死的史迪威送的！他觉得还是将自己的那串葡萄扔了的好，但又觉得扔了太浪费了。留下自己吃算了，他心想。于是，他将那葡萄随手揣进了自己的口袋里。

只要史迪威在那里，他就不好进去了，可病房外面又没有什么可以躲避的地方。想来想去，阿诺德只得又回到楼下，在接待处不知所措地转来转去。

究竟该给伯吉斯先生送点什么礼物呢？买束鲜花？那太丢人现眼了！买本书怎么样？正好那边有一个书摊。阿诺德走过去，随手拿起一本平装书，一看价格，脸色一下子变得煞白，将近6英镑！上次买的那本书才花了他2.5先令。

阿诺德走进自助餐厅要了一杯茶。餐厅已经坐满了人，他只得与别人共用一张餐桌，坐在餐桌的东面，他正好可以盯着那边的楼梯口。

在他的旁边，一位穿红色外套的女人正和一个朋友交谈着。她的手提包敞开着，就放在她身边的座位上。里面的东西阿诺德看得一清二楚，在一堆日常用品中间夹着一个小瓶子，一个装威士忌酒的小瓶子！

这下他心里总算有了主意！自己刚才怎么就没有想到这一点呢？伯吉斯先生平时就喜欢喝上一杯。现在即使想到也为时已晚了，医院是不会卖酒的。

一想到生活中的不公，阿诺德就不由得忧郁起来。自己在那岗位上干了45年，如今突然来了这位史迪威。现在，他们要讨论重组问题。阿诺德心里明白，所谓重组，无非是将一些人重组掉。

阿诺德的眼睛死死盯着那个小瓶子。史迪威怎么在病房里待了那么长时间？老伯吉斯先生在精神状况最好的时候也不会有那么多言语的。“身体还好吗？”“这里的饮食如何？”“工作情况怎么样？”三言两语地问候一下不就得了，还有什么要说的？当然，史迪威与众不同，他可以谈上几个小时。

红衣女人还坐在那里和朋友交谈着，她在详细地讲述着自己的家族病史。

史迪威终于出来了，他走下了楼梯。阿诺德站起身来，故意将那女人的手提包碰到地上。

“噢，请原谅，你看我笨手笨脚的。让我来吧。”阿诺德弯下腰捡起了滚落到地上的那些稀奇古怪的东西，面带微笑地将手提包交还给它的女主人，然后，快步跑向楼梯口。

把它搞到手简直不费吹灰之力，阿诺德暗自庆幸。不过，他的心头也掠过一丝负罪感。他转念又想，这完全是那女人自己的过错。谁让她将自己的手提包那样敞开着，让那诱人的东西暴露在人们的眼皮底下？完全是自讨苦吃！

阿诺德迫不及待地想知道伯吉斯先生接到自己礼物时究竟是什么样的一副神情。他想，肯定会比面对史迪威要好。想到这儿，阿诺德充满信心、充满期待地走进了病房。

过了几分钟，红衣女人坐在楼下病房的一个小隔间里。她在手提包里不停地翻着，脸上流露出一种疑惑的神情。

“非常抱歉，”她说道，“我记得出门的时候是带着的。”

“别着急。”护士安慰道，“你可以去再接一份。记住，要采用中段尿样。厕所就在那边。”

邮递员的终生悔恨

✲ 袁苡程

那年我23岁，在曼哈顿东城的一个邮局当邮差。我负责递送邮件和报刊的那个区域是富人区，其中有一户是律师柯林斯家。柯林斯一家住在一栋“二战”前盖的老式二层碣石小楼里。一次送信时，我碰巧遇到他们一家人外出，亲眼见到了柯林斯先生和他美丽的妻子及女儿，他们一家人一看就是很有教养的人。柯林斯先生的女儿年轻貌美，有着淡褐色的头发和深蓝色的眼睛，总爱穿一件鹅黄色的长裙。在我开始工作半年后的那段时间里，每次当我的自行车还没有骑至她家时，就能远远看到柯林斯小姐已经准时站在她家门口的台阶上向我张望了。

当然，她等的是我给她带来的信，而不是我。她焦灼的眼神似乎从远处就触及了我的所有神经。她一直在等一封从中国来的信。每当我把一封贴着古怪的中国邮票的航空信递到她手里时，她就会兴奋地连声谢我，接着就来回仔细地看那些奇怪的中国字，然后呼吸急促地跑回家去。从邮戳儿上看，那些从中国来的信每次都要走三四个星期，平均一星期来一封，有时两封。信封上总写着：奥莉维亚·柯林斯小姐收。落款是穆克，只有姓，没有名。

有一段时间，我是那样享受柯林斯小姐那期盼的眼神和接到信时那种瞬间幸福洋溢的表情，感到自己就像是上天派来专为人类传递幸福的使者。可是，不知从何时起，我的所有羡慕之情逐渐变成了难以忍受的妒忌，让我内心隐隐作痛。

后来，每当迎着奥莉维亚那焦灼和期盼的眼神时，我就开始想象她等待的其实是我。她每次接到信后，脸上的陶醉表情都让我这个当时二十岁出头的小伙子嫉妒得发狂。我身高只有160厘米多一点儿，两眼长得很近，鼻子很长，可以说其貌不扬，因此很少有姑娘喜欢我。我知道我与奥莉维亚之间没有任何可能，就如同天地永远不能相接一样。可是，我们日复一日地在门口相遇，奥莉维亚的美丽和多情再也不能不让我动心，我终于疯狂地、无可救药地爱上了这个爱穿鹅黄色连衣裙的女孩。虽然我深知她那期盼的眼神并不属于我，但是人类的理智从一开始就没有被制造健全，它就像玻璃一样脆弱。如果说我爱上奥莉维亚有什么错的话，那么上天也是有责任的，至少有一部分。

绝望最终让我丧失了理智。我开始把奥莉维亚未婚夫的来信都扣压起来，并私自拆看了它们。我知道了那个叫大卫·穆克的年轻人正在中国云南的滇缅边境服役，是陈纳德将军率领的飞虎队里的主力飞行员。他在信中对奥莉维亚说他每天都在想她，并把她的照片贴在自己的飞机驾驶舱里，只是为了每时每刻都能看见她迷人的笑脸。“你的微笑总能保佑我躲过日本飞机的攻击，你是庇护我的女神，奥莉维亚！”他这样写道。

在另一封信里，穆克激动地说，战争一结束他就会回来与奥莉维亚结婚，并说他们一定要生很多孩子，女孩子一定都会像奥莉维亚一样美丽。

由于柯林斯家的人每次都会把要寄出的邮件放在

邮箱里让我带走，我竟然把奥莉维亚寄给她未婚夫的信也扣留了。不久，我在大卫·穆克的信里看到他开始询问奥莉维亚为什么不给他写信了，是不是家里出了什么事，还是她病了？十几封这样的信之后，他的来信开始减少，信里的语气也充满了疑惑和失望。“奥莉维亚，你不再保佑我了吗？没有你的庇护，我的命运难卜。今天我的飞机被一架日本飞机打中了尾巴，我侥幸逃生。收不到你的来信，我的生命已经失去意义，开始枯萎，我不知道每天出航的意义何在了。”

在那段时间里，我目睹奥莉维亚一次次因为没有收到未婚夫的来信而心焦和失望，我的心里的确充满内疚，但是我偏偏好像被魔鬼附身一样，就是不把她未婚夫的来信交给她。时间一久，奥莉维亚的脸色渐渐变得苍白而憔悴，她出现在门口等信的次数也越来越少了。偶尔出现一次，她以往焦灼期待的眼神已经被绝望、忧郁和麻木取代了。

一次，我送信来到奥莉维亚的邻居——老古董商斯通先生的家门口时，听见他家的两个用人看见刚刚出来等信未果的奥莉维亚的身影后的一番低声议论。其中一个说，听说那个可怜的姑娘得了肺炎，病得好像不轻呢；另一个接着说，听说是因为受不了未婚夫阵亡的打击才病的。

奥莉维亚已经认定大卫·穆克阵亡了才中断了与她的通信，而对方呢？他会不会以为奥莉维亚变了心，或者出了什么事？可我扣留他们信件的时候怎么没有想到呢？一切都已经太晚了，因为穆克已经不再来信了。他会不会因为收不到未婚妻的信已经阵亡？

从那以后，我只见过奥莉维亚一次。那一次，她手扶着墙壁，用黯淡绝望的眼睛看了一眼我除了报纸外的空空两手，然后慢慢地转身回去。她的确已经变了一个人，孱弱无力，眼睛深陷而呆滞。我不敢和她对视，急忙骑车离去。可是，奥莉维亚痛苦的面容和日渐病弱的身影都没有使我停止那疯狂而致命的恶作剧。我又扣留了大卫·穆克的最后来信。他在信里说他已经受了重伤，只希望自己尽快死去。我拿着那封信，第一次感到自己是个魔鬼。我不知道我这样做是在为自己的贫穷和丑陋而发泄愤怒，还是为了没有女友又无望的事实而卑鄙地向别人的幸福复仇。

奥莉维亚再也没有出来等信了。

终于有一天，我送信路过柯林斯家时，看到门口聚集着前来参加奥莉维亚葬礼的一群人。她的母亲被人搀扶着，止不住地哀哀恸哭。奥莉维亚是柯林斯夫妇唯一的孩子，是他们的掌上明珠和生活的全部寄托。直到那时，我似乎才第一次清醒地意识到自己到底对那个姑娘和她的家人做了什么。我的恶作剧绝对不次于任何真正的谋杀！那一刻，我清楚地知道，我此生不值得任何人去爱，也不可能去爱任何人了。我是个名副其实的小人、罪人、刽子手。

我不敢去想大卫·穆克是否还活着。

我很快辞去了工作——我不可能再给柯林斯家送信了。然后我远离纽约，移居到西部的加利福尼亚州，当了很多年的园林工人，这样我可以不必与人打太多交道。直到我 59 岁那年，我父亲去世（我母亲已先他去世），我才重返纽约。我是家里的独子，后半生就一直住在父母留下的位于皇后区的一所普通的房子里。我再也没有去看过曼哈顿东区的那所碣石房子。我后来一直独身，人长得丑加上性格古怪，对我感兴趣的女人不是少，而是根本没有。我也乐得如此，因为我的良心不允许我此生再接近任何一位女性了。

我已经 76 岁了，从去年开始身体莫名地出现了衰竭的迹象，已经住了两次医院。我清楚地预感到，很快我就要离开人世了。我此生最大的遗憾，就是我做了一件恶毒的事，伤害了两个无辜的年轻人和他们的家人。这个罪孽让我的后半生一直在孤独中度过，我的灵魂每一天都在被懊悔啃噬。很多年来我一直做最累的义工去赎我犯下的罪孽，但我知道这远远不够。人的内心从出生起就被上天安装了一台自动的精密天平，即良心。凡做过的事情，无一不被记录、衡量、留痕。不该做的，即使无人知晓，也终将会被天平的另一端，以良心不安作为终生无法摆脱的惩罚，来保持那无影无形却永恒存在的平衡。我知道我不值得任何人爱了，因此后来一直独身，但没有人知道为什么，包括我的父母。你是第一个知道我罪孽的人，只因为你是个陌生人，我愿意像你所说，把这个沉重的秘密卸下，留在尘世，因为我很快就要走了。我必须忏悔才能安心地走，我不能错过你给我的这个唯一的机会。

如果能有来世，我只想变成一朵玫瑰，活着只为有情人传递幸福，即使隔天就会枯萎。

体面的人

✽P.E.尼科德特

在一条光线暗淡的过道上，海曼检视自己刚刚拾到的钱包。里面装着面值20美元和100美元的钞票，总共1万美元！钱包里没有钱包主人的名片，看不到任何表明失主身份的线索。

海曼清楚地知道在这种情况下应当怎么做，不管自己是否发现丢钱人的名片，都要把钱包送到指定地点，因为每个警察局都有一个失物招领处。但是，一个钟头以前，海曼刚刚从银行里取出他的全部存款，那是他失业之前积攒的，一共是167美元30美分。除了这笔钱，他一无所有。

海曼开始在脑子里进行分析：那些大大咧咧在大街上丢失1万美元的人，没资格重新获得这笔钱。再说，也应该通过这件事给他一点教训！海曼这种想法并不坚决，但诱惑实在太大了。要是有了1万美元，他就可以成为一个小型修车厂的合伙人。他会拼命干活，过一段时间就可以连本带息偿还这笔钱。

海曼内心的激烈斗争终于结束了，他决定尽可能地利用这笔意外之财。海曼兴致勃勃地走进一家服装店。出来的时候，他再也不是失业者的寒酸模样。他在镜子前面照了照，看到的是一个满面春风、衣着体面的海曼。

这身行头花了138美元，他没有动那些拾到的钱。他自己的钱还剩差不多30美元，可以用来吃顿像样的午饭，然后，他衣兜里揣着1万美元，走向新的生活。

海曼想起，他的日子过得比较好的时候，经常跟朋友们去一家名叫托雷桑尼的餐厅吃饭。他又伤心地想起斯特莱，想起自己请求在他的公司里找份工作时，被他多么冷淡地拒绝了。海曼多么想以现在这副模样去见见那个无情拒绝他的人，让他看看没有他的帮助，自己也没有饿死。

他推开那扇大玻璃门走进托雷桑尼餐厅，一眼看见斯特莱像往常那样，正坐在最里面的一张桌子旁。海曼迈着沉稳的步子，走过斯特莱的桌子旁时彬彬有礼地跟他打了个招呼，然后挑了一张离他比较远的桌子坐下，点了一桌丰盛的午餐。斯特莱惊奇地望着海曼，最后，斯特莱忍不住站起来，径直走到海曼身边。

“见到你真高兴！看来你混得不错呀。”

海曼友好而又矜持地回答斯特莱的问候，请他坐下来一块儿喝一杯。斯特莱得知海曼如今已经当上了一家大公司的销售主任，几个月来，他的生意做得特别顺手。

“现在你有什么打算？”

“我想休息一阵。我很想念这个城市，就回来看看。我想，说不定在这里能找到什么值得做的贸易项目。”

不到一刻钟，斯特莱说起他公司的一个代办处正缺一个负责人。

“你明白吗？亲爱的，我需要一个像你这样体面而又办事果断的人，一个有商业头脑的人。我早就想聘用你，如果现在你能到我的公司来，我将感到非常高兴。”

海曼对斯特莱的建议反应比较冷淡，说这件事以后再说。

一个钟头后，一张聘用合同已经装进了海曼的衣兜。就是说，从下个月起，他每星期将有850美元的薪金。海曼用他的30美元付了饭钱。出了餐厅，海曼立刻钻进一辆出租车，吩咐司机：“去警察局失物招领处。”

在警察局，他受到充满敬意的接待。一个人在大街上拾到1万美元而把它们交到警察局，这种事可不是每天都能遇上的。警官听海曼讲完拾钱的经过，诙谐地笑笑说：“您没有试图去花那些钱，算您走运。您知道，这笔钱是从银行里提出来去救被绑架的孩子布恩斯的。所有钞票的号码都已发往全国的商业单位。您要是用了那些钱，就会马上被捕。很难有人相信您的钱是在大街上拾到的。现在，谁也不会怀疑您，您保住了自己的体面。”

喜鹊妈

✻刘心武

我喝了您十几年的靓汤，足够了，您也该放手让我自己去生存了，就像这喜鹊妈对待它的孩子一样……

陈老太太原来一天里做两桩大事，近来只剩一桩大事，另一桩，缩减为一周一次了。

先说如今每天还必须做的那桩大事，是一件要到客厅窗边去做的事。那窗外下边有个空调室外机，陈老太太很少使用空调，炎夏时觉得热了就吹电风扇，那个空调室外机呢，她铺上一块橡胶脚垫，就成了一个饲鸟的平台。

一年前，陈老太太开窗透气，看到有麻雀在空调室外机上觅食，就取来面包，丢些面包屑，结果不但麻雀开心，还有些别的鸟也飞落过来抢食。这些鸟儿本来就不怎么怕人，陈老太太连续开窗喂食以后，有的鸟儿成了常客，就更是落落大方，自从有回她搓了些鸡蛋黄去喂以后，有的雀儿对她扔下的小米，就大有不稀罕的表现，叽叽喳喳地仿佛在催她“给点更好吃的”。她发现体态大点的鸟儿，主要是黑白花喜鹊和灰喜鹊，需要喂大粒些的食物，就煮玉米，将玉米粒撒下去，还煮红薯搓成跟玉米粒等大的小球去喂。

渐渐地，每天除了偶然参与进来的过路鸟，许多鸟儿成了陈老太太的常客。有一只大喜鹊，一天带着三只小喜鹊飞来，那三只小喜鹊显然是刚学会飞翔，尾巴还没长足，鸟喙颜色淡而且单薄，勉强跟着大喜鹊落到了空调室外机顶的垫子上，自己还不习惯啄食，仰着脖子张开粉洞般的嘴巴等大喜鹊去喂，那大喜鹊想必是妈妈，耐心地把食物衔起喂到孩子嘴里。陈老太太对那几只小喜鹊甚为怜惜，后来就专门为它们准备了用玉米糊、蛋黄和肉泥揉成的小丸子，一旦喜鹊妈带了孩子过来，就拿出来让它们专享。当然也难免有别的鸟儿眼尖嘴快，一口抢去的，陈老太太见了就训斥：“抢什么！你们吃这个，就不怕得痛风？！”

陈老太太生活非常有规律，但偶尔也会小小地乱套，那晚是老伴仙去三周年的忌日，虽说一直提醒自己不能伤感必须达观，终究还是禁不住往事烟云氤氲心头，夜里没睡好，早上起迟了，睁开眼，就觉得耳边十分聒噪，起来朝窗外一望，对面楼上，正对自己的那个楼层分界檐上，密密匝匝地站满了鸟儿，都在朝自己住室这边鸣叫。她不得不先放弃洗漱，从冰箱里取出贮备的鸟粮，打开客厅窗户，往那喂食台上布食，鸟儿们就唰啦唰啦地展翅冲上来抢食。

陈老太太原来也是每天必做，而现在缩减为一周一次的事情，则是为孙女儿小莺煲靓汤。小莺从小跟着爷爷奶奶长大。虽说一直有小时工每天下午五点来先打扫卫生或洗衣服再做饭，陈老太太别的事都放心让小时工去做，煲汤却总坚持亲力亲为，而且她有一册专讲煲汤的书，已经翻得卷边脏腻了，却还奉为经典，根据节气，变换着照那书上指示煲汤来保养她的宝贝孙女儿。今年小莺考上了大学，住校攻读，周末才回奶奶这里，于小莺来说，摆脱了奶奶每天催喝靓汤的溺爱，乃是一件舒心之事，可是对陈老太太来说，每当与外派中亚的小莺父母通电话时总要频频哀叹："你们在那里搞工程，没靓汤喝倒也罢了，可怜小莺还在发育期，那食堂伙食我试过一次就难受了三天，她现在一周才能喝我一次汤，长此以往，可怎么得了啊！"

这个周六晚上小莺没回来，直到周日上午奶奶喂鸟的时候才回来，陈老太太听见小莺动静本应立即回身，把头晚的一腔埋怨和奉献靓汤的满心欢喜倾泻出来，可是，那室外机顶上的一幕，却使她惊诧莫名，愣住了。她认出了那只喜鹊妈，前些天她就发现跟随喜鹊妈的小喜鹊少了两只，现在跟着来的一只，身量尽管小，尾巴却已经长长的了，喙的颜色也深了厚实了，可是，这只小喜鹊挤在喜鹊妈身边，还是张大嘴巴，希望喜鹊妈把食物喂到它嘴里，喜鹊妈呢，不但不衔食喂它，还生气地啄它的脖颈，甚至用自己的身体，拼命地把那小喜鹊往平台边上挤，一直把那小喜鹊挤得掉了出去，最后只能勉强展翅朝远处飞去……

陈老太太感觉小莺搂住了她一边肩膀，显然孙女儿也看到了那惊人的一幕。她听见小莺柔声地跟她建议："奶奶，您换两桩事做吧。这样喂雀儿，它们渐渐都不会自己去捉虫儿了。我喝了您十几年的靓汤，足够了，您也该放手让我自己去生存了，就像这喜鹊妈对待它的孩子一样……"

我是机器人

✽猫主义

二十八岁生日那天，我得知自己是一个机器人。事情不是别人告诉我的，也不是我自己想明白的，而是自动出现在我意识中的，就像一条定时推送的系统通知。我没有费太大力气就接受了这件事，中间可能宕机两三分钟，不会更久，因为我回过神来的时候，锅里的土豆还没有煳。

回头想想，我的机器人身份其实很久以前就露出了苗头，可能很多人已经看出来了，只有我自己因为不具备人类的哲学思考能力，才没有把那些事放在心上。

比如说，我小学毕业就辍学了。电视上说不让孩子接受完整的九年义务教育是犯法的，所以如果我是人类小孩的话，警察会来我家收罚款，甚至抓我父母坐牢，学校会拉我回去读完剩下的三年书。事实上，

这些都没有发生，唯一的解释就是，我不是人。

另外，我虽然只有小学文化水平，学东西却很快，随着年纪渐长，能做的工作越来越多。家务活是最基本的，然后是各种农活，再然后是水电维修、房舍修缮。兽医站去得多了，我学会了给鸡鸭猪羊治病，在日常工作之外，我还能独自照顾两个老人。这些本事在家人眼里稀松平常，作为对比，弟弟仅组装起一只玩具都会赢得喝彩，可见家人对我和弟弟的要求不同。他是人，我是机器人，机器人会干活没什么了不起的。

平淡忙碌的生活中也发生过意外。有一次我在水库边割猪草，突然看见一个女人在水里扑腾，浮上来又沉下去的。我明明不会游泳，竟然稀里糊涂跳下去想救她。一进水我就像块石头似的直直向下沉，最后反倒是那个溺水女人把我给救了。女人是邻村的媳妇，她说当时有事想不开，不想活了，又没十分拿定主意，因为自己会水，就选了跳水，这样要是反悔的话还有退路，没想到我一个“旱鸭子”居然下水救她，她只好先把我拽上岸再说。救了我，她自己也冷静下来，打消了轻生的念头。

听她这么说，父亲的表情明显轻松了许多，把掏出一半的红包又塞回裤兜里。不过后来我家还是给她送了两篮鸡蛋表示感谢，她和她男人也给我们送来一桶香油当回礼。事情传出去后，有段时间我走到哪儿都有人夸我，我走开一点，却听见他们嘱咐自己的孩子千万不要学我，因为我和他们“不一样”。

我每天只睡五个小时，从没生过病，更没做过体检；不懂幽默，人们说什么笑话我都笑不出来；做事循规蹈矩，甚至有些死板……这些都是我和别人不一样的地方。此外，我的机器人身份还有更加明显的表现，那就是，从小到大，在任何情况下，我都只会服从一条口令：听话。

别误会，我一般不用别人说就很听话，只是偶尔才闹个小别扭。至于为什么闹别扭，大概因为我是那种特别逼真的机器人，有些人类情感，所以免不了出几个情感上的小毛病，需要用“听话”这条终极口令来控制。“听话”口令不是谁说都行的，必须是我家人，也就是我的主人，而且必须用一种特殊的语气和表情来说才行，只要那样说了，我就会无条件听从。比如弟弟吃鸡腿，我只能吃鸡头，我赌气不给他盛饭，母亲只要翻翻眼珠或咂一下嘴，再用不耐烦的、有点上扬的调子说：“快给弟弟盛饭，听话！”我就会乖乖照做。

我只有过一次不听话，是二十二岁那年，头一回处对象的时候。像我这种养成型机器人，一般会在合适的年龄转到另一个家庭。正式转让前，机器人与转让对象有段适应时间，就叫处对象。那回转让最后没有谈妥，我的转让对象出不起转让费，家人命令我和他断绝关系，叫我“听话”，对象则撺掇我跟他私奔，也叫我“听话”。我不知道哪根电线搭错了，竟然听了对象的话跟他私奔了。

我跟对象换了好几趟车，颠了好几个小时，躲到他一个远房亲戚家，没想到当天晚上主人们就找上门来。对象翻窗户跑了，对象亲戚端茶递烟赔好话，主人们也不想把事情闹大，传出去丢脸，就连夜把我送进了机器人异常行为矫正治疗中心。“机器人”三个字牌子上没明写，不过进去就知道了，里面的治疗手段绝对不适合人类，只适合机器人。一个不知道是医生还是教授的人，说我要么是上网上多了，要么就是电视剧看多了，中了病毒，需要杀毒。杀毒过程不太好看，不过结果让主人很满意。

后来，长年卧病的祖父去世了，祖母的身体也每况愈下，父母开始着急把我转出去。因为我有私奔的前科，十里八乡条件差不多的都不愿意接手，父母费了不少心思，还花钱请了中介，才在邻县的山里找到转让对象。转让费十五万，比市价低五万，新主人付了定金，旧主人又不急了，想让我侍奉祖母，给她老人家送完终再走，拖着不给我过户。新主人等不及，差点打官司，后来他们达成和解，说好每晚一年放我过户，转让费就减一万，到今年，已经减到十二万了。

二十八岁生日那天中午，我像往常一样做饭的时候，系统通知说我是机器人，我心里毫无波动，只是突然想起一种说法：如果你在沙漠里发现一只羊，沙漠里至少有一群羊。换句话说，既然我是机器人，世界上一定还有许多别的机器人。只有知不知道自己是机器人的区别，至于生活，差不多都是一样的。

喂自己影子吃饭的人

✻莱·巴尔莱塔

晚饭时，饭店里走进一位高个儿，面容和蔼，脸上的笑容矜持而又惨淡。

他风度翩翩地走上前台，朗声说道："诸位，敝人十分愿意在此介绍一个奇迹，迄今无人能窥见其奥妙。近年来，敝人深入自己影子的心灵，努力探索其需求和爱好。敝人十分愿意把来龙去脉演示一番，以报答诸位的美意。请看！我至亲至诚的终身伴侣——我的影子的实际存在。"

在半明半暗的灯光中，他走近墙壁，修长的身影清晰地投射在墙上。大厅内鸦雀无声，人们一个个伸长脖子，争看究竟。他像要放飞一只鸽子似的，双手合拢报幕：

"骑士跳栏！"骑士模样的影子在墙上蹦了一下。

"兔子食菜！"顿时，出现一只兔子模样的影子在啃白菜。

"现在我要让这昙花一现的形象具有独立的生命，向大家揭示一个无声的新世界。"说完，他从墙壁旁走开，影子却魔术般越拉越长，直顶到天花板为止。

"诸位，为了使影子能脱离我而独立生活，敝人进行过孜孜不倦的研究。我只要对它稍加吩咐，它就会具有生命的各种特征……甚至还会吃东西！"

一个炸雷般的声音回答说："给，给它吃这块火鸡肉冻。"一阵哄堂大笑。他伸手接过递来的菜盘，走近墙壁。他的影子随即自如地从天花板上缩了回来，几乎贴近他的身子。人们看得清清楚楚，他的身子并未挪动，那影子却将纤细的双手伸向盘子，小心翼翼地抄起那块肉，送到嘴里，嚼着，吞着……

"简直太神奇了！"

"给它这块鸡脯。"

"梨！看着它如何吃梨一定妙不可言。"

"再给它吃点饼，你这影子可有点干瘦啊！"

"喂！机灵鬼，你的影子喝酒吗？给它这杯酒，喝了可以解愁。"

"很好！诸位，现在先吃鸡脯，劳驾，哪位能递给我一条餐巾？谢谢！"

那影子又吃又喝，泰然自若。不久，那人把灯全部打开，神情冷漠而忧郁，脸色显得格外苍白。

他一本正经地说道："诸位，敝人深知这般玄妙的实验颇易惹人嘲讽、怀疑，但这无关紧要。总有一天，这项旨在使自己的影子独立于本人的实验，会得到公认和奖励。临走前，敬请凡有疑问者前来搜一下敝人的衣服，以便确信我绝没有藏匿任何物品。诸位的慷慨惠赠，无一不为我的影子所食。这如同敝人叫巴龙·卡米洛·弗莱切一样千真万确。十分感谢，祝大家吃好，晚安！"

"谁要搜你的身子！"

"幻术玩够了，来点音乐吧！"

巴龙·卡米洛·弗莱切，真名叫胡安·马里诺，他面朝三方，各鞠了个躬，神态庄重地退出了餐厅。穿过花园时，突然有人一把抓住他的胳膊。

"你给我滚！"警察厉声吼道，"下次再看到你，就让你和你的影子统统蹲到警察局过夜去。"

他低下头，慢慢地走出去。拐过街角，他才稍稍挺直身子，加快脚步回家。

"你不回来，小家伙们不愿睡，他们可真累人啊！"

两个金发的孩子在一旁玩耍着，兴高采烈地迎接他。小姑娘走过来，缓声问道："带回来什么没有？"

他没吱声，从衣服里掏出一方叠好的餐巾，接着从里面取出一块鸡脯、几块饼，还有两把银质钥匙。

小姑娘把食物切成小块，放在盘里，同她的两个兄弟吃了起来。

"你不想吃点什么吗，爸爸？"

"不，"他头也不回地说，"你们吃吧，我已经吃过了。"

胡安·马里诺面朝窗子坐下来，茫然失神地凝望着沉睡中城市的屋脊，琢磨着明天该去哪里表演他的奇迹……

蠢人

✲屠格涅夫

从前有过一个蠢人。

他一向过着安静、快活的日子，可是渐渐地他听见了外面流传的谣言，说他到处被人当作没有头脑的傻瓜。蠢人觉得不好意思，他开始烦恼地想着，用什么方法去消灭这种讨厌的谣言。后来他的愚蠢的脑子忽然想到了一个主意……他毫不迟疑地实行起来。

他在街上遇见一个朋友，那人对他称赞一个有名的画家……“得了吧！”蠢人叫道，“那个画家早已过时了……您还不知道吗？我万万想不到您会这样……您太落后了。”朋友吃了一惊，他马上就赞成蠢人的意见。

“我今天读了一本多好的书！”另一个朋友对他说。“得了吧！”蠢人叫道，“您怎么不害臊呀！那本书一点儿用处也没有，大家老早就不读它了。您还不知道吗？您太落后了。”朋友吃了一惊，也就赞成蠢人的意见了。

“我的朋友某某是个了不起的人！”第三个朋友对他说，“真是个高尚的人物！”“得了吧！”蠢人叫道，“某某是个出名的流氓！他骗过他所有亲戚的钱。这是谁都知道的，您太落后了。”第三个朋友也吃了一惊，他赞成蠢人的意见，跟那个友人绝交了。

从这以后，不管谁在蠢人面前称赞什么人和什么事，他的回答总是这一类的反驳。有时候，他还会责备地加上一句：“您还相信权威吗？”

“太狠了！太毒了！”他的朋友开始这样批评他。“可是他多聪明啊！”“他口才多好！”另一些人会接着说，“啊，是啊，他有才干！”

后来，一家报纸的主编聘请这个蠢人去主持他负责的报纸的评论栏。蠢人开始在报上批评一切的人和一切的事，他的态度一点儿也没有改变，连他那叫嚣的口气也是一模一样。

现在，他这个曾经痛骂过权威的人自己也变成权威了，年轻人都崇拜他，害怕他。这些可怜的年轻人，他们不这样又能怎么办呢？虽然照一般说来，人不应当崇拜别人……可是一个人处在这样的地位，要是不去崇拜他，就会被认为太落后了！

蠢人们在胆小的人中间才走运。

当胆小的人因为内心的信念而更加坚定，当人人得以看清自己的方向而让蠢人无所遁形，那么，我们满眼都会是花开般的希望。我们也将听到真正智者的指引：勇敢的人们，不要再畏缩不前！你最该听从内心的声音，因为你是自己的，从来没有属于过别人。

提心吊胆的一年

✽季羡林

这已经是过去的事情了。现在旧事重提，好像是捡起一面古镜，用这一面古镜照一照今天，才更能显出今天的光彩焕发。

二十多年以前，我在大学里学习了四年西方语言文学以后，带着满脑袋的荷马、但丁、莎士比亚和歌德，回到故乡母校高级中学去当国文教员。

当我走进学校大门的时候，我的心情是复杂的。可以说是一则以喜，一则以惧。喜的是我终于抓到了一个饭碗，这简直是绝处逢生；惧的是我比较熟悉的那一套东西现在用不上了，现在要往脑袋里装屈原、李白和杜甫。

从一开始接洽这个工作，我脑子里就有一个问号：在那找饭碗难如登天的年代里，为什么竟有一个饭碗自动地送上门来？我预感到这里面隐藏着什么危险的东西，但是，没有饭碗就吃不成饭，我抱着铤而走险的心情想试一试再说。到了学校，才逐渐从别人的谈话中了解到，原来是校长想把本校的毕业生组织起来，好在对敌斗争中为他助一臂之力。我是第一届甲班的毕业生，又捞到了一张一个著名的大学的毕业证书，因此被他看中，邀我来教书。英文教员满了额，就只好让我教国文。

就教国文吧。我反正是瘸子掉在井里，捞起来也是坐。只要有人敢请我，我就敢教。

但是，问题却没有这样简单。我要教三个年级的三个班，备课要顾三头，而且都是古典文学作品。我小时候虽然念过一些《诗经》《楚辞》，但是时间隔了这样久，早已忘得差不多了。现在要教人，自己就要先弄懂。可是，真正弄懂又不是一件轻而易举的事情。现在教国文的同事都是我从前的教员，我本来应该而且可以向他们请教的。但是，根据我的观察，现在我们之间的关系变了：不再是师生，而是饭碗的争夺者。在他们眼中，我几乎是一个眼中钉。即使我问他们，他们也不会告诉我的。我只好一个人单干。我日夜抱着一部《辞源》，加紧备课。有的典故查不到，就成天半夜地绕室彷徨。窗外校园极美，正盛开着木槿花，在黑夜中，阵阵幽香破窗而入。整个宇宙都静了下来，只有我一人还不能宁静。我仿佛为人所遗弃，很想到什么地方去哭上一场。

我的老师们也并不是完全不关心他们的老学生。我第一次上课以前，他们告诉我，先要把学生的名字都看上一遍，学生名字里常常出现一些十分生僻的字，有的话就查一查《康熙字典》。如果第一堂就念不出学生的名字，在学生心目中这个教员就毫无威信，不容易当下去，影响到饭碗。如果临时发现了不认识的字，就不要点这个名。点完后只需问上一声："还有没有点到名的吗？"那一个学生一定会举手站起来。然后再问一声："你叫什么名字呀？"他自己一报名，你也就认识了那一个字。如此等等，威信就可以保得十足。

这虽是小小的一招，我却是由衷感激。我教的三个班果然有几个学生的名字连《辞源》上都查不到。如果没有这一招，我的威信恐怕一开始就破了产，连一年教员也当不成了。

可是课堂上也并不总是平静无事。我的学生有的比我还大，从小就在家里念私塾，旧书念得很不少。有一个学生曾对我说："老师，我比你大5岁哩。"说罢嘿嘿一笑，我觉得里面有威胁，有嘲笑。比我大5岁，又有什么办法呢？我这老师反正还要当下去。

当时好像有一种风气：教员一定要无所不知。学生以此要求教员，教员也以此自居。在课堂上，教员决不能承认自己讲错了，决不能有什么问题答不出，否则就将为学生所讥笑。但是像我当时那样刚从外语系毕业的大娃娃教国文怎能完全讲对呢？怎能完全回答同学们提出来的问题呢？有时候，只好王顾左右而言他；被逼得紧了，就硬着头皮，乱说一通。学生究竟相信不相信，我不清楚。反正他们也不是傻子，老师究竟多轻多重，他们心中有数。我自己十分痛苦。下班回到寝室，思前想后，坐立不安。孤苦寂寥之感又突然袭来，我又仿佛为人们所遗弃，想到什么地方去哭上一场。

别的教员怎样呢？他们也许都有自己的烦恼，家家有一本难念的经。但是有几个人却是整天满面春风，十分愉快。我有时候也从别人嘴里听到一些风言风语，说某某陪校长太太打麻将了，某某给校长送礼了，某某请校长夫妇吃饭了。

我立刻想到自己的饭碗，也想学习他们一下。但是却来了问题：买礼物，准备酒席，都不是极困难的事情。可是，怎样送给人家呢？怎样请人家呢？如果只说：这是礼物，我要送给你；或者，我要请你吃饭。虽然也难免心跳脸红，但我自问还干得了。可是，这显然是不行的，事情并没有这样简单，一定还要耍一些花样。这就是我力所不能及的事情了。我在自己屋里，再三考虑，甚至自我表演，暗诵台词。最后，我只有承认，我在这方面缺少天才，只好作罢。我仿佛看到自己手里的饭碗已经有点飘动，我真想到什么地方去哭上一场。

就这样，半年过去了。到了放寒假的时候，一位河南籍的物理教员，因为靠山教育厅的一位科长垮了台，就要被解聘。校长已经托人暗示给他，他虽然没有出路，也只有忍痛辞职。我们校长听了，故意装得大为震惊，三番两次到这位教员屋里去挽留，甚至声泪俱下，最后还表示要与他共进退。我最初只是一位旁观者，站在旁边看校长的表演艺术，欣赏他的表演天才。但是，看来看去，我自己竟糊涂起来，我被校长的真挚态度所感动了。我也自动地变成演员，帮着校长挽留他。那位教员阅历究竟比我深，他不为所动，还是卷了铺盖。因为他知道，连他的继任人选都已经安排好了。

我又长了一番见识，暗暗地责备自己糊涂。同时，我也不寒而栗，将来会不会有一天校长也要同我“共进退”呢？

也就在这时候，校长大概逐渐发现，在我这个人身上，他失了眼力，看错了人。我到了学校以后，虽然也在别人的帮助（毋宁说是牵引）下，把高中毕业同学组织起来，并且被选为什么主席。但是，从那以后，就一点活动也没有。我确实不知道，应该活动一些什么。虽然我绞尽脑汁，办法就是想不出。这样当然就与校长原意相违了。他表面上待我还是客客气气，只是有一次在有意和无意之间他对我说道：“你很安静。”什么叫作“安静”呢？别人恐怕很难体会这两个字的意思，我却是能体会的。我回到寝室，又绕室彷徨。“安静”两个字给我以极大威胁。我的饭碗好像就与这两个字有关。我又仿佛为人所遗弃，想到什么地方去哭上一场。

春天早过，夏天又来，这正是中学教员最紧张的时候。在教员休息室里，经常听到一些窃窃私语：“拿到了没有？”不用说拿到什么，大家都了解，这指的是下学期的聘书。有的神色自若，微笑不答。这都是有办法的人，与校长关系密切，或者属于校长的基本队伍。只要校长在，他们肯定不会丢掉饭碗。有的就神色仓皇，举止失措。这样的人没有靠山，饭碗掌握在别人手里，命定是一年一度紧张。我把自己归入这一类。我的神色如何，自己看不见，但是心情自己是知道的。校长给我下的断语“安静”，我觉得，就已经决定了我的命运。但我还侥幸有万一的幻想，因此在仓皇中还有一点镇静。

但是，这镇静是不可靠的。我心里的滋味实际上同一年前大学将要毕业时差不多。我见了人，不禁也窃窃私语：“拿到了没有？”我不喜欢那些神态自若的人。我只愿意接近那些神色仓皇的人，只有对这一些人我才有同病相怜之感。

这时候，校园更加美丽了。木槿花虽还开放，但已经长满了绿油油的大叶子。玫瑰花开得一丛一丛的，池塘里的水浮莲已经开出黄色的花朵。“小园香径独徘徊”，是颇有诗意的。可惜我什么诗意都没有。我耳边只有一个声音：“拿到了没有？”我觉得，大地茫茫，就是没有我的容身之处。我又想到什么地方去哭上一场。

这事情已经过去了二十多年。但是，每一回忆起那提心吊胆的情况，就历历如在眼前，我真是永世难忘。现在把它写了出来，算是送给今年毕业同学的一件礼物，送给他们一面镜子。在这里面，可以照见过去与现在，可以照出自己应该走的道路。

我想做一回别人家的孩子

✽路小远

15 岁之前，我一点儿都不喜欢我家，也不喜欢我妈。我妈大字不识一个，打骂起人来却样样在行。她的脾气非常差，往往是无论你考了多好的成绩，或多做了多少家务活儿，也难换回她的一个笑脸。

我曾不止一次地想离家出走。我最开始想到的是离我们家不远的袁大娘家，她的女儿和我差不多大，袁大娘的脾气实在是比我妈好太多了，我很少见她发脾气，更别说打骂小孩儿了。可是，她们家好像并不缺女儿，也不需要再增加个孩子。因为她常说，她有这一儿一女足够了，孩子多了都是罪。我非常赞同她后面的那句话，像我们这样的家庭里，往往是没有什么公平可言的。不管家里来多少客人，带来多少好吃的，我和妹妹都不可能吃得到。我妈最常挂在嘴边的一句话就是："女孩子不要那么馋，当心长大了被人骗走。弟弟最小，当然是家里的宝啦，你们让着他是应该的。"

我最讨厌听到大人们说的一句话就是："他小，你当姐姐的就得让着他。"我就想不明白了，年龄小就是犯了错可饶恕的通行证吗？有一次弟弟犯错，我就跟我妈顶嘴："我凭什么要让着他？明明是他先惹我的！"结果，我妈上来就给了我一巴掌。

妹妹应该是比我更讨厌这个家的吧？她在家里受的气比我还多。我的一个姑姑来我们家跟妹妹说："你愿不愿意到我们家，跟着我们生活？我保证不打你也不骂你，还天天让你吃好吃的，给你买好看的衣服穿。"这个姑姑由于没有女儿，非常喜欢小姑娘。妹妹长得又讨人喜欢，所以她每次来我们家，都要把以上的话说上一番。与以前不同的是，妹妹这次二话没说，收拾了几件她最喜欢的衣服就跟着姑姑走了。临走前她颇为得意地对我和弟弟说："我以后都不回来了，享福去喽！"

那天晚上，我妈回来后，见妹妹不在家，就随口问了句。弟弟嘴快，跟妈妈说："她跟镇上的姑姑走了，说是去享福，不回来了！"我妈一听脸就阴了，我以为她至少会骂几句或是吼几嗓子的，但奇怪的是她竟然什么也没有说。

妹妹走了差不多一个星期吧。一天下午，她自己回来了。见她回来，我和弟弟都傻眼了。弟弟问："你怎么回来了？"妹妹不作声，半晌憋出一句话："不知道，明明在姑姑家舒服死了，但就是感觉哪里不对劲儿。"说完，便兴致勃勃地跟我们讲，她在姑姑家吃得有多好，姑姑给她买了多少新衣服……我听了，心里直骂她是个大笨蛋、大傻瓜，那么好的家不待着，傻头傻脑地还回来，看今天妈怎么收拾你吧！

令我万万没想到的是，我妈这次竟然没骂她，更没有打她，这也就算了，她竟连一句讽刺挖苦的话也没说，淡定得像是从来没发生过这件事。

我以为这件事会这么过去的，毕竟在小孩子的意识里，事情过去了就过去了，不会再提起。可是，事情并没有我们想象中那么简单。从此以后，妹妹的日子就更不好过了，生活中不管犯了什么错，我妈都会冷着脸嘲讽

她几句："不是嫌家里不好吗，怎么不走了？姑姑家好，你倒是再去啊！"唉，可怜的妹妹，本以为她幸运地躲过了一劫，哪知我妈在后面早就摆好了阵仗啊！我当时特别纳闷，傻妹妹呀，明明就有地方可去，明明就有人愿意要你，你干吗不走呢？走了干吗还要再回来呢？

这个问题困扰了我好些年，我也曾悄悄问过与我一样"不幸"的孩子，她们也都一脸的不解与茫然。

后来我稍稍懂事了些，渐渐摸清了我妈的脾气，知道她喜欢听什么话、做什么事，就顺着她。我也悄悄地留意别人家那些懂事的孩子在做什么，私下里悄悄地学着做，为的就是讨她欢心。这招确实很管用，那段时间我很少挨骂。但即使是这样，我想离开这个家的欲望依然强烈存在，因为我妈真的是太阴晴不定了。

一天，我妈从外面回来，跟我们说："闪闪这个傻瓜，就这么跟她走了，有她后悔的。"闪闪是邻居家的一个女儿，但不是亲生的。她的亲生父母都在镇上，这在我们村并不是什么秘密。我妈口中的"跟她走了"，肯定是她亲妈来要她了。

其实，她亲妈来要她已经不止一两次了，我就见过好几回，每次都羡慕得要命。但不知为什么，闪闪这次就跟她走了，要知道闪闪在这个家里也很幸福，从小到大都跟公主似的，从来没有人敢骂她一句，更别说动手打了。我妈说，她亲妈太精明了，给闪闪买好吃的不说，还买来了很多漂漂亮亮的、我们这些土里土气的孩子见都没见过的衣服，再加上亲妈一把鼻涕一把泪地说如何如何想她，闪闪一时没把持住，就跟她走了。我妈说这些的时候，整个人非常失落，像是有人要把弟弟给抢走似的。她说："闪闪的妈（养母）在家哭得好伤心啊！她把闪闪亲妈拿来的东西都扔在了门外，还不解气，用脚跺得稀烂！"

我不知道闪闪走了多长时间，但我记得她走的那段时间里，我很少看到她妈出来和大家聊天了。那段时间，人们议论的焦点也都是闪闪。我和大人们的想法不同，那段时间我常想，会不会我也不是我妈亲生的？会不会哪天有人也会把我接走？要真的是那样，就太好了。

就在大家以为闪闪不会再回来时，她却回来了。闪闪回来后，她妈特别开心，经常邀请我去她家找闪闪玩儿。

一次，我和闪闪聊起了这件事，我就小心翼翼地问："你是怎么想的，既然走了，咋又回来了？"她摇摇头，字斟句酌地说："感觉他们对我太亲了，让人害怕。"我晕，这算什么答案！我紧跟着问："你怕什么？"她居然说不知道，呃，当时我真想拍她一巴掌。

妹妹和闪闪的离家就这样成了我心中的不解之谜，要是她们在新家过得不好，受虐待也就算了，偏偏不是。对你好也成了你离开的理由？这两件事成了我心中的疙瘩，怎么都想不通。直到后来看到一部电视剧的一个桥段——一个女孩儿问另一个女孩儿："他对你不好吗？"另一个女孩儿落寞地说："他对我太好了。"半晌，又说，"好得都不像是真的！我和他的女儿犯了错，我从来都不会挨骂。他家里是有门禁的，不论我多晚回来，他从来不会管我。他清清楚楚地让我知道，在这个家里，我是一个外人，对我的管教是属于我母亲的！"

"外人"，当我看到这两个字眼的时候一下子明白了。"外人"，这就是妹妹和闪闪不愿意待在新家的原因和症结所在，原来那种不对劲儿的感觉就是被当成外人的感觉啊！无论他们对你多好，你总是会感觉不自在。虽然年纪小，说不出"寄人篱下"这样的词，但那种感觉是有的，妹妹如此，闪闪亦如此。

时隔多年，我早就忘记了自己是从什么时候开始喜欢这个家、喜欢我妈的了。大约是从我离开学校以后，又或是我长大离家之后。总之，现在的我越来越喜欢她，越来越爱她，也越来越感谢她当年那么严厉的管教了。现在，每次我们说起这些的时候，我都会对我妈说："虽然我小时候不服你，但现在真的感觉你都是对的。"我妈这时总是呵呵一笑，说："傻女儿这是真的长大了啊！"

生一次病，就懂人性了

✽贾平凹

我突然患了肝病，立即便遭到了歧视。我的朋友已经很少来串门，偶尔有不知我患病消息的来，一来又嚷着要吃要喝，行立坐卧狼藉无序。

我说："我患肝病了。"他们那么一呆，接着说："没事的，能传染给我吗？"但饭却不吃了，茶也不喝，抽自己口袋的劣烟，立即拍着脑门叫道："哎哟，瞧我这记性，我还要去 ×× 处办一件事的！"

我隔窗看见他们下了楼，去公共水龙头下冲洗，一遍又一遍。似乎那双手已成了狼爪，恨不能剁了去。末了还凑近鼻子闻闻，乙肝病毒是能闻出来的吗？蠢东西！

有一位爱请客的熟人，隔十天半月就要请一次有地位的人吃饭，每一次还要拉我去作陪，说是"寒舍生辉"。这丈夫今次又邀了我去，夫人当然热情，但我看出她眉宇间的忧愁，我也知道她的为难了，说："多给我一个碟一双筷子吧。"

我用一双筷子把大盘的菜夹到我的小碟里，再用另一双筷子从小碟夹到我口里。吃罢了，我叮咛妇人要将我的碗筷蒸煮消毒，妇人说："哪里，哪里……"

我才出门，就听见一阵瓷器的破碎声，接着是撵猫的声音。我明白我用过的碗筷全摔破在垃圾筐，那猫在贪吃我的剩饭，为了那猫的安全，猫挨了一脚。

这样的刺激我实在受不了，便开始不大出门，不参加任何集会，不去影院，不乘坐公共车辆。

从此，我倒活得极为清静，左邻右舍再不因我的敲门声而难以午休，遇着那可见可不见的人，数米外抱拳一下就敷衍了事了，领导再不让我为未请假的事一次又一次写检讨了，那些长舌妇和长舌男也不用嘴凑在我的耳朵上说是是非非了。

我遇到任何难缠的人和难缠的事，一句"我患了肝病"，便是最好的遁词。妻子说："你总是宣讲你的病，让满世界都知道了歧视你吗？"我的理由是，世界上的事，若不让别人尴尬，也不让自己尴尬，最好的办法是自我作践。

比如我长得丑，就从不在女性面前装腔作势，且将五分的丑说成十分的丑，那么丑中倒有它的另一可爱之处，相声艺术里不就是大量运用这种办法吗？见人我说我有肝病，他们防备着我的接触而不伤和气，我被他们防备着接触亦不感到难以下台，皆大欢喜，自我作践难道不是一种

维护自己尊严的妙方吗?

再者，别人问起：你这些年是怎么混的，怎么没有更多的作品出版? 怎么没有当个 ×× 长? 怎么没能出国一趟? 怎么阳台上没植花鸟笼里没养鸟? 怎么只生个女孩? 怎么不会跳舞，没有情人，没一封读者来信是姑娘写的?

“我是患了肝病呀！”一句话就回答了。

但是，人毕竟是群居动物，当我一个人独处的时候，不禁感到无限的孤独和寂寞。唯有父亲和母亲、妻子和女儿亲近我，他们没有开除我的家籍。

他们越是待我亲近，我越是害怕把病毒传染给他们，我与他们分餐，我有我的脸盆、毛巾、碗筷、茶几，且各有固定的存放处。我只坐我的座椅，我用脚开门关门，我瞄准着马桶的下泄口小便。

他们不忍心我这样，我说：“这不是个感情问题。”我恼怒着要求妻子女儿只能向我做飞吻的动作，每夜烧两盘蚊香，使叮了我血的蚊子不能再去叮我的父母，我却被蚊香熏得头疼。

我这样做的时候，我的心在悄悄滴泪，当他们用滚开的热水烫我的衣物，用高压锅蒸或熏我的餐具，我似乎觉得那烫的，蒸熏的是我的灵魂。我成了一个废人，一个可怕的魔鬼了。

我盼望我的病能很快好起来，可惜几年间吃过几篓中药、西药，全然无济于事。我笑自己一生的命运就是写作挣钱。

我平日是不吃荤的，总是喜食素菜，如今数年里吃药草，倒怀疑有一日要变成牛或羊，说不定前世我就是只牛或羊吧。

我终于住进了传染病院。病院里，我们像囚犯一样要穿病服，要限制行动于一个极小的院子里，虽然那院墙是铁制的栅栏，可以看见外边的人。但看到外边行人穿着花花绿绿的衣服行走，就顿生被列入另册的凄惨。

我们渴望自由，每天打过吊针之后，就在院子里看红红的太阳，看涌动的云，逗引栅栏外树上的小鸟。小鸟却飞去了，落下一根或两根羽毛，我们皆如年节的小孩抢拾炮仗一样去抢个不亦乐乎。

这行为忽被栅栏外的一个孩子瞧着，那小小的眼睛里充满了在动物园看笼中动物的神气，他竟大胆地走近了几步。他的母亲，一个肥胖的女人就喊：“走远点，那是传染病！”

这话使我潸然泪下，我只有背过身去，默默地注视着院中的一片玫瑰花和花坛上的一群黑色的蚂蚁。啊，美丽而善良的玫瑰不怕传染，依旧花红如血，勇敢的蚂蚁不怕传染，依旧在为我们表演负重的远距离运动。

夜晚我们皆要等到很晚方回去睡，那依旧洁亮的月亮，它随我们到了栅栏里，它不嫌弃。

我们最不喜欢看到的是栅栏角上的那一个蜘蛛网，它好大，状若一个篮筐，为我平生之少见。我们傍晚用竿子挑破它，第二天，它又完好无缺，像一个通了电的铁网，又像是监视我们行动的雷达。

我们无可奈何，开始产生一个恶毒的念头，后悔我们为什么要声张自己是肝炎患者? 为什么要来住传染病院?

人们在歧视我们，我们何不到稠人广众中去，吃大餐饭，挤公共车辆，进影院，甚至对着那些歧视者偏去摸他们的手脸，对他们打哈欠，吐唾沫。那么，我们就是他们中的一员，他们就和我们是一样的人了！

病院中的人都是面色青黄，目光空洞，步履虚弱。看着他们的形象我也知道自己的模样。我们是忌讳用镜子的，但我们对黄色并不反感。

黄在中国是皇帝的象征，于世界也是流行色，于是我们都显得亲热，在过道上，院子里，谁和谁见了都要点头，微笑也随之绽开，似乎我们有缘分，数十年前就认识似的，互相询问名字和单位。

医生和护士是从不唤我们名姓的，直呼床号。世界上叫号的只有监狱和医院。我先是“+235”，后来一个病号出院了，我正式成了“235”。

“235！ 235！”这是在买饭了，饭勺不挨着我的碗，热汤几次就淋在我的手上；“235！ 235！”这是护士在送体温表了，她们查看了温度便去我们看见的地方洗手。

我先是极不习惯这种叫号，但后来想通了，“贾平凹”不也是一个代号吗？虽然235不是爹妈为我起的名字，可现在满社会不是都在叫“张书记”“李主任”“刘主席”吗？

在医院的西楼角，即在厕所的旁边，是有一棵古槐的，古槐的树杈上白天常见到卧着一只猫头鹰。每到夜里，它就叫了，它一叫，我们都惊慌起来，肯定在第二天，定要抬出去一个的。

这不是迷信，一定是猫头鹰闻着了欲亡人的气息在鸣叫。

大家都走出来，默默地注视着一个裹着床单的躯体被抬至太平间。他永远太平无烦恼苦痛了。他的毛巾、牙具被拿出来放在窗台，他的母亲，或者他的妻子在地上滚着哭。

这时候，有许多苍蝇在嗡嗡叫，哪一个是他的灵魂所变呢？我们无声地祈祷他灵魂安妥，却不愿有苍蝇落在我们身上。

从此，我们皆害怕猫头鹰，但我们没有一个人敢诅咒它，更没有人动手打它，甚至连这个念头都没有。

每日数次去厕所经过古槐下，都会不自觉地往树杈上看看，那是惊慌的一看，也是盼望的一看，我们在心中默默地向它祈祷，企望它能饶恕了自己，我至此方明白了人人怕阎王，却还给他修庙塑像称他是阎王爷的原因。

而猫头鹰也该被称作爷的，也该是有庙和塑像的。人怕什么，又奈何不了，人就想着法儿去讨好，去供奉，这就是世上神产生的原因。猫头鹰就是一个神的。

在这个监狱似的地方，我们病人是互不歧视的，这正是医院同监狱的区别。

犯人是要互相监督互相打小报告而争取减刑，这是因为他们以前曾经“犯”过人，以犯人入狱，又以犯人减刑出狱。

我们患了病，并不是企图犯人，入院的一半原因是为了自己，另一半原因也是为了不犯了别人，所以我们互相关心，体贴。

每有一个出院，我们欢欣庆贺他的康复，也为自己有了能治好的可能而高兴。

每有一个入院，我们多半会为他染了病而悲伤。我们欢迎他的仪式不是握手和拥抱，是提醒他怎样买饭票，怎样服药，怎样不必悲观。

病友和学友的感情一样珍贵，待我们统统治愈出院后，我们在社会上仍可以形成一个关系网。

这个关系网是受歧视之下，在生与死的分界线上建立的天长地久的友谊，比那些互相利用的官网、情网、乌七八糟的网纯洁高尚得多。

我们失却了社会所谓人的意义，却获得了崭新的人的真情，我们有了宝贵的同情心和怜悯心，理解了宽容和体谅，热爱了所有的动物和植物，体会了太阳的温暖和空气的清新。

说老实话，这里的档案里只有我们的病史而没有政史，所以这里没有猜忌，没有幸灾乐祸，没有钩心斗角，没有落井下石，没有势利和背弃。

我们共同的敌人只是乙肝病毒。男女没有私欲，老少没有代沟。不酗酒不赌博，按时作息，遵守纪律，单人单床，不嫖娼，贵贱都同样吃药。

医护是我们的菩萨，我们给他们发出的笑是真正从心底来的，没有虚伪。猫头鹰是我们的上帝，我们畏惧且崇拜，没有丝毫的敷衍。

我们为花坛中的那一片玫瑰浇水除草，数得清那共有多少花瓣，也记载了多少片落花被我们安葬。我们虽然是坏了肝的人，但我们的心脏异常地好。

据说，在我们中国，患乙肝的是十个人中有一个或两个的，我们这些人差不多都是在偶然体检时发现的。

所以，当我站在铁栅栏内向外张望那些歧视我们的人群时，总是想：别神气十足地以为你们干净吧，或许，你们是没有查出乙肝的病人，我们是查出了乙肝的健康人！

中国人这么多，如果逐个检查一下，这里就是一个多大的世界了，那么，都能来这里待待，人与人的感情恐怕比铁栅栏之外要好得多呢。

一次升旗事件

✽ 申赋渔

我们学校每天早上都要在操场上举行隆重的升旗仪式。操场很大，矮矮的杂草从主席台一直铺到一条横着的河边上。

所有人都整齐地排列在主席台的前面。主席台是一个高而开阔的半圆，有好几级台阶。台子上竖着一根高高的旗杆，背后立着一扇十几米高的屏风。屏风是用水泥砌成的旗帜，旗帜上爬满绿色的藤蔓，最高处架着两只巨大的喇叭。

每天一大早，大喇叭先响起《运动员进行曲》，催所有人到操场上集合。等队伍排整齐了，安静了，喇叭里就奏起国歌，两名被选中的学生激动地升起国旗。主席台的两侧，总是站着两个体育老师，他们目光敏锐地监视着台下的学生们，看他们是不是端正肃静。

对于这个仪式，我是虔诚的，我一动不动，眼睛盯着缓缓升起的红旗，嘴里轻轻跟唱着国歌。有时候，有人碰我推我了，我也不理，我仍然笔直地站着。自从上了初中之后，我早上从来没有迟到过，因为我要赶这个升旗仪式。听老师说，这红的国旗，还有我们系着的红领巾，都是用烈士们的鲜血染成的。我就想，这么多人戴着红领巾，那得要多少烈士的血啊。我想不过来，也不敢问，然而我知道，升旗是神圣的，烈士们一定会在天空中看着我们。

旁边有人推搡起来。升旗的时候是不能戴帽子的，可总有人忘记。后面的人把他的帽子摘下来，扔在地上。国歌响着，他们不敢吵闹，就不作声，你推我一把，我推你一把。我侧过脸看了看他们，我蔑视他们。

站在主席台上的一个体育老师突然朝我们走过来。两个推搡的同学也发现了，赶紧停下来，认真地站好。我幸灾乐祸地想：你们要倒霉了。

谁知体育老师走到我旁边，什么也没说，一把揪住我的耳朵，把我拖出了队伍。我说："不是我，我没有动。"他恶狠狠地说："混蛋，还要赖！"他换了一只手，扯住我脖子上的红领巾，一直把我拉到了主席台上。我站在高高的主席台上，全校一千多人寂静无声地望着我。我低声说："我没有动。"

没有人理我。国歌已经奏完了，国旗也已经升好。大喇叭里面说："第六套广播体操，现在开始。"我觉得烈士们还没有散去，他们仿佛就站在水泥屏风的顶上，生气地望着我，朝我说："混蛋！"

黑压压的人群在整齐地做着广播体操，我绝望地望着他们，我觉得所有人都在嘲笑我，都再也不会看得起我。自尊心特别强的我，突然就被拿走了全部自尊。

早操做完了，同学们打打闹闹地从主席台下走过去。有人喊我："走啊，走啊。"我一动不动。我并不是第一个被拎到主席台上的，经常有人被罚站在上面。等早操一结束，他们就会跳下来，混进人群里，继续又蹦又跳，可是我做不到。体育老师的蛮横与不公正，一点点地瓦解着好不容易在我心里建立起来的神圣感。瓦解的过程是痛苦的，像被人在心上挖了一个洞。13 岁的我已经不哭了，我没有掉一滴眼泪，我心里充满愤恨，对体育老师的恨。

体育老师走了，第一节课的上课铃也响了，我仍然一个人站在主席台上。

下课了，一位认识我的老师从主席台旁边经过，看到了我，吃惊地问："咦，你怎么还站在这里？"我失魂落魄，像呆子一样一动不动。他把我拉下来，带我走到后面的林荫道上，推了推我的肩膀，让我去教室。

从第二天开始，我就再也不去参加升旗仪式了。我一个人坐在教室里，随便翻一本书，不出去排队。班长喊我，我说："病了。"班长知道我在撒谎，就斥责我，用手来拉我。我跟他好好打了一架。他报告了班主任，班主任让我在教室外面又站了一节课。我就在外面站着，稳稳地靠着墙，看树上的鸟儿跳来跳去。

我再也不积极来学校了，我故意在上学的路上磨磨蹭蹭，有时候进学校后，看时间还早，就到教室旁边的小树林里待着，等到同学们排好队，往操场上去了，才一个人溜进教室。

这是我初二下学期开学不久发生的事。这之后，我故意躲开所有的同学，我曾经的朋友们，一个也不见了。我终于成了一个坏学生，一个孤独的坏学生。

我开始疯狂地找书看。有书看了，就可以活在自己喜欢的世界里了。上学路上，课间休息，甚至上课的时候，我都在看书。

我的课桌上，有一条小小的缝隙，我用小刀扩大了这个缝隙。上课的时候，我把小说藏在课桌的抽屉里，用一只手拿着书在下面一行一行地移动，有时候看得太入迷，会被老师发现，老师就会把书搜走。书被搜走了，要赶紧去偷回来。我瞄准老师不在办公室的时候，装作交作业，到他办公桌旁，拿起书往衣服里一塞，便若无其事地出去。千万不能被其他老师看出你的慌张，也不能隔太长的时间去偷，因为过几天老师可能会把书带回宿舍，或者被另外的老师看到随手借走。借走了，就要不回来了。

我对上学已经完全没有兴趣。我不听课，也不做作业。考试了，我就用小刀把橡皮切成一个正方体，在六个面上分别写上"A、B、C、D、E、F"，随机写答案。需要写详细答案的题目，我就乱写，乱发挥，写得满满的就行。也许老师不认真看，能给个几分，不给也无所谓。总之，我认真地打发了考试的时间，虽然成绩总是不及格。

我经常会在校园里遇到那个体育老师，每次见到他，我都远远地绕开，不跟他碰面，可是每次我都在心里恶狠狠地说："死了才好。"体育老师听不到我心里的咒骂，偶尔撞见，他已经不认得我了。

初二结束了，我没有把成绩单带回家，在放学回家的路上就撕了，撒在半夏河里。碎纸片在水面上漂着，漂得很远了，也不沉下去。回到家里，父亲没有回来。我早早吃过晚饭，爬上床。父亲回来的时候，我面朝床里，闭着眼睛，装作睡得很沉的样子。

过了几天，父亲才想起我的成绩单。无论他怎么发怒，我都一句话不说。他发誓说不再让我上学了，让我回家干农活儿、挑粪。后来，父亲骑自行车去了学校，他终于知道了我真实的可怕的成绩。

又要开学了，父亲说："重读初二吧，这次好好上。"我松了一口气，于是重读初二，做了一个留级生。

那个体育老师的女儿，也上了我们学校。她可能是刚考上的，今年上初一，以前没见过她。她瘦瘦的，白白的，一点儿不像她粗壮的父亲。体育老师对他的女儿倒是极好的，经常看他带着她，有说有笑地在校园里走。不知道说了什么，他的女儿追在后面打他，而他笑着，躲着，在前面跑。因为我恨这个人，我就也躲着他的女儿，有时候在路上遇上了，我就扭过头，装作没看到。

第一个学期，我的成绩竟然进步到中等水平了。父亲来学校开过一次家长会，回家的时候，脸上对我也有了笑容。或许听语文老师表扬了我的作文，这一年的寒假，父亲竟找了几本杂志送给我，作为我的新年礼物。虽然很旧，我也欢喜。

过了年，再回到学校，我发现体育老师不见了，只有他女儿一个人在校园的路上来来去去。有同学说是体育老师调走了，我很高兴，永远不见才好呢。

有一天放学后，我在操场上打篮球。球被一个同学扔到篮板上，反弹出去，我跟着追。球直直地滚到了路边，正好有人路过，她用脚一挡，球停下来。我一看，是体育老师的女儿。她两只手各拎着一个热水瓶，辫子上扎着一根白布条，一脸悲伤，显得既胆怯又无助。她的目光只从我的脸上过了一下，几乎都没有看我。球一停，她就又往前走了。我抱起篮球，呆呆地望着她，白布条像针一样扎着我的眼睛。

体育老师死了。

我又一次次地遇到她。她瘦瘦的，脸色苍白，眼神变得怯生生的，像是随时都会受到惊吓。见一次，我的心里就会多一分惶恐，我担心是我的诅咒造成了可怕的后果，我不该那么恨他。三十多年过去了，我依然为我当时那种全心全意的恨而害怕。我一直在后悔。只要死亡发生了，就什么也不能挽回了。死是可怕的，跟死相比，没有一样事重要。

后来，我又遭遇了更多更大的伤害，我却再不敢全心地去恨一个人。我害怕我的恨。即使在今天，我也不知道，恨里面是不是真藏着一种可怕的力量。

每次遇到她，我都想跟她说点什么，可从她旁边走过时，我立即又低下头，贼一样跑掉。看她越多，我心里越难过。我跟父亲说，我不上学了，我不愿意再来这个学校。父亲问不出理由，可是他知道我既然敢跟他提，就再也不会回去了。他没有办法，只好答应给我转校。

“要寄宿，住在学校里。这个学校远。”

“没事。”我说。

转学之前，我在操场边等她。太阳即将落下去，主席台的水泥屏风、操场边上的梧桐、篮球架，依旧被半个太阳照得一片金黄。这夕阳也照在她苍白瘦削的脸上。她拎着水瓶远远走过来，经过我身边时，朝我浅浅一笑。

我说：“太重了，我帮你拿吧。”她说：“不重。”我接过她手里的两个水瓶，快步走在她的前面。直到她宿舍的门口，我们再没有说一句话。

第二天，我就离开了学校。

从今往后

✻路也

从今往后
守着一盏小灯和一颗心脏
朝向地平线
活下去
从今往后
既不做硬币的正面，也不做它的反面
而是成为另外一枚硬币
从今往后
恺撒的归恺撒，上帝的归上帝
方圆十余里，既无远亲也无近邻
小屋如山谷，回响个人足音
从今往后
东篱下的野菊注定要
活过魏晋
比任何朝代都永恒

他们可能是你远方的亲友

✽ 周宏翔

过年的时候，芹阿姨到家里来做客，和老妈聊到兴头上突然有人敲门。老妈过去开门，结果竟过了五分钟才回来，而后也没有别的人跟进来。芹阿姨问是谁，老妈说："推销的小孩子。"芹阿姨看着老妈脸上浮动的一丝笑意，不解地说："那你还聊那么久，是我就直接拒绝掉关门了。"老妈淡淡道："虽说是推销，别人也是在工作，虽然不讨喜，但别人也没有伤害到你。"

芹阿姨说："你脾气还真好。"

老妈笑笑道："你孩子还小，要是再大一点你就知道了。"

芹阿姨疑惑道："和我孩子有什么关系？"

当时我在屋子里，听到这番话，心里五味杂陈。

去年七月的时候，我正在筹备自己的公司，于是很多时候都要冒着大太阳出门宣传，有时候顶不住下午的炎热，就晚上和团队的小伙伴们到人多的广场发传单。最开始的时候，我们也摸不着门路，抓住路人就尽可能地和他们讲解，但很多时候都是被无情地拒绝。当时拍了照片发在朋友圈里，老妈看见了，问，苦吗？累吗？我说，还好。

我是真的觉得还好。虽然小时候没有想过自己有一天会站在大马路上发传单，也没有想过自己从小拒绝过那么多发传单的人，长大后自己也一次次被别人拒绝。但遇到这样的情况，总是安慰自己，出来混，迟早是要还的。

后来自然也做了很多不怎么讨人喜欢的事，比如挨家挨户塞广告，打电话给客户邀请人家过来缴费，还有对客户一边哈腰低头，一边赔笑。这些事，虽然不说，老妈却好像全都知道一样。

大年初二，在外面吃饭，一个小姑娘过来上菜，菜没端好，弄脏了老妈衣服。小姑娘一直赔礼道歉，到后来差点哭了。老妈起身去洗手间，回来的时候，看到小姑娘被老板拉过去狠狠骂了一顿。老板说给我们这桌打折，老妈说："打折如果可以换回小丫头不被骂，那就给我们打折吧。"说完，老板就愣在那里了。

回家的时候，我开玩笑问老妈："你什么时候变得这么宽宏大量了？"老妈说："你这是在损你妈呢？"我说："没有，就是好奇。"老妈说："现在看着这些在外面打工的人，就会想到你，在大城市无依无靠，都是靠自己双手劳动吃饭，新闻报纸天天报道，多少毕业生赖在家里白吃白喝啃老，能够自力更生的孩子多难得。换了以前，我也会觉得那些塞传单，搞推销的人真烦，但是现在，每次遇到他们，我就好像看见你一样。责怪这些辛勤劳动的孩子，他们的父母会怎么想呢？把他们看成自己的孩子，只会心疼，哪里还会厌烦呢？”

同样的事情，在阿鹏家也遇见过一次。

当时我和阿鹏在沙发上看电视，阿鹏妈看着电视里那个在美国小饭店里洗碟子的男主角，就感叹起来。原来阿鹏的大表哥也在北京洗过碟子，那时候大表哥家没钱供他上大学了，大表哥刚刚进学校，也没有办法接更有技术含量的活儿，就和寝室几个兄弟去饭店端菜洗碟子。那会儿阿鹏妈跟着大表哥父母去看他，打电话才知道他在饭店忙活，三个人在宿舍楼下等到七八点。大表哥回来，说带他们去吃饭。大表哥妈抓起大表哥的手一看，长长一道口子还没好，心里难受。大表哥说：“这点伤，不算啥。”那时阿鹏妈就说，孩子在外不容易，立马想到在东北念书的阿鹏，回头又给他打了点钱。阿鹏当时还奇怪，怎么多了一笔钱，阿鹏妈说：“有想吃的就吃，想穿的就穿，不要舍不得那点钱。”

从那次之后，阿鹏妈每次看到年纪轻轻就在外面做事儿的小伙儿、小姑娘，都格外温和，一方面打听别人的年龄，一方面说自家阿鹏也差不多大，还在念书，比起他们，真是差劲多了。每次这么说，阿鹏妈其实都惦记着阿鹏。一到夏天，阿鹏准会打工的，不管做什么，都希望自己能够更自立一些，阿鹏妈开始也是反对的，但是阿鹏坚持，阿鹏妈也就随了他。

大二那年，班上的一个女同学去卖手机卡，老板给的指标是一天五十张。当时大热天，出来逛街的人实在是少，她说得口干舌燥，最终也只卖出去十张。我们傍晚出去吃饭，看见她穿着印有 logo 的短袖还在那里和别人解说套餐信息，大多数人只是听听就走了。等我们吃完饭回来的时候，准备去和她打招呼，才看见她蹲在校门口旁边的角落，一声不吭地在哭。我们劝她别哭了，她说，要是没卖到五十张，前面的十张也就白卖了。那时候，我想起好多次在商场遇到邀请我办卡的人，最后都被我一一拒绝的情景，我突然觉得自己其实也挺残忍的。

我还在公司上班的时候，每次遇到年长的客户，他们都会打听我的年龄，听说之后，难免加上一句，和我家孩子差不多大，不过倒是能干多了。当他们说这些话的时候，我知道，他们其实都在惦记着自己家的孩子，有那么一刻，也会在我身上看到他们孩子的影子。

夜里和老妈散步，老妈说：“这些年，你在外面奔波，其实我也挺担心的，我倒不是担心你不能靠自己的能力活下去，而是担心你受那些委屈。从小到大你都好强，根本没有被别人骂过、嫌弃过，但是进入社会，这些都是可能遇到的，说实话，我担心你撑不下去。”

“嗯。现在回头想，即使自己，也曾经对那些烦人的事发过脾气，但是不知道为什么，现在就是气不起来了。想到要是自己的孩子在外面这样被说被骂，心里是很难过的。妈妈年轻时候不也是受过很多委屈吗？”

“所以我从来不会和你外公外婆抱怨这些。”

“但是妈妈最后都撑过来了，所以，对我，你一点也不用担心。”

老妈说，有一天，当你发现所有的职业都会被尊重的时候，就是你真的能够体会到世界的时候。因为或许今天他们只是让你有些厌烦的人，但可能明天，你的亲友也有可能成为他们。当你看见那些努力工作的人时，想一想，他们可能是你的孩子，自己可能是他们远方的亲人。

此仇不报非君子

✻刘墉

这世间最好的“报复”，就是用那不平之气激发自己的潜能，迈向成功，然后用那成功和“成功之后的胸怀”，对待你当年的敌人，并且把敌人变成朋友。

相信许多人都爱看武侠小说，我少年的时候，也迷得不得了，常把小说藏在床底下，母亲一出门，我就掏出来看。武侠小说似乎多半都是报仇的故事。主角常常是身负血海深仇的孩子，先是在被仇家灭门的时候，保住一条小命，再获得武林秘籍，又阴差阳错地遇到千年才成熟一次的灵芝仙果，再不然就是遇到武林奇人，为他打通任督二脉，于是他由一个文弱少年，突然变为天下第一高手，直捣仇家的巢穴，讨回灭门的血债。

我那时候不但看武侠小说，照着书里形容的招式比画，买《易筋经》之类的书照着练，还背武侠小说里的对白，其中我觉得最“酷”的句子是“此仇不报非君子”。而且自从学了这句话，在学校里动不动就用。别人比赛赢了我，我说“此仇不报非君子”；打球的时候被同学扯破了衣服，我也说“此仇不报非君子”。好像学了这么一句很“酷”的话，没有仇也要找点仇来报才过瘾。

当然青春期的孩子，喜欢争强斗胜也是原因。常有小太保因为别人看他一眼，心里不爽，就过去捅人一刀，还有不少学生参加帮派，集体械斗。那种“斗”似乎是没完没了的，今天你多打我一下，明天我非还你一下不可；明天你人多些，我忍下一口气，后天就一定要聚众讨回公道。真合了美国西部的那句俗语——“枪声总有两响。”今天你开一枪，人家倒下了，没能回你一枪，改天会有人来“补那一枪”。

高中的时候，我有个同班同学被别班的人“修理”了。他很瘦弱，连帮派的人都不要他，他气不过，告诉他爸爸，他爸爸居然骂：“谁让你不打回去？”然后送他去学跆拳道。他先到外面拜师，又加入学校的跆拳道社，每天中午还在走廊上摆个装满铁砂的布袋，练“铁砂掌”，我到今天都能记得他左一掌右一掌，手心一掌，手背一掌，“啪啪啪”的声音在学校大楼间不停回荡。

他后来居然练到一巴掌就能把桌角打掉。有同学特别把椅子上的木条拆下来，架在两个桌子之间，要他劈，他能把粗粗的木条劈断，手却一点没事。更棒的是，他还得了校外比赛的大奖，成为校际的风云人物。

那欺侮过他的人当然紧张得要死。可是，我这同学明明有力量可以“讨回公道”，他却不动了。先说“练跆拳道只能防身，不能用来打人，这是跆拳道道馆的规定"，又说"何必呢？赢了也不光荣"。又过一阵，当同学提到他当年练功夫是为报复的时候，他居然笑笑说："我还真该感谢那个人，要是没他，我也不会有今天的成绩！"他不但没报复，还和那个人成了好朋友。

我自己也有这样的经验。大学刚毕业的时候，台湾的一个电视公司请我去主持特别节目，那节目的制作人知道我文笔不错，还要我兼编剧。

可是当节目做完，领酬劳的时候，他不但没给我编剧费，还扣下我一半的主持费，他把收据交给我说："你签收一千六，但我只能给你八百，因为节目透支了。"我当时没吭声，照签了，心想"君子报仇，十年不晚"。

后来那导播又找我，我还"照样"帮他做了几次。最后一次，他没扣我钱，变得对我非常客气，因为那时我被公司老板看上，一下子进了新闻部，做黄金档的新闻主播和新闻评论节目的制作主持人。

我们后来常在公司遇到，他每次笑得都有点尴尬。我曾想去告他一状，可是正如高中那位同学所说，没有他，我能有今天吗？如果我当初不忍下一口气，又能继续获得主持的机会，并且被老板看上吗？说实话，机会是他给的，他是我的贵人，我怎能忘恩负义呢？

后来我到美国留学，有一天，一位已经就业的同学对我抱怨他的美国老板"吃"他，不但给很少的薪水，而且故意拖延他的绿卡申请。我当时对他说："这么坏的老板，不做也罢。但你岂能白干这么久，总要多学一点再跳槽，所以你要偷偷学。"他听了我的话，不但每天加班，留下来背英文商业文书的写法，甚至连怎么修理复印机，都跟在工人旁边记笔记，以便有一天自己出去创业，能够省点修理费。

隔了半年，我问他是不是打算跳槽了，他居然一笑说："不用了！我的老板现在对我刮目相看，又升职，又加薪，而且绿卡马上下来。老板为什么做事态度一百八十度转变，变得那么积极呢？"他心里的不平不见了，他进行了"报复"，只是换了一种方法，而且他后来自我检讨，当年老板对他不好，是因为他做事不够积极。

大概二十年前吧，我又遇到了件有意思的事。一位老朋友突然猛学算命，由生辰八字、紫微斗数、姓名学到占星术，没一样不研究。他学算命，竟然不是觉得算命灵验，而是想证明算命是骗人的东西。原因是有一位命理大师为他算命，算他活不过四十七岁。他发誓，非砸烂那大师的招牌不可。

你猜后来怎么样？他愈学愈怕，因为他发现自己算自己，也确实活不长。这时候，他改了，跑去做慈善，说："反正活不久了，好好运用剩下的岁月，做点有意义的事。"

他很积极很投入，人人都说他变了，由一个焦躁势利的小人，变成敦厚慈爱的君子。不知不觉，他过了四十七，过了四十八，而今已近六十，却红光满面、生气勃勃，比谁都活得健康。

我有一天开玩笑地对他说："你可以去砸那大师的招牌了！"他眼睛一亮，回问我："为什么？要不是那人警告我，照我以前的个性，确实四十七岁非犯心脏病不可，他没有不准啊！"

各位朋友，尤其是年轻的朋友，你喜欢逞强斗狠吗？你总是心有不平吗？你有"此仇不报非君子"的愤恨吗？请想想我说的这几个故事。

你要知道，敌人、仇人都可以激发你的潜能，都有可能成为你的贵人。你也要知道，许多仇、怨、不平，其实问题也可能出在你自己身上。你更要知道，这世间最好的"报复"，就是用那不平之气激发自己的潜能，迈向成功，然后用那成功和"成功之后的胸怀"，对待你当年的敌人，并且把敌人变成朋友。

当"冤冤相报何时了"的双输，变成"相逢一笑泯恩仇"的双赢，不是人生最大的成功吗？

别对这个世界有偏见

杨熹文

看到网上论坛里留学生讨论的话题：异国长期生活，对你产生了哪些影响？有人说饮食，有人说习惯，有人回答“经历一场旅行，才发现很多事情只是不同，并无是非”。那时的我才开始静静思考，出国这件事。它使得我能够终于宣泄掉无处安放的热情，也让我性格奔放身材发胖，让我体味到生命的另一种狂欢，也打开一扇关联着另一种文化的巨大窗口。或许，它带给我的比较深层次的改变，是把我对这个世界的仇恨和误解，渐渐消除了。

就像我曾经认为，印度人是最肮脏猥琐的一类人。

他们说一口音律混乱的英文，信奉数不尽的神灵，嘴巴里宣称着“众生平等”，心里却对三千年不变的种姓制度念念不忘。他们吃气味浓重的咖喱，手里抓着僵硬的囊，掌心里纵横开的纹路里，是淤泥肮脏的颜色。

成年的印度男孩，在荷尔蒙分泌旺盛的夏天，四处去找寻可以泄欲的少女；贫穷人家的女儿，穿越一片树林去上厕所，很可能就成了他逃不掉的猎物。他把她的脖子拗断，埋在那片草丛里。他不怕她父亲呼唤的声音从远处响起，因为这是一个贫穷有罪强奸无罪的国家。

一条横越北印度平原两千五百多公里的恒河，养育着这片土地上超载了的人口。垃圾密集地漂浮在水面，发出腐臭的气息，枯瘦的妇人们蹲在河水里用最原始的方法洗衣，天黑时孩子们从里面舀上几瓢水回家煮饭。那死寂昏暗的恒河下，还藏着夜祭后无处安放的千万具尸体。

可是后来，我却认得了这样的印度人：他们穿戴整齐，男人头顶缠着头巾，女人身披纱丽额头点缀一点红，有教养的小孩和我们一样，在任性和撒娇的年龄里学会了说“请”和“谢谢”。十平方米杂货店的老板，在递给我的塑料袋里，热情地装进一把糖果；一同上课的同学，拿出自备的午餐，慷慨地和我分享；我的印度邻居，是一对平凡的小夫妻，来自印度北方的省份，他们把大部分的时间放在工作上，剩下的日子里宴请朋友，送给我的印度糕点和每周六晚响起的音乐告诉我，这是一个热情的民族，他们伸出手，友好地用中文腔调说“你好”，手掌心里延伸开的纹路，虽然黝黑，却并不肮脏。

我曾经认为，日本人是最面目可憎的人类。

他们从一个渺小的岛国而来，是战争中丧尽天良的魔鬼，单在南京进行长达六个星期的大屠杀，就枪杀活埋掉三十多万中国人。残暴的日军，恬不知耻地用报纸记录着杀人竞赛，于是那些无辜的同胞们，被敲碎脑门，被扭断胳膊，被尖刀刺穿肚皮，鲜血喷在日军的军装上，气息微弱，眼睛却还怔怔地留恋着这片土地。

日军掠走图书，烧掉村落，踢开乡亲的木门，糟蹋少女和老妇，不顾老父亲的哀求和告饶。我们还来不及繁荣的土地上，到处是含恨的孤魂，鲜血在尸体下凝结成暗黑色的痕迹，那是复仇的符号。于是我们的历史课本上，总是有这样的画面，留着小胡子的日本人，一脸凶残的模样，举起尖刀，刺向怀抱幼儿苦苦求饶的中国母亲。

可是后来，我也认得了这样的日本人：二十几岁的年轻男孩，笔直地站在日本餐馆里，毕恭毕敬地鞠躬问好，一只手拿着菜单，一只手为客人引路，很有素养；曾经住在同一个屋檐下的日本女孩，在便利店上班，常常带给我一份免费的便当，休息日又抱走我的床单拿去清洗，她说她对历史感到抱歉，说我很像她的妹妹，希望我们能够成为朋友。

我也遇到了这样的老人家，他们早已年迈，唯一的愿望，是可以结伴去中国的东北看一看。在战争年代里，他们是军官父母身边依附着的幼童，不懂炮火硝烟的意义，只记得和中国的小伙伴在院子里玩耍的场景。他们仍能磕磕绊绊地说出几句中文，靠那些重返遥远的记忆。抛去历史那一端的仇恨，这一代的他们不再是可恨的民族，是和我们一样有血有肉的塌鼻子和眯眯眼，一样地热爱这世界可贵的和平。

我曾经认为，欧美人是最虚伪也最为小气的一群人。

他们拥有全人类最好看的脸庞，却从那双带着颜色的眼睛里透出一股收不住的傲慢。

他们喜爱责难来自拉丁美洲落魄的难民，也看不起唐人街黄皮肤扁鼻子的中国人，明明前一秒还在宣称和平，下一秒就把战争的旗帜插在手无缚鸡之力的落后小国。他们也小气得可怕，刚刚还向朋友炫耀自己重金购来的保时捷，却在之后的午餐提出了 AA 制。

可是后来，我却认得了这样的欧美人：我迷失在回家的路上，在相似的几条街上徘徊不安，夜晚的树影铺满路面，那颤颤的幽黑一直追着我的脚尖。最后是一辆 20 世纪 20 年代的老爷车为我停下来，里面一对年过六旬的夫妻载我回了家，还赠我一个手电筒，挥手再见的时候和我讲："很高兴是我们送你回家，而不是别的什么人。"

我的老邻居克雷斯，经常在番茄最贵的季节，摘一篮子温室里的果实放在我门口的石阶上；约我去吃饭的年轻小伙子，也没有在结账的时候对我讲"请支付你的那一份"。他们并不是冷血的民族，那层不一样颜色的皮肤下，流淌着全人类共有的热情与善良。

每一种文化的根基里，都存在对另一种文化的偏见，幸好可以靠旅行去瓦解消除。而我想，一个人成长的标志之一，大概就开始于接受世界的不同，承认别人的强大，能够跳出陈旧的偏见，去客观感悟判断。我要感谢这一场跨越九千多公里的流浪，是它让我消除了对这个世界深深的仇恨和误解，让我越过那肮脏不堪的一面，看到另一面的和煦美好，成全我与世界一次真挚坦诚的相爱。

珍惜那个不会对你『一转念』的人

✽闫 红

我读小学五年级时，我妈和她很多年没怎么走动的父亲恢复了联系。此后我每个暑假都要去我姥爷家住几天。虽然我姥爷态度淡漠得像个陌生人，但我妈妈的继母却将我招待得很好，她记得我的口味，带我去买菜，跟我谈往事，她活得细致整洁，能够用五百块钱过出五千块的生活质量，是我所见的人群里的另类。

其中有个中午，我自己在那个小县城里溜达，忽然遇上一个老妇人，冲上来拉住我的手。

我认出她是汤姥，我姥姥的闺蜜，我之前经常跟我姥姥去她家小住。看见我，她很激动，更让她激动的，是发现我的腿上被蚊子叮了很多包，她认定我没有得到很好的照顾，上纲上线地责骂我妈妈的继母："到底不是自己亲生的，就这么狠心！"

我心中有小小的不以为然，夏天腿上被叮几个包不是很正常吗？何况我当时已经十四五岁，读初中了，就是我亲妈，也不会将我照顾得无微不至了。

不过汤姥并不像有些人，只是通过这种方式贩卖惠而不费的人情，她带着我，来到县城最繁华的商业街上，给我买了条裤子，又买了瓶花露水，然后几乎是含着泪，目送我朝着我姥爷家的方向走去，我第一次感到，自己被一个长辈，这样真切地心疼着。

我没什么长辈缘，爷爷去世得早，姥爷是个陌生人，奶奶因为生得好又嫁得好，做了一辈子少女，少女当然不可能是慈祥的。也就我姥姥有人情味一点，但她性格暴躁，有人说她做一毛钱的好事就要做一毛五分钱的坏事来抵消，她片刻的温柔总被我视为风暴来临前的预警。

这样暴躁的我的姥姥，没有太长久的朋友，却和汤姥成了闺蜜，友谊跨越几十年而历久弥新，代代传承，不能说不是一个奇迹。

汤姥在县城的家，是我姥姥的驿站，每当她从马圩子去我家所在的阜阳，或是颍上其他乡镇时，她就会在汤姥家中转。有时只是去吃个午饭，有时要住好几天甚至十好几天。

汤姥家很好找，顺着颍河闸下面的那条路一直走，走上一段，就能到她家门口。

那些夜晚，她们坐在我床前倾谈，我已经不记得她们都说了些什么，只是到了睡意渐起，仍听见她们的声音，像针线穿过鞋底，一下下不带信息量地，穿过我稀薄的意识。

她们年轻时，也是这样交谈的吗?

汤姥原本是阜阳城里人，中专毕业时，赶上下放，她被下放到颍上县，这地方，对她来说只是一个地名。去之前，有人跟她说，颍上有个叫某某的，有本事，够朋友，你去找她就行了。

汤姥就来找我姥姥，然后她们就成了朋友。年代深远，皱褶间尽是暗影，我不知道我姥姥如何体现出她有本事够朋友的，但细想一下，她身上的确有一种江湖儿女的气质，具体地说来就是没有那么多条条框框，只要意气相投，就能推心置腹，赤诚相待。

想当时的汤姥，一个斯斯文文的女学生，突然被空投到人生地不熟的县城，有我姥姥这样一个“坐地户”的朋友也是莫大的心理支持。

一见倾心不难，难的是漫长岁月里的莫逆于心。我姥姥不是普通人，她自带风浪，集敏感和暴躁于一身，只是在人家家里暂住，也能被她看得出无数破绽并且不吐不快地指出来。

她看不惯人家的保姆，看不惯人家的配偶与子女，看不惯人家的生活方式，这自然会引起对方不快。

我姥姥在汤姥家并没有怎样收敛，似乎跟她的家人也有芥蒂，但是，无论怎样，无论在任何时候，汤姥对于我姥姥，总是有一种赤诚的包容，她始终站在我姥姥这一边，跟我姥姥的感受同步，也就有了开头的那一幕。

她们的友谊并没有因为我姥姥去世而终结，直到现在，我妈有时还会去看汤姥。前几天看颍上通了高铁，我也想着去看看她。对我而言，汤姥不但是一个具体的人，她身上还有一个时代，一种不平凡的感情方式。

我常想，她是如何对我姥姥有这样深刻的信任的。是的，那样一种不被人性局限损害的友谊，是需要信任打底的，毕竟，在这世上，有一种特别伤感情的事物，叫作“转念一想”。

曾见多少情深意笃，忽然变成“转念一想”。

转念一想，你也不过如此。

转念一想，你算什么东西。

转念一想，你那些体贴殷勤，原来都暗藏心机。

转念一想，你没有那么重要，将你从我的生命里清理掉也可以。

温热的心，忽然变成一块石头，曾经珍惜的细碎时刻，也变得一钱不值了。

滕肖澜有篇小说，写两个女人的友谊，原本起于一方的见义勇为，两人互生好感，从此成为至交。并没有发生什么巨大转折，只是其中一方的一句话，一个眼神，忽然就激起另外一方的“转念一想”，然后一切就都变了味。称赞像是讽刺，示好变成炫富，念头转过，一切就都是错，还在来往着，但内心怨恨着，用各种方式报复对方。

感情世界里，是一定要有包容、理解和承担的，转念一想，是那个阴恻恻的小自我突然冒出头来，将那些美好的感情压下去，还以为至此才是醒转，看透世间真相。纳兰性德有句词：“等闲变却故人心，却道故人心易变”。最让人难过的变心，不是来自外力的介入，就是这种自己的“转念一想”。

我不太爱看宫斗剧，就是因为里面有太多的“转念一想”，一转念，情意成灰，转化成杀伐决断。电视剧里的角色，为了生存也许不得不如此。可是，寻常人世，有多少“转念一想”，不过是一种缺乏安全感的“臆想”——我们缺乏安全感到这种地步，宁可错杀千人，不可放过一个。

然而所有安全系数的提升，一定会带来某种损耗，在这里，是情感的损耗，权衡一下，是不是得不偿失?

汤姥能和我姥姥延续这一生的友谊，正是因为她没那么多的转念。比如说，在我姥姥对汤姥的生活指手画脚的时刻，和她的家人生出芥蒂的时刻，某些粗心暴躁的时刻，若是一转念，会不会觉得“你对我不好”“你见不得我好”“你不希望我好”？

转念如转身，很难再回头。

愿这人生里，总有不转念的感情。

愿你能有运气，做个不转念的人。

可怜天下父母心狠手辣

✽熊培云

晚上八点钟，和一位兄弟下馆子。这是县城里非常普通的一家餐馆，看它的名字，像是外地人开的。老板娘三十多岁，在她边上还有两个小男孩。

第一道菜上来，我正准备动筷子，突然听到了一声严厉的呵斥：

“给我跪下！”

循声望去，老板娘在教育她的大孩子。孩子长得面目清秀，七八岁左右。他很乖顺地跪下了，头和桌子差不多高。接下来是他妈的各种话语暴力，最狠的几句话是：

“再不说我要用刀子把你的嘴割开。”

“你怎么不去死？！”

“不要脸……”

甚至，她假装打起了电话：

“喂，是派出所吗？快来把我儿子抓走关起来……”

与此相伴的是殴打，除了巴掌，还有铁制的衣架。

过了一小会儿，我实在看不下去了，便过去劝她，希望这个发了疯的女人能扼住自己内心的那只狮子：

“您别打孩子了。有什么话好好说。您这样只会有两个结果——要么让孩子胆小怕事，什么事也不敢做；要么让他遇事简单粗暴。”

屋里还有另一桌人在吃饭，时而哄堂大笑，完全没有理会眼前的事情，一种绝不干涉他人家事的气氛。

我的话让这位母亲有些惊讶：

“没事，没事，谁让他不听话……”

由于不明就里，我只能点到为止，退回了自己的餐桌。显然，我的介入无济于事。没过两分钟，女人越说越气，开始正反手扇孩子耳光。她大概也知道我在看着她，所以我们不时有目光碰撞。

匆匆吃完，兄弟示意这个女人前来结账。出乎意料的是，她表现得极其温柔：

“143 块，给 130 就可以了。”

“孩子究竟犯了什么错？”我问。

“我让他不要用自动铅笔，因为自动铅笔写字不好看，他偏要用。我刚发现他从家里拿了两块钱，买了一支。”老板娘像是在为自己诉苦，觉得我刚才错怪了她的用心良苦。

可怜天下父母心固然没错，但是不是也要可怜一下跪着流泪的孩子?

此刻我坐在宾馆里写下上面的文字，我不知道那个小男孩是不是还跪着。他只是想要一支自动铅笔。就算从家里拿了两块钱，这算得上什么过错，以致要在众目睽睽之下接受生母的辱骂、恐吓和殴打呢?

而当我和另一位朋友聊起这件事时，那位朋友说：“她那样打孩子，你为什么不报警？”

我听完一愣。是啊，我为什么没有选择报警？我甚至完全忘了有报警一事。

而刚才和我坐在一起吃饭的兄弟就是警察。当我问他为什么没想到管一管时，他一连给出了五个原因：

“一是这是家事；二是大人管小孩没有恶意；三是我觉得她打得不重；四是警察来了也没法管；五是我老婆比她凶多了……”

的确，见怪不怪。这不是电影《刮痧》里的国家，大家已经习惯、理解甚至参与了一切。而我当时忘了有报警一事，大概也因为自己没有觉得事态很严重，甚至我也能够在那个气急败坏的女人身上看到生活的艰辛。而我内心又分明知道，正是这些散布于大街小巷的日复一日的侮辱、损害与暴力训练，在一定程度上决定了这个国家与社会的未来。

巨像缺席

✲祝 勇

一

我在冬日里前往陕西的秦始皇兵马俑博物馆，那一天，狂风呼啸，我脑瓜儿冰凉。我看到的景象，就是两千多年前，东方诸国的兵卒们看到的景象。

只有近距离观察，才能透过那些兵俑的面孔，辨识个体之间的差别。我感觉那些兵俑有灵魂、有感情，甚至随时可能开口说话。

人们普遍认为，秦始皇缔造这支军队，是为了炫耀他无可比拟的人间权力。巫鸿先生在他的著作中说："骊山陵中金字塔式的坟丘是秦始皇个人绝对权力的象征。"

但是，一个问题出现了——假如秦始皇是为了突出他的个人权威，那为什么不干脆建造一个巨大无比的个人塑像，让世人崇敬和瞻仰?

假如我们把视野放宽，就会发现，这样的巨型雕像，在世界其他早期文明中都曾经出现。在四千六百年以前的尼罗河畔，人们不仅制造出了二十米高的狮身人面像——斯芬克斯，同时，也把最宏伟的雕像献给了人世间的王——法老。四千多年前，在古埃及以东、亚洲西部的古巴比伦，也铸造出了萨尔贡一世的青铜头像。与春秋战国时代相平行，在爱琴海温煦的海风里，古希腊人发现了人体之美，雕塑家米隆在公元前5世纪创作的《掷铁饼者》，肌肉男手持铁饼蓄势待发的那种动感，在今天仍被当作体育运动的绝佳标志。但是，在中国，造型艺术历经夏商周秦四代，早已进入辉煌之境，人像艺术也已从怪力乱神和动物世界里脱颖而出，但截至秦代（乃至以后更长的时间），从来没有产生过一尊巨大无比的个人塑像。

在商代，人们认为祖先都是神灵变的，所以神和祖是不分的，青铜器上的纹样符号，很多都是不同氏族和家族的徽号。据此，蒋勋先生认为："至少在西周以前，中国人以部族的共同符号（图腾）作为崇拜的对象，而不把'伟大'的概念与个人结合的。人，在死亡以后，统统归回到一个共同的图腾符号上去，是巨大的龙或凤的种族，强调的只是龙的符号，而不是某一个人。"他还说，"一直到相当晚近的时代，中国人并不喜欢替自己立像，立像留影仿佛是人死后的事，这自然和中国俑的历史有密切的关系。"

假如我没有曲解蒋勋先生的意思，那么他的意思是这样的：在那个古老的年代，生产力不够发达，人是要抱团取暖的，主要依靠家族和集体的力量，而不强调个人主义。

我想他说得有道理，但问题是中国人从来没有放弃过个人崇拜，越是在生产力落后的时代，就越是流行崇拜，只不过人们崇拜的对象由万能的神灵，过渡到至高的君主。这样的例子，史书里比比皆是。

那么，对君主的这种崇拜之情，为什么没有被物化成巨大的塑像呢？

二

秦始皇苦心孤诣打造自己的陵墓，塑造的却是普通战士的群像。我想这一定不是因为他谦虚（他以“始皇”自居，就说明他不是一个谦虚的人），其中的缘由，又是什么呢？

为了想明白这个问题，我想我们还是回到原点——兵马俑到底是干什么用的？

前面说过，秦始皇缔造这支军队，是为了显示他在人间的权力。这时，一个问题出现了——秦始皇并没有打算把这支部队留在人间，而是自它们诞生那一刻起，就率领它们潜入地下。他的权力，是向谁展现呢？

在秦始皇的时代，活人殉葬非常流行，这是皇帝人间权力的一部分。皇帝死了，就得有人陪着去死。那些与他关系亲密的妻妾、臣僚和亲属，在人间占尽便宜，到为皇帝殉葬时，他们也是首当其冲。除了这些人，普通的行政和军事角色都是以陶俑来代替的。

这些兵马俑，于是成为秦始皇所设计的“未来世界”的一部分。西汉时的历史学家司马迁对那个世界有过这样的描述：

“始皇初即位，穿治骊山，及并天下，天下徒送诣七十余万人，穿三泉，下铜而致椁，宫观百官奇器珍怪徙臧满之。……以水银为百川江河大海，机相灌输，上具天文，下具地理。”

当秦始皇在死后“穿越”到那个“未来世界”，他生前的所有布局，都将在那个世界里为他服务。也就是说，在那个“未来世界”里，他还活着，因此，他自然无须再像法老胡夫、萨尔贡一世那样，重塑一个自我。

然而，这样的解释，又带来新的问题——假如仅仅出于一种拟人的手法，那些泥制的人像，有必要做得那么逼真、讲究吗？

一定是另有原因。

三

前面已经讲到，古代中国人创造图像时，更看重的是功能意义，跟艺术史没关系。也就是说，博物馆里陈列的那些古代艺术品，在当年是为了“用”，而不是为了“看”。比如商周青铜器上的动物纹样，不仅仅是作为装饰存在的，而是具有某种通灵的神性，有它们在，笨重的青铜器才能成为一件神器。

这样我们就不难理解，商周墓葬中发现的那些随葬物——青铜器、漆器，甚至金、银、玉器，为什么打造得那么一丝不苟，而不是像今天这样，用纸糊的电视、手机，或者“亿元大钞”就打发了。它们不是作为替代物出现，而是像现实中的器具，即使在黑暗的地下，也要随时使用的。在他们的观念里，死人的世界和活人的世界其实没有区别，因此，它们不是随葬品，而是死者的日常生活用品。

同理，秦始皇决定打造几乎与真人等大的军人陶俑，也不是（或者说不仅仅是）要用一种象征物代替活人来殉葬，更没有一点儿艺术诉求。他是把这支泥制的军队看成一支真实、凌厉的军队，用来抵抗冥世中的一切顽敌。

四

于是，在这支威武的军队背后，我看到了秦始皇的恐惧。这个不可一世的王，面对三百尺深的地下——那个他尚未抵达的世界，竟显得那么虚弱、孤独、没着落。

其实，秦始皇从来都是一个没有安全感的人。他后来扫六合、吞八荒的那种凶猛，还有他焚书坑儒的狠劲儿，都是抑郁型人格的反弹。他的优越感和悲哀同样突出。他用凶狠和血腥来掩盖自己的虚弱与惊慌，以至于他在死后，还像一个婴儿那样需要保护。

杰西卡·罗森说：“秦始皇由著名的兵马俑大军守卫，很多其他墓葬则以石门和巨大沉重并经过精心凿刻的石块封闭。死者似乎对外界怀有很大的恐惧。”

秦始皇陵，无论多么壮丽，它都不过是一件用来容纳恐惧的容器。

陵墓有多大，他的恐惧就有多大。

庄子是个奇怪的年轻人

✽余秋雨

我要说的，是两千三百多年前的一位古人。

且先把时间搁一搁，让我描述一个可以想象的情景——

这是一个高雅的会场，台上坐着一排德高望重的学者，一个个都在讲授着自己的学说。他们讲得很自信、很完整、很权威，有时候语气庄严，有时候循循善诱。台下的听众，都在恭敬聆听，时不时还低头记录。

学者们辩论起来了，开始时还温文尔雅，很快就针锋相对了，越辩越激烈。都是聪明人，彼此总能在第一时间觉察对方的逻辑漏洞，随之做出快速反驳。反驳的层次，越来越细，反驳的时间，越来越长。

辩论刚起时，听众们精神陡增，但是，越花脑筋的事情越容易让人疲倦。大家渐渐失去了耐心，只是出于礼貌，出于对辩论者年龄的尊重，还坐着听，但他们所讲的内容，已经很难听得进去。

终于，听众中有人起身，弯着腰离开会场。这很容易传染，不久，会场里的听众只剩下了一小半。

会场外面，是一个门厅。那里有一个角落，聚集着刚刚从会场出来的听众。原来，他们围住了一个奇怪的年轻人。这个年轻人在自言自语，有时，还对着靠近他的几个人发问，问了又不等待回答，随即又出现了新的问题。

他在问——

“这么多学者坐在台上，这是确实存在的吗？他们是怎么过来的？是谁让他们坐到了一起？”

“他们每个人都讲了那么多话，自己相信吗？他们每个人都讲得很精彩，但天下需要那么多精彩吗？”

“按照年龄，他们都早已萎谢，那么，这究竟是他们在梦游，还是我们在做梦？”

“生死一定是真的吗？做梦一定是假的吗？如果这是一个梦中的会场，那究竟是在天上，还是在人间？”

“如果大家都在做梦，什么时候才能醒来？醒来，是不是另一个梦？”

听了这些问题，有人觉得这个年轻人不太正常，就回家了，但很多人像被什么粘住了，全神贯注。过了一会儿，会场里出来的听众越来越多，都挤到了这个年轻人身边。里面的演讲和辩论，已经无法继续。

这样的情景，历史上频频发生。发生得最有气魄的，是在中国的诸子百家时代。

在诸子百家这个庞大的“会场”外，也坐着一个年轻人。他同样在门厅的一角自言自语，不断提问。他，就是庄子。

他确实“年轻”，比孔子小一百八十多岁，比墨子小一百多岁，比孟子还小了几岁。

对老人家们的学说，他都知道，但是他不喜欢他们滔滔不绝地教诲世人的劲头。

他们好像把天下的什么道理都弄明白了，因此不断为不同的学问宣布一个个结论。众多的弟子和民众把他们当作无限的真理矿藏、永恒的百科全书。他们也觉得自己有责任来承担这样的功能，因此有问必答，有答必录，而成一家之言、一派之学。他们很早就构建了这种学术身份，随着年岁和名声的增长，都已巍然而立，定于一尊。

他们私底下是不是也有犹疑、模糊、困惑、两难的空间呢？但在明面上没有暴露出来，生怕一旦暴露，他们作为真理代言人的身份就会动摇。广大弟子们，更是否认他们的文化宗主还有什么问号隐藏在身上。

庄子与他们完全不一样。

他躲避官场，也躲避学界。因为，他觉得自己不是解答疑问的人，而是扛着一大堆疑问的人。他是疑问的化身。

他也不相信老人家们能解答自己的疑问。因为自己的疑问太大，大到连老人家们的立足根基，都在疑问的范围之内。

因此，他只能不断地问天、问地、问自己。更多的是，当问题提出，他就在世间万物中寻找可以比拟的对象，那就成了一个个寓言。寓言不是答案，却把问题引向了更宏大、更缥缈的结构，用我们现在的话来说，引向了哲学和美学。但是这种哲学和美学，连小孩和老者都乐于接受。

这一来，怪事发生了。

大家渐渐发现，这个不断提问的人，在很多方面可能比那些不断宣讲的人还重要。因为他的问题一旦问出，就牵动了宇宙、世界和人类的秘密，即使没有答案也深契内心。

大家还发现，这个不断提问而不急于找到答案的人，让人们渐渐习惯了那些找不到答案的问题，而且让人们懂得，一切真正的大问题都没有答案。有答案的问题，再大也大不到哪里去，那就交给那些老人家去讲解吧。

他的问题，触及了天地的源头，大小的相对，万物的条件，自由的依凭，生死的界限，真假的互视，至人的目标，逍遥的可能……这些问题，会让那些老人家全都瞠目结舌。

事实上，直到今天，全人类思考等级最高的智者，也还纠缠在这些问题上，并且，因为纠缠到了这些问题而深感幸福。

居然有人那么早就发现了这些问题！于是更多的人明白了：提问者，就是“开天辟地”者。至于解答，千百年来有多少人在做，那只是在擦拭“开天辟地”时撞裂开来的玉石碎块儿，不值得太多关注。

大家一定都注意到了，我在《中国文脉》中把庄子评为先秦诸子中文学品质最高的一人，又在《修行三阶》中把他的哲学思想与老子的并列为道家至尊。

庄子取得了如此崇高的精神地位，但请不要忘了，他提问的神态，仍然像个孩子，他讲述寓言的口气，仍然像个孩子。只有孩子，才问得出这么大的问题，讲得出这么美的故事。

由此可见，他是大师气象和孩童气息的最佳结合体。他证明了一个怪异的道理：大师气象来自孩童气息。

我写这篇短文，说庄子，又意不在庄子。

意在何处？我想到了无数教师和学生，无数会场和门厅，无数宣讲和提问，无数权威和稚嫩……

庄子提醒我们，首先要尊重自己心中的疑问。应该明白，我们心中的疑问，可能会比种种讲解更加珍贵。说不定，其中确实包含着“开天辟地”的功能。

不要总是关注讲台，请注意，那个刚刚离开会场的背影，或许更有分量；不要总是仰望白发，请注意，那些稚气未褪的眼神里边，闪烁着更深的哲理；不要总是等待结论，请注意，那些远离结论的无稽疑问，倒是触动了世界的秘密；不要总是相信斩钉截铁、气势恢宏、神采飞扬，请注意，那些困惑、忧愁、无奈，才是人类最真诚的表情。

那么，谢谢庄子，谢谢这位古代的年轻人。

王者如烟

✲毛晓雯

一

公元前6世纪，居鲁士大帝一口气打败3个帝国之后，还是不过瘾，又一路向北，企图征服中亚的游牧民族。结果，里海地区的马萨格泰人不服气，在他们的女皇托米丽司的领导下奋起反抗，不仅把居鲁士的部队打得屁滚尿流，还杀了居鲁士本人。

女皇命人将居鲁士的首级浸泡在注满鲜血的皮囊中，作了既豪壮又刻薄的总结陈词："开怀畅饮吧，既然你是如此地热爱它。"

二

在希腊化时代，如果提到亚历山大城，你必须加上长长的前缀以及坐标说明，人们才知道你说的究竟是哪一座，因为那时候差不多有70座亚历山大城，它们都是由亚历山大大帝创建或重新修缮过的，理所当然都以"亚历山大"为名。

这位少年得志的军事奇才，就用这种方式炫耀自己的功绩。从希腊到印度，亚历山大城多到可以联成一顶桂冠，向现在与未来的人们称颂亚历山大之名。

三

公元68年，近卫军推翻了罗马皇帝尼禄的暴政，尼禄被迫选择自杀。他的遗言是："随我死去的是一位多么优秀的艺术家啊。"直到死，他最爱和最欣赏的仍是他自己，这辈子也算是值了。

四

屋大维击溃安东尼之后，安东尼的恋人和盟友埃及艳后克利奥帕特拉七世也跟着溃败，埃及托勒密王朝就此画下了句点。屋大维专程到亚历山大里亚去，为亚历山大大帝的石棺摆上鲜花和金冠。有人问他要不要也去托勒密王室的墓穴瞧瞧，他几乎笑出了声："我的愿望是来探望一位国王，而非欣赏尸体。"

五

中世纪早期，欧洲君王的床都可拆卸，像积木玩具一般。只因那时战争频繁，君王们居无定所，需要四处征战或躲避，一旦离开某城，就将床拆分成零件，装在大皮囊里带走，让床跟随自己行遍天涯。

六

中世纪很流行的一种谋杀方式是往食物中投毒，君王们对此深感恐惧，于是宴会上出现了各种试毒利器，有些利器相当离奇。用珊瑚、牛黄来试毒已是最正常的了，还有使用癞蛤蟆脑石来测毒的。癞蛤蟆脑石，光看名字看不懂吧？据说是癞蛤蟆脑仁和蝰蛇舌头的混合物。另外还有使用独角兽的牙齿来测毒的，但世上并无独角兽，何来独角兽牙齿呢？其实是独角鲸的角。这些测试器物在测毒时大多不管用，但在宽慰君王脆弱的心灵这一点上还是很管用的。

沙漠中的旗杆

✽林清玄

楼兰，是中国西北方一个最神秘的地方。

因为它在汉朝以前，就发展出非常伟大的文明，它介于汉朝与大宛国之间，国力十分强盛，汉武帝派遣大使到大宛去，常常被楼兰挡道，甚至击杀。即使强悍如汉武帝，对这个远在边塞的强国也无可奈何。

这样一个武功文治都强大的国家，它的地址在今天新疆的东南戈壁，一直到隋唐时历史都还记载楼兰的种种。可是有一天，楼兰国却完全在沙漠中消失，它消失的原因是被狂大的沙漠风暴掩埋，它消失的时间却是一个历史的大谜题，只知道唐朝以后再也没有人见过楼兰古国了，对该国的文明也完全不知。

直到清朝光绪年间，探险家、考古学家才开始挖掘出楼兰的废墟，并在其中找到铜器、陶片、用具、织物、雕刻木器、书简等遗物，人们才知道，原来早在汉朝以前，楼兰已经是高度文明的国家，它的文明甚至不逊于汉朝。

20世纪80年代，中国的考古队在楼兰遗址挖出一具震惊世界的女尸。这具女尸只是随便地埋在沙漠里，历经千余年却还保存完好，金黄色的头发还有光泽，脸部轮廓清晰，据说她的皮肤还有弹性，而胃部还有未消化完的食物。我们从这具女尸看出，楼兰国的种族连长相都和中原人不同。

这具女尸据考证的结果，发现她死时还非常年轻。她身上穿的衣服、头上戴的帽子十分讲究，有考古学家说，她可能还是个新娘……至于她是怎么死的，是在楼兰消失前死的，还是在楼兰国被黄沙埋没时刻一起失去了生命，则不得而知。

我看过杂志报道的图片，也看过纪录片里的楼兰女尸，当时曾令我感到相当悲哀。如果她真是一个新娘，却在新婚之夜，整个国家被沙土掩埋，那是她在最黄金的年代里遇到最暗淡可怖的事件。可惜，楼兰国始终没有再发现别的完整尸体，当然也没有她的丈夫，我的悲哀只是个人的玄想罢了。

说到楼兰的玄想，由于它在中国历史的记载如谜一样地开始，也如谜一样地消失，所以成为近代武侠小说家经常玄想的题材。从武侠小说来的想象，楼兰国的男人总是挺拔而有超凡的武功，女人总是秀美而温顺，它的宫廷和中国一样，有雄伟的建筑，人人穿着华丽的衣服。

这也只是武侠作家心中的楼兰，著名武侠小说家古龙就在他的名作《楚留香传奇》中有过惊人的抒情描写。至于真实的楼兰情况是无人知晓的，连“楼兰新娘”都无法给我们一点回答。我想，真正的楼兰可能没有小说中那样美的景况，却由于它的早夭，给我们留下无限的想象天地；也因为它身处大漠，它的消失确实给了我们一种悲壮的感情。

楼兰的影响不仅及于武侠小说家，民间也留下许多传说，这些传说使楼兰不至于完全消失于大漠，也成为它在人心中留下的证据。

近读陈斯英先生著的《西北万里行》一书，中间有一段关于楼兰的传说，极有趣味。陈先生是旅居乌鲁木齐期间听到了这个传说，进而用生动的笔触将它记载了下来。

据说楼兰城内有一位外来的教师，由于为人仁慈慷慨，深为当地人敬重爱戴。有一天黄昏，来了一位道士模样的老人，告诉他：“本城今夜将有大风来袭，你闻风声，应立即走出门外，到那根竖立在空地中央的旗杆前，闭上眼睛，环绕旗杆疾走，不可稍停，必须等到风止之后，才可睁开眼睛，千万记住。”老人说完话，便匆匆辞去。

到午夜时分，外面果然刮起强风，来势甚猛，声如雷鸣。他于是急速走出屋外，直奔旗杆前，绕着旗杆闭目疾走，但觉狂风挟着沙粒，一阵阵不断袭来，使他感到像在一片波涛中浮沉飘荡。

不知道过了多少时间，他因疲乏而不能疾走，幸好风势也减弱了，他举步维艰，终于昏倒过去。当阳光把他晒醒的时候，他发现自己躺在一片黄沙上，四野寂然，整个楼兰已消失无踪，只剩一片莽莽荒漠。

最初，他以为只是被狂风吹到另一个沙漠，及至发现身旁一根两三尺的木桩，原来是昨夜他绕着疾走的高达二三十尺的旗杆，他才相信楼兰国和其所有子民已经和旗杆底部一起被埋进流沙之中，他自己因为一直绕旗杆疾走，始终站在风沙上，才没被淹没。这个传说的结尾是，这个教师向库鲁克山脉走去，在途中的一处绿洲获救，才传出楼兰国灭亡的经过。

读完这个传说，令我掩卷长叹。一个强大的国家在大自然的威力下，它的存亡竟只在一夕之间，只留下一个凄凉的传奇故事，虽然这个传奇还是颇可置疑的。

我想起16世纪在荷兰，有一个城市叫安特威普，它最繁盛的时候，全市有78个屠夫、169个面包师，却有300多个专业画家，是最兴盛的艺术之都，可是它也莫名其妙地消失了，只留下一个城的名字和少数记载，连艺术都未能留下。可惜那些画家没有人能得仙人指示，也没有沙漠中的旗杆，未能幸存。

楼兰的传说，经过历史洗涤后有一种凄然的美，但也不能为楼兰证明什么，只证明它灭亡的快速。其实，不要说一个国家，一个时代，人在时空中的生命何其短促！

生命的路有时真像沙漠中无涯的黄沙，旗杆是沙漠中的理想，一个唯一可以凭借的事物。如果生命能绕着一个不动的理想疾走，终可以走出一条生路的吧！楼兰如谜，它留下的传奇，却给我这样新的启示。

宛城惊变

✲马伯庸

建安二年正月，曹操在宛城遭遇了他人生最离奇的一次危机。

曹操这个人戎马一生，遭遇过无数次危机。但是曹操这一生的所有危机加到一块，都不及他在宛城遭遇的这一次这么有戏剧性、这么离奇、这么充满了重重迷雾。围绕着这次危机的种种隐情，更是宛如丝线般繁复杂乱，直至许多年后，仍旧能让人们感受到它的余波回荡，影响无比深远。

曹操点齐大军，前往宛城讨伐张绣。当曹军走到淯水的时候，张绣忽然派来一个使者，宣布投降。对于张绣的这个决定，曹操喜出望外。张绣是一员骁将，麾下又是同时代战斗力最为凶悍的西凉兵，能够兵不血刃拿到这样一支军队，绝对是天降横财。张绣在信里说，希望曹公能够前往宛城受降，曹操欣然应允。

根据历史记载，当时曹操带去宛城的部队并不多，跟随左右的只有长子曹昂、侄子曹安民以及大将典韦。这是一种颇具诚意的姿态，表明了受降者的坦荡胸襟与信赖。

曹操万万没有想到的是，这种坦荡的胸襟最终却让他付出了极其惨痛的代价。

曹操带着儿子、侄子和爱将抵达宛城之后，受到了张绣的盛情款待。在席间，曹操看到了一个生得极其秀美的女子。这个女人是张济的老婆、张绣的婶母。她的姓名早已经失传，《三国演义》里称她为邹氏。

邹氏的相貌一定很漂亮，否则也不会引起曹操的垂涎。曹操这个人十分好色，他看到美人当前，竟不顾她孀居寡妇的身份，公然纳她为小妾。这个举动让张绣大为恼火，自己刚刚投降，曹操就把婶母纳为姬妾，这若是传出去，天下人都会以为张绣是卖婶求荣。这时候的张绣，心理开始失去平衡。

然后曹操又在这座天平上加了另外一个重量级砝码。

曹操看到张绣麾下有一员大将叫胡车儿，生得威风凛凛，不由得起了爱才之心，从兜里掏出金子亲自赏赐给他。任何时代，收买心腹猛将都是件极其敏感的事情，曹操这么做，让张绣以为他打算买通左右来刺杀自己。

曹操在宛城的横行无忌，让张绣心中非常恐惧，他开始对投降这件事感觉到后悔。这时候，他的谋士贾诩向他献了一条毒计。

在贾诩的策划下，张绣假意向曹操请求，说我军驻扎在城外低洼处，想搬迁到高一点的地方。曹操允许了。张绣又说，这次搬迁路过您的营地，我们的车子少，承受不了太重的物品，士兵的铠甲能不能让他们自己穿着。曹操也同意了。

按说这种要求应该会引发曹操的怀疑，可他那时候沉迷于邹氏，根本无暇理会。

于是，张绣的军队身披重甲，进入曹军营地突然发难。猝不及防的曹军大败。曹操在惊慌之际夺马就逃，典韦守在门口，力抗几十倍的西凉士兵，最后英勇战死。曹操杀出营地以后，又被射中坐骑，长子曹昂把自己的马让给曹操，自己却与曹安民一同战死。

这就是历史上著名的宛城之战。

宛城之战以后，张绣与曹操恢复了战争状态，多次争斗。一直到官渡开战前，张绣听从贾诩的建议，第二次投降曹操。曹操当时正处于与袁绍对峙的紧要关头，张绣的投诚无异于雪中送炭。曹操表现出极大的热情，不仅给自己的儿子曹均和张绣的女儿定了一门亲事，还封了两千户的封邑给张绣——要知道，连曹操最亲信的将领都没被封过这么多封邑。

曹操让全天下人都看到，他曹孟德爱才如命，连宛城的仇都可以一笑泯之。

在曹操击败袁绍以后，张绣跟随曹操北征乌桓，还没抵达，便离奇地死掉了。《三国志》里没提他是怎么死的，《魏略》里却给我们讲了一个有点让人胆寒的故事——

曹操的儿子曹丕多次请求会见张绣，见到以后，曹丕怒发冲冠，大声叱责说："你杀了我兄长曹昂，怎么还有脸敢在我家混吃混喝。"张绣听了以后非常害怕，很快便自杀身亡。

这一条记载里充满了疑点。张绣是曹操为了宣扬自己爱才而树立起来的统战人物，是摆在橱窗里给天下人看的。所以曹操绝对不会追究张绣在宛城的黑历史。曹操尚且不敢提及那段历史，曹丕又怎么敢跳出来乱讲话？除非是有人在背后授意曹丕这么做。

种种迹象表明，张绣自杀的幕后推手，正是曹操本人。曹操从来没有忘记宛城的仇，只不过迫于袁绍强大的压力，不得不厚待张绣，以示自己有容人之量。现在袁绍已经灭亡，整个中原无人能抗衡曹操。这时候，曹操觉得差不多该秋后算账了。

之前的隐忍，是曹操身为一个政治家的手段；如今的翻脸，是来自一个父亲的复仇。就这样，曹操双手干干净净地除掉了张绣，没有背负任何挟私报复的骂名。

疑点就在这里出现了。

如果我们没记错的话，宛城之战，是张绣和贾诩两个人联手做出来的——更准确地说，是张绣听从了贾诩的策划，才反叛曹军，袭杀曹昂、曹安民与典韦。

现在真凶之一的张绣死了，那么另外一位主谋贾诩呢？

贾诩没有被打击报复，更没有被杀死。在接下来的几年里，贾诩的地位与日俱增，逐渐成为曹魏阵营举足轻重的谋士，几能与荀彧、荀攸叔侄抗衡。甚至在魏国最关键的立嗣问题上，曹操别人都不问，偏偏要问这位贾诩的意见。贾诩的看法，最终给曹丕、曹植的立嗣问题一锤定音，决定了魏国接下来的政治走向。

等到曹丕篡汉当上皇帝以后，贾诩被封为太尉，位极人臣。这位老人一直活到七十七岁才去世，结束了传奇般的一生。与张绣相比较，贾诩的人生可谓是风光无限，当了大官，出了大名，长寿人瑞，而且还得以善终。

这实在有些不公平。

曹操、曹丕父子对张绣恨得咬牙切齿，却对真正的策划者贾诩倚重有加，如此厚此薄彼，实在是诡异至极，其中必定隐藏着我们没有注意到的东西。

真正的原因，记录在《三国志·魏书》里："太祖纳济妻，绣恨之。太祖闻其不悦，密有杀绣之计。计漏，绣掩袭太祖。太祖军败。"在这短短的一句话里，有四个字特别值得注意——

"密有"，"计漏"。

"密有"，意味着曹操的"杀绣之计"正在悄悄地筹谋着，而且要保密。

"计漏"，意思是计划泄露了。到底谁把这个计划泄露出去的？

这是个"密有"的绝密计划，曹营知道这件事的人除了曹操，恐怕只有曹昂、典韦等亲信，他们绝不会向张绣泄露机密，唯一一个既参与了"杀绣"计划、又可能会泄露出去的人，只有那个宛城的"内应"。

我们甚至能大概猜到这个内应的身份：胡车儿。曹操曾经亲手馈赠黄金给这位将领，对他很是喜爱，选择他做"假内应"再合适不过了。接下来发生的事情，可想而知。胡车儿带领一批士兵前往曹营申请移屯、披甲二事，曹操知道是他带的兵，遂放下心来，不予提防。结果胡车儿在接近曹营以后，突然发起攻击，猝不及防的曹操惊慌败走，几乎丧命。

于是我们看到，这是一个十分精致的多层阴谋。曹操意图拉拢胡车儿除掉张绣，张绣——其实应该是贾诩——却将计就计，让胡车儿反过来误导曹操，顺利把突击部队送入曹营。这一次突袭曹营的计划，以有心算无心，可谓是志在必得。

贾诩这个人对于阴谋的操作能力和人性的把握，实在是妙到毫巅。但战果呢？张绣成功地杀死了曹营里大部分的重要将领，可是却唯独让曹操逃出了生天。

贾诩向来算无遗策，怎么会在如此关键的时刻掉了链子？让我们来看看曹操的逃亡过程，根据记载：

第一，曹操逃跑的方向一路没有遭遇任何伏兵，他所遭遇到的最大危机，是身后追兵射来的几支流箭，没有任何短兵相接的记录。

第二，曹昂被杀死了，而且是在没有抵抗的情况下。

这两个低级错误，给人一种强烈的感觉：贾诩对杀死曹操这件事，似乎根本没怎么上心，既不派人堵截，也没有认真派西凉骑兵追击——可他却对杀死曹昂有着莫大的兴趣。

贾诩不会犯这种低级错误，那么只有一种解释，他是故意的。

这么推论下来，贾诩苦心孤诣营造出这么一个杀局，真正的目标，难道不是曹操，而是曹昂？这会不会太荒谬了？

我们姑且搁置这个疑惑，把目光暂时聚焦在曹昂这个年轻人身上，看看他究竟有什么样的特别之处。

曹昂，字子修，是曹操的长子，当时年龄不详，估计二十多岁，接近三十。曹昂的母亲姓刘，早亡，他从小是被曹操的原配丁夫人抚养长大的，与丁夫人情同母子。曹昂从小就跟随曹操四处征战，表现优异，在曹操的刻意安排下积累了大量军事与政治经验，是他苦心培养的接班人。

宛城之战真正让曹操痛彻心扉的损失，不是名驹绝影，不是名将典韦，更不是曹安民，而是曹昂。曹操一直对张绣耿耿于怀，归根到底还是因为这个仇怨。

不过曹昂的死，最痛心的人不是曹操，而是他的养母丁夫人。丁夫人也因此与曹操决裂。

丁夫人跟曹操离婚以后，曹操很快把另外一位姬妾扶正。这位姬妾姓卞，出身不太高，是个舞女。别看这位卞夫人出身低贱，却有一个十分争气的肚子，先后为曹操生了四个儿子，这四个儿子都不得了：老大叫曹丕，老二叫曹彰，老三叫曹植，老四叫曹熊。

如果不出什么意外的话，以卞夫人的出身，最终会以一个妃子的身份终了一生。她的儿子们会被封为藩王，在各自封地里颐养天年。

可是宛城一战，让她的人生出现了转机。然而，当我们再回想起曹操在宛城逃亡时的离奇经历，不禁要涌出一个疑问："这，真的只是意外之喜吗？"

当我再一次在史料中翻检的时候，猛然发现，宛城之战的结局，远远要比想象中更符合卞夫人的利益。这片笼罩在宛城上空的黑幕，陡然被扯开大大的一片。

曹丕在《典论》里曾经自叙平生，他写道："建安初，上南征荆州，至宛，张绣降。旬日而反。亡兄孝廉子修、从兄安民遇害。时余年十岁，乘马得脱。"

原来当时在宛城的，不只有曹昂、曹安民和典韦，还有日后的魏文帝曹丕！

他当时只有十岁，也跟随父亲来到了宛城。袭营事件发生以后，曹丕骑马独自跑掉了。看看，年仅十岁的曹丕逃过了贾诩的精密围杀，逃过了西凉骑兵凶悍的追击，不但活了下来，而且完好无损——这已经不能用奇迹来解释了。

这一切，就像是卞夫人与贾诩早就商量好的一场戏，每一个转折，每一个人物的结局，都被脚本早早安排妥当。卞夫人和贾诩，这两个八竿子都打不着的人物，却在宛城联手上演了一出精彩的阴谋大戏。

相比张绣的悲惨结局，贾诩在曹营的生活要快乐多了，因为他有一个坚定强大的盟友——卞夫人。曹操对贾诩的才能十分赞赏，再加上卞夫人一直吹着枕边风，曹操不知不觉地把宛城的仇恨全部转移到了张绣头上。贾诩此后的仕途一帆风顺，平步青云，成为三国混得最好的几个人之一，与张绣形成了极其鲜明的对比。

当曹丕、曹植长大以后，开始为了立嗣而明争暗斗。贾诩作为魏国重臣，选择了支持曹丕。曹丕曾经向贾诩请教过如何当上世子，贾诩面授机宜，给了他不少建议。而当曹操问贾诩究竟该选谁为继承人时，贾诩婉转巧妙地暗示他，应该立曹丕。在贾诩的帮助下，曹丕终于夺取了世子之位。

贾诩为何如此力挺曹丕呢？原因无他，实在是因为曹丕是当年宛城阴谋的参与者——尽管他那年才十岁，未必明白到底发生了什么事，但参与者就是参与者。

曹丕没有辜负贾诩的厚望。当他篡位当了皇帝以后，下令销毁以及修改关于宛城之战的一切，这就是为什么我们在陈寿的《三国志》里，看不到半点贾诩与宛城之战有关联记载的原因。而贾诩则被授予太尉之职，用来酬谢他为自己和自己母亲所做的一切。

贾诩明白自己所隐藏的秘密有多么深重，他对于曹丕不能完全信任，害怕有一天会被皇帝灭口。于是，这位策谋深长的老人老老实实地蛰伏起来，平平安安地度过余生。史书记载贾诩在魏国的晚年生活是"惧见猜疑，阖门自守，退无私交，男女嫁娶，不结高门"。完全是夹起尾巴来做人。

天下人都称赞他是懂得韬光养晦的智者，哪里知道这位智者不得已而为之的实情。

林冲的两个兄弟

✽ 鲍鹏山

林冲在上梁山之前，有两个兄弟。一个是自幼相交，长大后一直是同事，陆谦陆虞候是也；一个是偶然缘分，一朝相见，互相佩服，当下便结为兄弟，鲁达鲁智深是也。

“人惟求旧”，老朋友要胜过新相识。林冲对陆谦就比对鲁智深好，他也更信任陆谦。

林冲和鲁智深一见便惺惺相惜，结为兄弟。

可就在这时，林冲上香而去的娘子被高衙内拦住调戏，林冲得信，撇下智深，慌忙赶去，恰待下拳打时，认得是高太尉螟蛉之子高衙内，先自软了，放走了他。

这时却见智深提着铁禅杖，引着那二三十个泼皮，大踏步抢入庙来，叫道：“我来帮你厮打！”刚刚相交，便两肋插刀，这是典型的中国传统江湖文化中的朋友之道。

却是林冲赶紧劝阻：“原来是本官高太尉的衙内，不认得荆妇，时间无礼。林冲本待要痛打那厮一顿，太尉面上须不好看。自古道：‘不怕官，只怕管。’林冲不合吃着他的请受，权且让他这一次。”

鲁智深大声说：“你却怕他本官太尉，洒家怕他甚鸟！俺若撞见那撮鸟时，且教他吃洒家三百禅杖了去。”——这样直接批评林冲，直揭痛处和软肋，直指林冲心中的小九九，又正是传统士大夫阶层极为忌讳的“交浅言深”。鲁智深之所以胜过千千万万个琐碎猥琐的鸟读书人，正在此。

《水浒传》接着写道，林冲见智深醉了，便道：“师兄说得是，林冲一时被众人劝了。权且饶他。”

鲁智深却转过来对林冲娘子说话：“阿嫂休怪，莫要笑话。”

这像是醉人的话吗？不是智深醉了，而是林冲觉得智深的话是醉人的话。一直谨小慎微的林冲，哪敢说出这样的话？这样的话他听着都怕。酒壮𡑒人胆，大概是林冲把鲁智深看成𡑒人了。

鲁智深又对林冲说：“阿哥，明日再得相会。”

但是，林冲对鲁智深“明日再得相会”的建议，一声不吭。林冲后来有那么大的麻烦事，他也没有来唤鲁智深。为什么？因为他觉得鲁智深与他不是一种做事的风格。他怕鲁智深会毁了他在官场的前程。

《水浒传》下文写道，从此往下，“林冲连日闷闷不已，懒上街去。”

就是不见鲁智深啊。

实际上，那几天，他很闷，很想上街，找人喝喝酒，散散心，只是，不愿找鲁智深而已。那怎么办呢？

没关系，他的另一个朋友来了。这个朋友，就是陆虞候。

陆虞候在高衙内那里接受了重大的任务：第一，把林冲骗出家门；第二，告诉林娘子是把林冲叫到他家里；第三，出门后，再找借口，不去家里，把林冲引到樊楼。

也就是说，陆虞候要完成两个任务：第一，把林冲调虎离山；第二，把林娘子送入虎口。

显然这是一份高难度的任务。因为，第一，陆虞候要经受道德上的考验，不要忘了，他是林冲自幼相交的朋友；第二，陆虞候还要经受智力上的考验，这样一份曲曲折折的任务，包含着三个互相矛盾的目标，要完成它，没有相应的智力，不行。

陆虞候不愧是受大宋教育多年，政治上很成熟，道德上很经得起考验，他几乎没有一秒钟的犹豫，就接受了这桩“光荣”的任务，并且，他完成得非常好。

客观地说，陆虞候之所以能顺利地完成这个任务，有一大半的功劳应该归功于林冲：林冲太信任他了。

陆虞候来叫他，他马上就和陆虞候一起上街喝酒去了，而且，还吐露胸襟，吐露郁闷，直至锦儿来报信：他的老婆被骗关在陆虞候家，高衙内正在纠缠调戏。

林冲与陆虞候的友谊，至此宣告结束。

当然，陆虞候还会在林冲面前出现，不过不再是作为朋友，而是作为追杀者和被杀者。在神秘的天意帮助下，追杀者陆虞候被林冲所杀，完美地验证了《尚书》中的名言：“人心惟危，道心惟微。”所有用心险恶者，在天道面前收敛一点吧。

而鲁智深在林冲性命攸关的时候也再次出现：当林冲在野猪林里，被董超、薛霸绑在树上，要加以杀害的时候，只听得松树背后雷鸣一声，一条铁禅杖飞将出来，把薛霸的水火棍一隔，飞出九霄云外，松树后面跳出一个胖大和尚来，林冲睁眼一看，正是他的另一个兄弟鲁智深！

鲁智深把绑林冲的绳子割断，扶起林冲，开口便是：“兄弟！”

我读《水浒传》，至此二字，热泪长流！

最刚烈的王朝

✽覃仕勇

明朝皇帝最令人称道的地方是“天子守国门，君王死社稷”。

明代敖英曾意气风发地说：“我朝国势之尊，超迈前古，其驭北虏西蕃，无汉之和亲，无唐之结盟，无宋之纳岁币，亦无兄弟敌国之礼。”

明成祖将都城从南京迁到北京，目的就是让大明天子亲自在第一线守国门。

他的子孙没有辜负他的期望。

大明王朝历经276年的风风雨雨，自始至终没有向任何势力屈服过，哪怕是暂时的屈服。纵然出现过皇帝被俘的大事，仍是不赔款，不纳贡，不用女人换取和平，更不肯割让一寸土地。

即使皇太极已经打到家门口，也没放弃过“全辽可复”的愿望；即使李自成重兵摧压京师，也不肯妥协，宁死不迁都。

那位被后人深深诟病的崇祯帝，用三尺白绫来诠释“天子守国门，君王死社稷”这十个字。

崇祯帝之后，还有弘光、隆武、绍武、永历四帝，这四位皇帝在对待死亡上，都表现出视死如归的气概。

嵇康在刑场上一共说了两句话：一句是："《广陵散》就此绝矣。"这是同天下人的告别；另一句，是说给他儿子嵇绍的："巨源在，汝不孤矣。"一个父亲死的时候，最怕孤儿寡母无人照顾；一个优秀的男人死的时候，最怕的是尚未成年的儿子将来不了解他父亲的一生。嵇康对这两点没有任何的安排，就潇洒地做了理想的殉道者，因为他知道，这一切会有人替他做好，那个人，就是山巨源。

山涛，字巨源。

山涛比嵇康大十九岁，遇见阮籍、嵇康的时候，他已经三十多岁，是竹林众人中心智最成熟、洞察力最强的一个。后代玄学家裴楷曾经和山涛共事，同样骄傲的裴楷心悦诚服地对人称赞山涛，说他是一个"悠然深远"的人。

因为嵇康那封著名的《与山巨源绝交书》，山涛作为"竹林名士"精神的反叛者，一个嵇康与之绝交的"小人"，为后代无数嵇康的崇拜者所诟病。可是，如果一个人能让你在临终之时，将尘世间最重的牵挂托付给他，不是至交又是什么?

嵇康从来没想过要和山涛绝交，看看那封信的内容和发出时间，当事人都知道，嵇康不过是拉着山涛做一出戏。

嵇康写《与山巨源绝交书》时，司马师和司马昭已在相继杀害了名士派重臣李丰、夏侯玄，又废曹芳为齐王，平定名士毌丘俭、文钦和王凌的地方反抗之后，逼曹氏第四任皇帝制造了进攻司马昭府邸的高贵乡公事件。但是曹髦没出宫门就被贾充指使小宦官成济刺死，功败垂成。

从上到下，公开反抗司马氏篡权的斗争基本上被处理得差不多了。竹林名士，特别是和曹氏沾亲带故的嵇康被逼着进行政治表态，于是才有了这封特立独行、洋洋洒洒的绝交书。

逼出这封绝交信的原因，是司马昭想让山涛掌管整个朝廷的人事变动。这是司马氏向山涛抛出的一个非常有诚意的招安书。

但山涛提议让嵇康代替他。山涛的意思也很明确：他个人坚定地站在竹林集团的一边。如果要达成两个集团的和解，就是以嵇康为代表的竹林集团一起接受，他个人的投诚是不可能的。

嵇康怎么会不明白山涛的言外之意? 只是对他个人来说，身为曹氏女婿的家族立场和过于孤傲的个性，都让他难以成为名士集团与当权者和解的带头人。看得破、忍不住的嵇康终于在司马氏兄弟杀害曹髦之后愤而提笔，表明心迹。

嵇康的反应已经超出司马昭所能够容忍的限度，于是司马昭借吕安一案将嵇康治罪处死。

而摆在山涛面前的是两条路：一、跟太学生一道痛骂司马氏；二、学阮籍的样子，喝酒

世人谤我又如何

✽北溟鱼

喝得人事不辨。可是山涛选了最极端的一条路：就任吏部郎，在司马昭和竹林集团的矛盾已经剑拔弩张的时候。

山涛做出这个决定，便是把自己置于两头不讨好的境地：对竹林集团的背叛，让他得不到老朋友和一众年轻崇拜者的支持；在司马昭阵营，他一个外来的新人，也没有什么信任可言——司马昭的姻亲旧友早已经把地盘分割干净了。贾充、荀勖、何曾这些一开始就跟着司马昭的死党自不必说，还有高平陵政变之后投靠司马昭的朝廷大员及他们的后代，比如钟会、卫瓘。支持司马昭的还有泰山羊氏。泰山羊氏是累世重臣，羊祜的姐姐是司马师之妻，和司马昭的关系显然比山涛近。

然而他又必须赌一回，竹林集团的未来都在他手上捏着。山涛和其他的竹林名士不同，他出身寒族，明白嵇康他们高蹈的追求，却又比他们更谨慎、更细心。嵇康对山涛足够了解，知道他深沉坚毅，所以，骂他，也把儿子托付给他。

在那个玄学家被边缘化的时代，他要以这样沉重的方式担起现实的重担：在朝堂之上，为被礼法之士压得几乎难以翻身的名士集团重新赢回话语权。

山涛做得很出色。

任吏部郎后不久，也就是嵇康被害后不久，山涛很快就辞职不干，从史书上消失了。在舆论纷扰的时候，他明哲保身地带着对老朋友的怀念过了一段隐居生活。山涛决定顺从社会的潮流，他要选择一个合适的伙伴，划清他和贾充之流的界限。

山涛再次出山，是司马昭攻打钟会时，派给了山涛看家的任务，原从事中郎的职位加了一个行军司马的头衔，给了他五百个士兵，让他去邺城看着曹氏王族。

看似是对山涛委以重任，实际上是在试探山涛的忠诚度。司马昭征钟会，京师的亲曹派有可能从邺城的王族中扶持一个傀儡出来打着拨乱反正的名义搞武装政变。司马昭的意思很明白：给你五百人，给你和姓曹的行个方便，反不反随你。实际上，五百个士兵，根本不管用。司马昭父子篡权靠的是掌内军的中领军，中领军手下有五校、武卫、中垒三营。在曹魏最后的皇帝曹奂时代，司马昭把都督外军的中护军和中领军的职责合并，负责软禁皇帝和割断他与邺城王族的联系。

此时，担任中领军的是羊祜。羊祜是司马师妻子羊徽瑜的亲弟弟。所以，真正坐镇的是司马家自己人。这一点山涛心里也明白，于是他规规矩矩地完成了任务。司马昭回来后很赞赏老老实实没干坏事的山涛，在接下来的立储一事上询问了他的意见，这标志着山涛进入了政治核心。

司马昭征战回来不久就被封为晋王，最后一步从王到帝，他似乎并不急于完成。他倒是很着急立储的事情——焦点落在了储君到底选择大儿子司马炎，还是选择过继给司马师的二儿子司马攸。司马攸的人气很旺，因为司马师曾经说过，我的这个位子，将来是小攸的。司马攸行事很正统，温良恭俭让，符合士大夫的口味。按自己的喜好，山涛会选司马攸。

但是，揣摩一下司马昭的想法，事情没那么简单。司马攸是儿子，但过继后是侄子，没有谁愿意把侄子举在肩头送上皇帝的宝座，留儿子在下面干看着。司马师可以高风亮节把位子传给弟弟司马昭，司马昭也能发扬风格把位子传给侄子司马攸，但是司马攸呢？传给哥哥司马炎？结果必然就是大家打得你死我活，这也是西晋惠帝时发生八王之乱的根本原因，司马炎犹犹豫豫没把事情处理好，结果惹出大祸事。

围绕着立炎还是立攸，朝堂之上又差点儿打

起来，何曾、裴秀都主张立炎。最激烈的是何曾，颇有不立炎就回家种田的决绝。这几个人，都是贾充一派的。山涛又一次低眉顺眼地从了充党，他的意见冠冕堂皇却包含了这些潜藏的考量：立长是古训。似乎，昔日的名士山涛在进入司马氏政权之后，立刻融入了圆滑与权宜。

看看他这些年的经历，简直就像是躲着官，生怕一不小心被套上乌纱帽似的：他先是在外做冀州刺史，又在曹魏旧都督邺城守备事，这样过了几年，山涛被召入朝都做侍中。他先后被任命为尚书、太常，但都没到任，最后因母丧回了老家。这些年正是任恺和贾充斗得不可开交的时候，也是羊祜在前线练兵的时候。这让人不得不怀疑，山涛这些年是有意避嫌，显示他不偏不倚的立场，让掌权的贾充找不到挑剔他的理由。

在平衡两党实力对比方面，吏部尚书是个关键位置。可是吏部尚书山涛一遇到人员空缺就拟好几个人的名单交给皇帝陛下审阅，皇帝陛下会拉着贾充一起商量人选。

谁也没注意到，朝廷里的人员变动忽然热闹了起来。和贾充吵架被免官的庾纯悄悄地去国子监做了祭酒，被贾充弄下台的吏部尚书任恺到了洛阳做了河南尹。

处处示弱的山涛不显山不露水地达到了自己的目的。在主管吏部的几年里，山涛竭尽所能地把原先被遗忘在政治舞台之外的名士塞进各部。

山涛也免不了要提防着贾充的暗箭冷枪，比如说咸宁四年（278年），山涛提名阮咸做吏部郎一事。

这件事情之前，山涛一路升官，从尚书右仆射一路升到左仆射，主管选举，风光正好。面对名士阵线在选举上越来越强的实力，贾充认为必须安插一个人在吏部。山涛提名阮咸做吏部郎的时候，贾充提名了另一个人：陆亮。

烫手山芋又抛到了司马炎的面前。这个时候司马炎还真有点儿为难，一方面要团结力量，但老是打压贾充难免让名士得意忘形。所以他干脆先卖贾充一个面子。

于是，陆亮成了吏部郎。

山涛看见这个结果，心里非常不悦。对于这种事情，山涛有他自己的准备：他随时准备递辞呈。贾充触到山涛的底线，山涛就跟皇帝要求回家。每次都有让皇帝没法拒绝的理由。这回，山涛立刻上书，说“从弟妇丧”要回去。

司马炎当然明白山涛的意思：只要他不想干了，家里就一定有人死了要他辞官回家。先是母亲，这回连堂弟媳妇都出来了。皇帝赶紧劝了一下，不让他走。山涛不肯卖皇帝这个面子，坚持要辞职。来来回回数十趟，左丞白褒看不下去了：山涛不干就算了，没人要逼着你做。他上书皇帝准山涛回家。但皇帝是绝对不可能让山涛走的，他一走，这好不容易建立起来的平衡就又被打破了。于是司马炎下诏说，山涛年纪大了，遭逢这样的事情太辛苦，体力不好，所以才迟迟不上班，你们去看看他，如果还没恢复的话，就接他来吧。

山涛虽然罢官抗议没成功，但是也在皇帝这里扳回一局，输得不难看。况且接下来西晋伐吴，贾充在一堆主战的大臣间被司马炎赶鸭子上架做了总指挥，大家各有输赢，也不丢人。

名士阵线和礼法阵线的斗争一直持续到贾充去世。这之后，大家几乎都接受了玄学家的生活态度——悠然深远，却又开始往虚无的深渊滑下去，这未必是嵇康他们所期望的。

对一直活到太康四年（283年）的山涛来说，正始年间的腥风血雨，魏晋禅代路上的无数浅滩，他都安全地站对了地方，并能够在泰始和咸宁年间为自己的朋友们做一些立身保命的之事。想想死在司马氏刀下的嵇康，他总算对得起他。

图书在版编目(CIP)数据

疯狂阅读：珍藏版．哲思卷 / 杜志建主编．-- 汕头：汕头大学出版社，2020.7

ISBN 978-7-5658-4076-0

Ⅰ.①疯… Ⅱ.①杜… Ⅲ.①阅读课—中学—课外读物 Ⅳ.① G634.333

中国版本图书馆 CIP 数据核字（2020）第 103942 号

疯狂阅读：珍藏版．哲思卷　　FENGKUANGYUEDU ZHENCANGBAN ZHESIJUAN

主　　编：杜志建
责任编辑：汪艳蕾
责任技编：黄东生
封面设计：力源文化
封面绘图：卜若梨
出版发行：汕头大学出版社
　　　　　广东省汕头市大学路 243 号汕头大学校园内　邮政编码：515063
电　　话：0754-82904613
印　　刷：河南瑞之光印刷股份有限公司
开　　本：787mm × 1092mm　1/16
印　　张：10
字　　数：280 千字
版　　次：2020 年 7 月第 1 版
印　　次：2020 年 7 月第 1 次印刷
定　　价：19.80 元
ISBN 978-7-5658-4076-0

版权所有，翻版必究
如发现印装质量问题，请与承印厂联系退换

声明

基于对知识和创作的尊重，本书向所选文章、图片的作者给予补贴。因条件所限未能及时联系的作者，我们在此深表歉意，当您看到本书时，请与我们联系，以便我们向您支付补贴和赠送样书。因篇幅有限，部分文章有删节，敬请谅解。

联系方式：0371-68698032